王庆如 著

反思与创新：
基础教育督导的实践探索

海峡出版发行集团 | 福建教育出版社

图书在版编目（CIP）数据

反思与创新：基础教育督导的实践探索/王庆如著
．—福州：福建教育出版社，2020.11（2022.1 重印）
ISBN 978-7-5334-8835-2

Ⅰ.①反… Ⅱ.①王… Ⅲ.①基础教育－教育视导－研究－深圳 Ⅳ.①G639.2

中国版本图书馆 CIP 数据核字（2020）第 143734 号

Fansi Yu Chuangxin：Jichu Jiaoyu Dudao De Shijian Tansuo

反思与创新：基础教育督导的实践探索

王庆如　著

出版发行	福建教育出版社
	（福州市梦山路 27 号　邮编：350025　网址：www.fep.com.cn
	编辑部电话：0591-83752790
	发行部电话：0591-83721876　87115073　010-62027445）
出 版 人	江金辉
印　　刷	北京一鑫印务有限责任公司
	（北京市顺义区北务镇政府西 200 米　邮编：101300）
开　　本	710 毫米×1000 毫米　1/16
印　　张	17.75
字　　数	260 千字
版　　次	2020 年 11 月第 1 版　2022 年 1 月第 2 次印刷
书　　号	ISBN 978-7-5334-8835-2
定　　价	45.00 元

如发现本书印装质量问题，请向本社出版科（电话：0591-83726019）调换。

序

　　教育督导是教育法规定的一项基本教育制度，是教育治理体系和治理结构的重要组成部分，在督促落实教育法律法规和教育方针政策、规范办学行为、提高教育质量等方面发挥着重要的作用。2020年2月，中共中央办公厅、国务院办公厅印发了《关于深化新时代教育督导体制机制改革的意见》，对加强和改进新时代我国教育督导体制机制，推进教育治理体系和治理能力现代化指明了前进的方向。

　　王庆如同志撰写的《反思与创新：基础教育督导的实践探索》，以新时代推进教育治理体系和治理能力现代化为背景，聚焦教育督导体制机制存在机构不健全、权威性不够、结果运用不充分等突出问题，以中国改革创新的前沿城市——深圳为例，较为系统地梳理了我国教育督导制度的发展历程、理论基础、面临问题，同时借鉴国内外教育督导先进经验，提出了具有前瞻性和可行性的策略建议。该书具有以下几点特点：

　　一是内容比较全面。该书既对我国教育督导发展的基本阶段提进行了分期，认为我国教育督导发展分为五个阶段：新中国成立后的教育督导制度（1949—1976年）、教育督导制度的恢复增强阶段（1977—1988年）、教育督导职能完善与地位提升（1989—2000年）、教育督导职能的巩固与拓展（2001—2011年）、教育督导职能迈向现代化（2012年至今）。同时，从价值认识、职能定位、机构设置、督导队伍、评价方法、结果运用六个维度，对我国基础教育督导存在的问题进行分析、描述与反思。该书还研究梳理英国、美国、香港地区教育督导实践的成功案例，并从以促进学生综合素质培养为指导，以提高教育质量为目标的视角，提出了新时代加强和改进我国教育督导工作的六条对策建议。

　　二是研究对象具有代表性。作者选取的深圳市，是伴随着我国改革开放发展起来的一个创新活力十足的现代化城市，其发展创造了世界奇迹。深圳市在教育督导制度改革方面，不仅具有一定的首创性，而且对我国教育督导制度建设发展产生了一定的示范和引领作用，成为我国教育督导制度发展的一个典范。研究深圳市教育督导制度的发展历程、变迁轨迹、经验教训、探索未来发展的对策建议，不仅对于新时代深圳作为中国特色社会主义先行示范区教育督导制度的进一步完善具有重要意义，而且对于我国教育督导制度的健全与发展具有一定理论价值。

三是对策建议具有适切性和创新性。作者长期在一线城市从事教育督导政策研究并参与实践探索，积累了大量一手研究资料，也亲历了深圳市教育督导改革创新发展。因此，该书是作者多年理论探究和实践积累的成果，其中提出的创新督导生态、构建督导法规新体系，创新体制机制、强化教育督导职能，创新机构设置、树立督导机构权威性，创新督学培养、实现督导队伍专业精干，创新方式方法、实现教育督导科学高效，创新问责制度、确保督导结果掷地有声等六个方面的对策建议，融学理性和可操作性于一体，对于实现条件下教育督导的多元共治、政府元治和学校自治具有很强的理论指导性和现实针对性。

本书作者王庆如曾是我的博士生，毕业近10年来，她一直坚持钻研，勤奋著述，特别是在有关教育督导领域研究不辍，有新著问世。作为曾经的导师，甚是欣慰。

希冀本书的出版能对新时代我国教育督导制度的改革发展有所裨益。

陕西省社会科学院党组书记、院长　司晓宏
二〇二〇年七月一日

目 录

第一章 绪 论 ………………………………………………… 1
  一、研究意义 ……………………………………………… 1
  二、核心概念界定及研究边界 …………………………… 3
  三、研究内容与研究方法 ………………………………… 6
  四、理论基础 ……………………………………………… 8

第二章 我国教育督导发展历程 …………………………… 20
  一、古代视学制度 ………………………………………… 20
  二、近代视学制度 ………………………………………… 25
  三、新中国成立后的教育督导制度发展历程 …………… 30

第三章 我国教育督导存在的问题及反思 ………………… 38
  一、价值认识方面 ………………………………………… 38
  二、职能定位方面 ………………………………………… 44
  三、机构设置方面 ………………………………………… 50
  四、督学队伍方面 ………………………………………… 54
  五、评价方法方面 ………………………………………… 65
  六、结果运用方面 ………………………………………… 71

第四章 世界发达国家和地区教育督导经验启示 ………… 76
  一、英国教育督导制度 …………………………………… 76
  二、美国教育督导制度 …………………………………… 93
  三、香港地区基础教育评核制度 ………………………… 106

第五章 我国教育督导创新路径探析 ……………………… 115
  一、创新督导生态，构建督导法规新体系 ……………… 115
  二、创新体制机制，强化教育督导职能 ………………… 123

三、创新机构设置，树立督导机构权威性 ……………… 130
　　四、创新督学培养，实现督导队伍专业精干 …………… 137
　　五、创新方式方法，实现科学高效的教育督导 ………… 147
　　六、创新问责制度，确保督导结果掷地有声 …………… 160

第六章　深圳市教育督导创新实践经验 ……………………… 171
　　一、深圳市教育督导基本情况 …………………………… 171
　　二、深圳市教育督导发展历程 …………………………… 176
　　三、教育评估指标体系的深圳特色 ……………………… 188
　　四、办学水平评估保障机制的深圳创新 ………………… 197
　　五、教育督导实践的深圳经验 …………………………… 202

附　录 ………………………………………………………………… 208
附录一： ……………………………………………………………… 208
　　深圳市义务教育阶段办学水平评估实操指引 …………… 208
附录二： ……………………………………………………………… 220
　　深圳市中小学责任督学挂牌督导实践探索 ……………… 220
　　案例一：罗湖区的实践探索 ……………………………… 220
　　案例二：南山区的实践探索 ……………………………… 234
附录三： ……………………………………………………………… 249
　　上海市教育督导改革发展历程 …………………………… 249
　　案例：浦东新区发展性教育督导实践探索 ……………… 257
附录四： ……………………………………………………………… 263
　　义务教育质量监测结果应用的福田经验 ………………… 263

部分参考文献 ………………………………………………………… 268

后　记 ………………………………………………………………… 274

第一章 绪 论

教育督导制度是国家对教育实行监督和指导的有效机制与有力手段,是现代化教育管理体系中必不可少的重要组成部分,是实施依法治教的重要环节。教育督导也是各国基本教育制度之一,不仅能促进国家教育政策的形成与实施,而且能监督和引导地方政府和学校的办学行为,提升教育教学质量,为国家教育事业的健康发展保驾护航。

一、研究意义

我国教育督导制度恢复以来,对于提升教育质量发挥了积极作用,但在机构设置、人员配备、社会参与评价等方面依然存在问题,阻碍了教育督导职能的发挥。为提高政府治理效能、激发学校办学活力、调动各方面发展教育事业的积极性,需要建构新型教育督导现代化治理体系。

(一) 顺应新时代教育发展要求

1. 响应新时代教育改革诉求

新时代教育督导的使命任务要以党和国家对教育发展的新要求为指引。为了推进教育督导工作,近年来,国家发布多项相关法规文件。2012 年 5 月 4 日,教育部印发《关于加强督学责任区建设的意见》,提出"加强督学责任区建设是落实教育规划纲要'坚持督政与督学并重'要求,推动'督学'工作制度化、常态化,加强对中小学校工作监督与指导的重要措施"。2012 年 8 月 29 日,国务院第 215 次常务会议审议通过并颁布了《教育督导条例》,这是我国首部教育督导法规,规范了教育督导的类型和程序,为教育督导实施提供了法律依据。2014 年 2 月,国务院督导委员会颁布了《深化教育督导改革转变教育管理方式的意见》,提出了我国深化教育督导改革的总体思路、工作目标和主要任务。在推进教育治理现代化、深化教育督导改革的新形势下,随着教育"管、办、评"分离、教育督导"三位一体"、督学责任区制度、挂牌督学制度等不断深入推进，以往教育督导的理论基础逐渐凸显出局限性。破解教育督导制度发展中新的羁绊，响应时代对教育的诉求，需要不断拓新教育督导研究范畴。

2. 满足人民对优质教育的需求

新时代教育督导的使命任务要以人民群众对教育的新期待为指引。进入新时代，党和国家对于教育事业的发展提出了更高的要求，要"办人民满意的教育"，要"加快推进教育现代化、建设教育强国"。在教育事业发展面临新任务和新挑战的形势下，教育督导的职能和使命任务也随之发生了转变。十九大之后，党和国家多次在教育督导问题上提出新要求，要求对学前、义务教育、职业教育等多个领域强化教育督导职能。人民群众对于高质量教育的需求不断提高，不再满足于"有学上"，还要求要"上好学"，接受高质量的教育。办好人民满意的教育，满足人民群众对优质均衡教育的新期待，需要教育督导进一步强化职能，在现有"督政""督学""监测评估"的职能基础上，进一步深化教育督导体制机制改革，让督导成为推进教育综合改革的有力助推器，推动教育事业的各项任务的高质量完成，满足人民群众在新时代对教育的新要求和新期待。

3. 顺应国际教育督导发展趋势

随着国家竞争的不断加剧，教育成为提升综合国力的重要基础，各国相继进行了以提高教育质量为核心的教育改革，并通过学校督导评价体制的完善与改革，建立科学的学校督导评价体系。一些教育发达国家如美国、英国等，之所以教育发展水平世界领先，重要原因之一就是因为拥有先进、完备的教育督导评估体系。其教育督导评估体系共同的特点有：教育督导法制完备；督导机构独立设置；督导职能从重"监督"转到重"指导、服务"；督导内容从"督政"到"督学"；督导人员专业水平高、分工明确；评估标准科学高效；问责机制有力；评估工具运用信息平台大数据；等等。这些都是在探索我国教育督导改革路径时需要学习、研究和借鉴的。

（二）探索破解当前教育督导问题，为构建新型教育督导体系助力

我国教育督导制度恢复重建已近40年，成就显著、贡献巨大。但教育督导的制度设计仍不尽完备，教育督导政策落实还不到位，教育督导体制没有完全理顺。从整体上看，一些地方教育督导机构改革进展缓慢，职能调整与国家层面不相对应，难以依法组织实施对各级各类教育的督导评估、检查验收、质量监测。督学队伍建设还比较薄弱，在资格准入、录用、培训、考核、管理等方面的各项制度还不完善，专职督学数量较少，督学专业化水平不高。督导评估技术和手段还不够丰富。教育督导工作的程序还不够严格，大数据督导、"互联网+"督导处于起步阶段。评估监测资源分散、各自为战，缺乏统筹整合，社会专业评估力量薄弱。可以说，教育督导工作在实践层面仍然存在诸多问题，需要我们继续研究探索和不断破解，让教育督导职能得到更大的发挥。

本书把教育督导置于国家治理体系现代化的宏观背景之下进行研究，为构建新型教育督导体系提供新的研究框架，以期丰富教育督导的理论和实践研究。

二、核心概念界定及研究边界

(一) 核心概念界定

1. 教育督导制度

教育督导作为政府的一项专门工作，行使督导职能是政府实施教育监管、推进"管、办、评"分离的基本保障。从语义层面看，督导的"督"具有监督、检查、评价、督促的意思，"导"则具有教导、指导、引导、导向的涵义。从价值层面看，"监督"和"指导"是教育督导的核心所在，教育督导具有强制性、监督性、专业性与指导性四种基本特征。其中，监督体现的是督导的权威性、强制性，即所谓"依法监督""执法监督";[1]指导依赖的是督导的专业性、合理性。教育督导如果只具备权威的监督而没有专业的指导，就无法体现其更深层意蕴的现实价值。从实践层面看，对教育行政部门的"督政"、对学校的"督学"和对教育现状的"评估监测"是辩证统一的，"督之于前，鉴之于后，导贯其中"。

---

[1] 苏君阳. 管办评分离背景下教育督导评估机制的建构[J]. 北京教育（高教），2016(12): 56—58.

教育督导"督政"的具体内容，是县级以上各级人民政府为保证国家有关教育的法律、法规、方针政策的贯彻执行和教育目的的实现，对所辖地区的教育工作进行监督、检查、指导、评估的制度。教育督导是人民政府的行政监督行为，监督的对象是下级人民政府、教育行政部门和其他有关职能部门以及学校及其他教育机构。

教育督导"督学"的具体内容，是对教育、教学和管理活动进行检查、监督、评价和指导的一种基本制度，是现代教育管理体系的重要组成部分。它是根据国家的有关教育方针、政策、法规和制度对教育行政部门和各级各类学校进行监督、检查、评估、指导和帮助，旨在加强国家对教育事业发展的全面管理，以保障教育方针和政策的贯彻执行，提高教育质量，促进教育事业的健康发展。教育督导是教育行政管理中的重要一环，它与教育决策和教育执行共同构成了教育行政管理的基本内容。本书的研究范围是针对中小学教育督导制度开展研究。

教育督导"评估监测"的具体内容，重点关注六个监测学科领域的课程开设、条件保障、教师配备、学科教学以及学校管理等方面，为教育教学改进和质量提升提供着力点。我国义务教育质量监测不仅注重对义务教育质量状况进行测查，还注重分析影响义务教育质量的关键因素。在论证和选取义务教育质量相关的指标过程中，梳理分析党和国家有关教育方针政策，全面查阅和系统分析最新研究进展，关注研究我国教育热点难点问题和现实突出问题。

督政偏重于监督，辅之以必要的指导；督学则主要以指导为主，监督处于次要的位置；教育评估监测则旨在为督政、督学提供大数据的支撑。这也决定了教育督导不完全是惩戒性的结果处理，不是临时性的情况督查，而是及时发现问题、合理运用评估结果，主动予以引导并持续地改进工作。①

2. 督学

督学是指那些从事督导工作的人员。从狭义的角度来看，督学被定义为执行教育督导任务、履行教育督导职权，对所管辖地区有关教育机构执行法

---

① 周海涛，朱玉成. 教育督导的国际共性特征和吴国变革动向[J]. 社会科学战线，2018（6）：227—236.

律、法规和政策情况进行监督、检查、评估和指导的人员；从广义的角度来看，督学包括所有在教育督导系统内从事工作的人员，包括专职督学、兼职督学和教育督导行政管理人员。[①]"人"是教育的核心要素，督学队伍建设是教育督导成败的关键，在全面推动教育督导体制改革的大环境下，在体系建设与制度建设逐步完善的进程中，督学是教育督导改革的重中之重。

3. 督学责任区制度

督学责任区建设是教育督导制度建设的重要组成部分。加强督学责任区建设，是落实教育规划"坚持督政与督学并重"要求，推动"督学"工作制度化，常态化，加强对中小学校工作监督与指导的重要措施，有利于及时了解和掌握中小学校的工作状况，发现存在的问题和不足，指导和督促中小学校规范办学行为，提高教育教学质量。同时，通过对责任区内中小学校教育教学工作的监督检查，及时发现典型，总结推广经验，对中小学校工作提出改进建议，为政府和教育行政部门推进教育改革与发展提供决策参考。

为贯彻落实《国家中长期教育改革和发展规划纲要（2010—2020年）》（以下简称《教育规划纲要》），进一步健全教育督导制度，推进教育督导改革创新，督促和引导普通中小学校贯彻执行教育法律、法规、规章和国家教育方针政策，规范学校办学行为，提高教育教学质量，2012年5月4日，教育部印发了《关于加强督学责任区建设的意见》。该意见分为：加强督学责任区建设的意义、督学责任区的设立原则和职能、责任区督学的工作任务、责任区督学的工作要求、督学责任区工作的管理5部分内容。

在省、市、县三级分别设立督学责任区，按照"因地制宜、分级负责、全面覆盖、推动工作"的原则，地方各级教育督导部门要根据本行政区域内中小学校的布局情况和在校生数，从"督学"工作的实际出发，合理确定督学责任区数，一个责任区内的学校数一般应控制在20所以内，并应覆盖所有中小学校，确保督导工作质量。

责任区督学主要负责对本责任区中小学校的办学行为和教育教学工作进行随机督导。责任区督学要按照"依法监督、正确指导、及时反馈、深入调研、合理建议"的工作方针，在教育督导部门的指导下，采取随机听课、查

---

① 沈配功，雷专平. 教育督导学［M］. 兰州：甘肃教育出版社，2000：104—105.

阅资料、列席会议、座谈走访、问卷调查、校园巡视等方式开展随机督导工作。各地要建设一支数量充足、结构合理、素质较高的专业化督学队伍。要根据本地教育发展规模和学校数量，选拔聘任一批教育教学、教育管理等方面的专家担任责任区督学。每个督学责任区至少要配备两名督学。

地方各级教育行政部门和中小学校必须依法积极协助并配合责任区督学开展随机督导检查，主动汇报工作，如实反映情况，自觉提供相关资料，自觉接受随机督导，不隐瞒事实真相。

4. 责任督学挂牌督导制度

2013年9月17日，国务院教育督导委员会办公室印发《中小学校责任督学挂牌督导办法》。挂牌督导是指县（市、区）人民政府教育督导部门（以下简称"教育督导部门"）为区域内每一所学校设置责任督学，对学校进行经常性督导。教育督导部门根据区域内中小学校布局和在校生规模等情况，按1人负责5所左右学校的标准配备责任督学。教育督导部门应按统一规格制作标牌，标明责任督学的姓名、照片、联系方式和督导事项，在校门显著位置予以公布。从此，教育督导与社会、家长等建立了方便透明的联系渠道。责任督学挂牌督导制度的实施，推动形成了教育决策、执行、监督相互协调、相互支撑的现代基础教育治理体系，有效促进了中央关于教育改革发展政策举措的末端落实，有效规范了学校办学行为，激发了基础教育的发展活力，助推了基础教育的改革发展。

（二）研究边界

本书主要研究地方基础教育督导制度，即市、县（区）基础教育督导，以深圳市教育督导实践探索为案例，借鉴世界发达国家和地区成功经验，分别从教育督导制度构建、机构设置、督学队伍建设、督导方法创新等方面开展研究。

三、研究内容与研究方法

（一）研究内容

本书的研究思路是对目前教育督导存在的问题进行剖析，对世界发达国家和地区教育督导经验进行研究和借鉴，提出我国教育督导的创新实践之路径。第一部分是绪论，介绍了本论题的研究意义、相关概念界定及研究方法、研究框架及研究内容、研究的理论基础，包括：治理理论、教育督导现代化、系统理论等。第二部分是对我国基础教育督导发展历程进行梳理与回顾。我国教育督导发展分为五个阶段：新中国成立后的教育督导制度（1949—1976年）、教育督导制度的恢复增强阶段（1977—1988年）、教育督导职能完善与地位提升（1989—2000年）、教育督导职能的巩固与拓展（2001—2011年）、教育督导职能与法律地位增强（2012年至今）。第三部分，从价值认识、职能定位、机构设置、督导队伍、评价方法五个维度，对我国基础教育督导存在的问题进行分析、描述与反思。第四部分研究梳理英国、美国、香港地区教育督导实践的成功案例。第五部分借鉴国内外成功经验，以新的研究视角，以促进学生综合素质培养为指导，以提高教育质量为目标，提出六个方面的策略——创新督导生态，构建督导法规新体系；创新体制机制，强化教育督导职能；创新机构设置，树立督导机构权威性；创新督学培养，实现督导队伍专业精干；创新方式方法，实现教育督导科学高效；创新问责制度，确保督导结果掷地有声；提出多中心治理结构的教育督导现代化体系构想，实现法治条件下教育督导的多元共治、政府元治和学校自治。第六部分，以深圳市教育督导创新为案例研究，总结提炼深圳市的实践经验。

（二）研究方法

1. 文献研究法

文献研究一般包括文献的收集与查阅、文献的鉴别与整理、文献的解释与分析、文献的研究等具体阶段。本研究将通过相关文献资料的搜集、整理、提炼、消化和吸收，对教育督导研究的文献进行分析与阐述，了解已有研究的现状，熟悉国家的相关政策，厘定研究对象与问题，明晰研究意义与目的，为本书的研究提供理论和实践的基础。

2. 理论分析法

理论分析法是教育政策研究的一项重要方法。理论思维是人类对现实进行认识和研究的基础，正如美国哲学家威廉·詹姆斯（W. James）所说："你即使在田野里捡石头也需要理论"。① 本文开展研究是通过两种路线：一是自下而上的路线，也就是从原始资料出发，通过归纳分析逐步产生理论；二是自上而下的路线，即从现有的、被有关学者认可的概念、命题或理论体系出发，通过分析原始资料，对其进行逻辑论证，然后在论证的基础上进行一定创新。这一路线即是理论分析的方法，又称为逻辑分析，属于传统的定性研究的范畴。② 本文运用理论分析法，厘定教育督导现代化构成要素及设计本书的研究框架。

3. 田野研究法

田野研究（fieldwork）是一种深入到研究者对象的真实情境中，以参与观察和具体访谈等方式获取第一手资料，并通过对这些资料的定性分析来理解和解释研究对象的研究方法。③ 它是现代社会文化人类学发生发展的开端，并对现代科研产生了深远的影响。通过田野研究获得真实、原始的一手资料。本研究的大量的一手材料来自：一是笔者在参与深圳市中小学校办学水平评估工作实践中体验、观察及积累的大量资料；二是在研究期间深入学校进行的观察、访谈，通过报刊、媒体、网络等多种途径获取信息；三是对专职督学、兼职督学、校长、教师、家长等100多人进行了访谈，成为本书形成研究结论的重要依据。

四、理论基础

推进教育治理体系和治理能力现代化，标志着我国教育改革和发展的新趋势。教育"管、办、评"分离是大力推进教育治理体系和治理能力现代化的关键所在，是加快政府教育职能转变和迈向教育善治的必由之路。本书将治理理论、教育现代化理论、系统理论应用到我国的教育督导改革研究中，探索在治理理论视域下健全和完善现代化教育督导体系的方式与路径。

---

① AGAR M H. The Professional Stranger: An Informal Introduction to Ethnography [M]. New York: Academic Press. 1980: 23.
② 李秉德. 教育科学研究方法 [M]. 北京: 人民教育出版社, 1986: 256-257.
③ 陈时见. 教育研究方法 [M]. 北京: 高等教育出版社, 2011: 96.

(一) 治理理论

治理是在信息化、全球化、民主化语境下新的管理模式，体现了时代精神，反映了现代社会的民主性特征。治理理论的引入，给教育督导理论创新注入了新的活力。以合作、协商、参与为核心管理理念的治理理论，不仅是政府管理社会事务的一种新理念，也是一种制度安排。以治理理论为指导，政府实施教育督导时，将不再遵循过去传统的统治与控制管理模式，而是强调政府、学校和社会第三部门双向或多向的交流、互动与合作，以及权力运行的多流向、权力空间的多维度等。治理理论中，政府不再是在学校和社会第三部门等权力中心的管理主体存在，而是与它们一道共同承担教育事业发展的责任。多个权力中心和多个管理主体的存在，使得政府与教育督导机构的关系将从控制与被控制转变为政府、学校、社会第三部门之间的多角关系。因而，如何发挥教育督导职能，政府如何进行法律监督、行政指导以及如何建立多元主体的合作关系等，都需要治理理论的支撑。

1. 治理理论的内涵

治理概念虽然在国内外流行已久，但迄今尚未形成统一的权威定义。综合世界银行、联合国发展计划署、全球治理委员会对治理的界定认为：治理是面向社会问题与公共事务的一个行动过程，参与者包括公共部门、私人部门和公民在内的多个主体，通过正式制度或非正式制度进行协调及持续互动。[①] 治理包括国家治理、社会治理、公司治理、法人治理和社区治理等诸多层次，涉及政治、经济、文化、教育等诸多方面。

(1) 治理理论的概念解释

20世纪90年代以来，西方学者从学理上对治理作出了新的界定。詹姆斯·N. 罗西瑙 (J. N. Rose-nau) 是治理理论的主要创始人之一，他认为：治理是一系列活动领域里的管理机制。治理的含义不同于统治，治理是一种由共同的目标支持的活动，这些管理活动是不需要依靠政府和国家的强制力量来实现。[②] 英国学者罗伯特·罗茨 (R. Rhodes) 认为：治理涉及一个全新的

---

① 许耀桐，刘祺. 当代中国国家治理体系分析 [J]. 理论探索，2014 (1)：10—14.
② [美] 詹姆斯·N. 罗西瑙. 没有政府的治理 [M]. 南昌：江西人民出版社，2001：5.

社会统治、控制方式转型的过程。①

20世纪90年代中后期,学者智贤最早在国内介绍了"治理"的概念。②我国学者俞可平认为:治理是指在一个既定的范围内运用权威维持秩序,满足公众的需要。③治理的终极目的是最大限度地增进公共利益。治理的核心理念为:一是治理意味着政府不再是唯一的治理主体,治理的组织载体和参与角色呈现多样性、多元化趋势;二是治理运行的制度结构与组织基础,是多中心治理模式的形成和社会网络组织体系的构建;三是治理模式是国家(政府)—市场—公民社会三维关系的组合,并形成权力依赖;四是治理不断寻求"以民众为中心"(people-centered),④ 以求解决社会问题、突破管理困境、增进公民福祉的策略等;五是治理发展的必然趋势是各种利益相关者(stakeholders)参与到公共政策制定和执行。

(2)治理理论产生背景

任何一种新理论的产生都不是凭空而来的,都有着其特殊的社会历史背景和理论渊源。为了全面把握治理理论的精神和内涵,有必要对其产生的社会和理论背景进行了解。从治理理论产生的背景来看,主要有以下几个方面:

一是从国家层面看,由于"政府失灵"和"市场失灵"的发生。在自由资本主义时期,亚当·斯密崇尚自由竞争的市场经济制度,主张尽可能地把政府对社会经济生活的干预降低到最低限度,减少政府管制,相信"管得最少的政府就是最好的政府"。随着广义市场失灵理论的形成和发展,西方大多数经济学家对政府承担经济职能的必要性取得了共识。在他们看来,管得最好的政府并不是管得最少的政府,经济学家凯恩斯提出"管得最合适的政府是最好的政府"。

---

① [英]罗伯特·罗茨. 新的治理[M]//俞可平. 治理的善治. 北京:社会科学文献出版社,2000:86—106.

② 智贤. Governance:现代"治道"新概念[M]//刘军宁. 市场道德与国家理念. 北京:生活·读书·新知三联书店,1995:56—57.

③ 俞可平. 治理和善治:一种新的政治分析框架[J]. 南京社会科学,2001(9):40—44.

④ [印]哈斯·曼德. 善治:以民众为中心的治理[M]. 国际行动援助中国办公室,编译. 北京:知识产权出版社,2007:55.

二是从社会层面看，公民社会的兴起和第三部门力量的壮大为治理的实现提供了基础。"公民社会是指国家或政府之外的所有民间组织或民间关系的总和"。① 现代意义上的公民社会是在市场经济发展、市民阶层成长、国家与社会分离的基础上形成的。随着组成公民社会的第三部门力量的壮大，它们在社会公共事务管理中的作用也日益重要，它们或是独自承担社会的某些管理职能，或是与政府机构一道合作，共同行使某些管理职能。因此，"由第三部门的民间组织独自行使或他们与政府一道行使的社会管理过程，便不再是统治，而是治理"。②

三是从技术层面来看，网络信息技术的发展促进了治理的推行。网络信息技术的发展对政府行政管理的最大冲击，就是打破了过去政府官僚体制信息渠道的单一性和垄断性。现在，网络信息技术的迅猛发展使各种信息的收集、整理和传播更为便利，信息资源得以公开，个人和组织也可以获得大量的行政信息。政府行政管理参与者的多元化，促使政府、社会组织、个人之间逐渐形成一个自主网络体系，并逐步建立起了合作伙伴关系。这种自主网络体系的形成和合作伙伴关系的建立正是治理理论的核心内容。

四是从理论层面来看，公共选择理论和新公共管理理论等提供了理论渊源。公共选择理论的独特之处在于深刻揭示了政府"理性经济人"特征，它指出政府并不完全代表公共利益，政府的政策倾向性取决于官员之间以及利益集团之间的利益冲突与利益协调。③ 因此，它在致力于进一步研究如何使政府在克服市场失灵的同时，也致力于避免政府失灵问题。新公共管理理论的核心理念是，从以官僚制为基础的、僵化的、传统行政管理模式，转变为以市场为基础的、灵活的新公共管理模式，认为"政府的职责是掌舵而不是划桨"。④

（3）当代国家治理转型趋势

---

① 俞可平. 治理与善治［M］. 北京：社会科学文献出版社，2000：28.
② 俞可平. 治理与善治［M］. 北京：社会科学文献出版社，2000：328.
③ ［美］詹姆斯·布坎南. 自由、市场和国家［M］. 吴良健，译. 北京：北京经济学院出版社，1988：18.
④ ［美］戴维·奥斯本，特德·盖布勒. 改革政府：企业精神如何改革公营部门［M］. 上海：上海译文出版社，1996：1.

国家治理的转型是一个复杂的连续不断的进程，是作为上层建筑的国家适应经济和社会基础的变化而不断调整和改革的过程。当代国家治理转型的趋势包括以下五个方面[①]：

一是在治理的目的方面，从治理者的合理性转向被治理者的合理性。这种转变意味着国家治理目标的重大变化——国家治理的目标从总体的转向个体的，意味着治理的理念和有关治理的政治制度和社会结构方面的重要变革。

二是在治理的体制方面，从独断的治理转向同意与共同的治理。共同的治理实际上是对官僚主义国家权力过度膨胀的一种抵抗。[②] 政府的任务不再是做出决策和执行决策，而是编织与其他一系列参与者一起的行动。治理表现为一种通过使用非政府组织来实现目标的方式，被看成是通过一种更加松散的组织结构实施的统治。[③]

三是在治理的理念方面，从主观的治理转向客观的治理。这是从人为治理到遵循事物规律的治理。传统的治理是简单粗暴的，不需要知识和智慧；而新的治理方式相反，是一种更高超复杂的艺术，需要具备对事物深入理解的知识和驾驭的智慧，它是自由的。

四是在治理的结构方面，从垂直的治理转向水平的治理。随着全球化到来，国家的范畴和民族的政策已经不适合世界性相互依存关系的规模了。[④] 国家治理演化的趋势就是传统的等级森严的"金字塔式"的治理模式向水平的治理方向演化，而互联网的出现大大加剧了这一演化的速度、深度和广度。

五是在治理对象方面，从对治理对象的治理转向对治理者自身的治理。对治理者自身的治理是国家治理的头等大事，是一个内容复杂、规模庞大的系统工程。

2. 教育治理的内涵

---

① 刘智峰. 国家治理论 [M]. 北京：中国社会科学出版社，2014：131—177.

② [英] 约翰·基恩. 公共生活与晚期资本主义 [M]. 马音，译. 北京：社会科学文献出版社，1999：181.

③ [英] H.K. 科尔巴奇. 政策 [M]. 张毅，韩志明，译. 长春：吉林人民出版社，2005：103—105.

④ [法] 皮埃尔·卡蓝默. 破碎的民主——试论治理的革命 [M]. 高凌翰，译. 北京：生活·读书·新知三联书店，2005：2—3.

治理理论认为，提供类似于教育这样的准公共产品和公共服务并不一定要由政府垄断提供，它也可以由其他公营部门、私营部门和第三部门提供。政府垄断提供教育服务已造成诸多失灵现象，必须推行教育服务提供方式的社会化，将政府在教育服务方面的"提供者"和"直接生产者"角色分开，引入教育提供竞争机制，实现消费者主权。随着我国社会主义市场经济体制的建立和政府职能的转变，政府的主要任务是培育学校竞争市场，即培育市场主体、促进市场体系的形成、加快国内竞争市场与国外竞争市场的对接，形成教育服务提供多元并存的局面，使公众有更多选择教育服务的权利。

褚宏启教授认为，教育治理是指国家机关、社会组织、利益群体和公民个体，通过一定的制度安排进行合作互动，共同管理教育公共事务的过程。治理之所以兴起，教育治理之所以必要，是因为"政府失灵"和"市场失灵"的双重失灵的存在。教育治理是多元主体参与的合作管理、共同管理、共同治理，是为了取代过去"单一主体的政府管理"。政府权力过度（政府垄断）会导致低效、浪费和腐败，使各种制度显现"动脉硬化症"，引发制度危机，造成政府失灵；会导致社会对政府的过分依赖，潜存威胁和肢解社会公平和自由的可能。而且政府权力过大也会扼杀效率，政府对社会的过度干预，会使公民的进取心消减、社会责任感萎缩。教育治理的典型特征是多元主体参与的共同治理，即"共治"。

教育治理的实质是对教育事务的合作管理、共同治理。通过向学校和社会组织放权、授权、分权，解决政府教育行政权力过于集中的问题；通过利益相关者的参与，解决多元利益表达特别是弱势群体利益表达的问题；通过多元主体的参与，尤其是通过社会专业组织的参与，解决民智集中和决策智力支持的问题；通过强化学校自治，解决政校关系和学校办学自主权的问题。在从教育管理向教育治理转变，推进国家治理体系和治理能力的现代化的大背景下，实现教育治理体系和治理能力的现代化也就成了一个紧迫而现实的任务。

3. 教育治理的走向

治理的直接目标是"善治"，即好的治理、成功的治理。[1] 那么，善治具有哪些特征呢？善治作为现代治理理论的核心概念，已经在西方国家流行多

---

[1] 褚宏启，贾继娥. 教育治理与教育善治 [J]. 中国教育学刊，2014 (12)：6—10.

年，其本质就是良好的现代国家治理，是国家和社会两者关系的最佳状态，旨在通过政府和民间组织、公私部门之间的合作管理和伙伴关系来促进公共利益的最大化。[1] 对教育而言，教育领域公共利益的最大化就是"提供优质、公平的教育公共服务"。善治的最终衡量标准是公共利益的最大化，但是对于善治的具体表征，则有不同的表述。

我国学者俞可平提出了善治的六个基本要素，即合法性（legitimacy）、透明性（transparency）、责任性（accountability）、法治（rule of law）、回应（reponsiveness）、有效（effectiveness）。[2] 2006年，世界银行发布治理的评价指标，把善治的要素假定为以下几点：话语权与问责制、政治稳定、政府效能、规制质量、法治、廉洁。[3] 2013年，美国学者黑尔（Paul T. Hill）在《为公共教育构建一个不同的治理结构》一文中，基于对美国教育管理现存问题的分析和批评提出，良好的公共教育治理体系应该符合五项标准：参与的代表性、地方教育行政部门以及学校的自主权、公平、效率、绩效。[4] 德国学者阿伦斯（Joachim Ahrens）于2011年在其著作《21世纪之善治》中特别强调有效治理的四个维度，即问责制、可预见性、参与度、透明度。[5]

借鉴上述研究成果，结合教育治理的特殊性，特别是针对我国教育管理和治理中的现实问题，褚宏启教授认为，教育善治的特征或要素包括以下十点[6]：一是参与度，参与教育治理的主体范围越宽、代表性和话语权越充分，治理的民主性就越高，最后善治的程度也就越高。二是回应性，教育治理需要对于公众的教育需求做出及时、负责的反应。三是透明度，就是教育治理

---

[1] 李以所. 现代国家治理：西方的经验和教训 [J]. 领导科学，2014（17）：6—8.

[2] 俞可平. 治理和善治：一种新的政治分析框架 [J]. 南京社会科学，2001（9）：40—44.

[3] World Bank. Governance indicators [R]. Washington, D. C：Oxford University Press，2006.

[4] HILL P T. Picturing a different governance structure for public education [G] // MANNA P, MCGUINN P. Education Governance for the Twenty—First Century, Washington, D. C：Brookings Institution Press，2011：332—336.

[5] AHRENS J, CASPERS R, WEINGARTH J. Good Governance in the 21st Century [M]. Massachusetts：Edward Elgar Publishing, Inc. 2011：14.

[6] 褚宏启. 教育治理与教育善治 [J]. 中国教育学刊，2014（12）：8—9.

信息的公开性，教育利益相关人和社会公众对教育治理信息享有知情权，有权获知政府信息和学校信息。四是自由度，一些主体尤其是弱势主体可以在多元治理体系中畅所欲言，自由表达其利益诉求并行使参与权、决策权和监督权。五是秩序，教育秩序包括教育教学秩序、教育从业者工作秩序、教育管理秩序等，由民主参与所带来的充满活力的秩序。六是效率，善治必定是有效率的治理。七是法治，法治意味着法律是教育治理的最高准则，治理的复杂性要求必须依法治理，否则必至混乱。八是问责，问责意味着治理主体必须对其行为负责。问责是一种倒逼机制，有利于规范多元主体在教育治理中的行为。九是公平，教育治理中最棘手、最重要的事务是教育利益的调整，而公平、公正地调整教育利益和配置教育资源，是善治的主要特征和重要任务。[①] 十是效能，效能与公共服务、绩效、人权实现等密切联系。效能是指善治目标的达成度，达成度越高，效能就越高。实现教育善治（好治理），最后目标是教育中公共利益的最大化，是通过善治提供优质公平的教育公共服务（好教育），更好地促进人的发展与社会发展。

（二）教育现代化

《中共中央关于全面深化改革若干重大问题的决定》明确提出：推进国家治理体系和治理能力现代化。这为教育领域深化综合改革指出了方向：推进教育治理体系和治理能力现代化，标志着我国教育改革和发展的新趋势。本书尝试将治理理论应用到我国的教育督导改革，探索在治理理论视域下健全和完善现代化教育督导体系的思考与路径。作为国家治理体系的重要组成部分，教育督导体系和治理能力现代化的提出，将导引着教育领域综合改革的实践探索。

1. 教育现代化理论

教育现代化是一个复杂的、长期的、系统的教育变迁过程，是国家宏观教育战略与政策的重要议题。在我国，教育现代化始于1983年邓小平提出的"三个面向"。《教育规划纲要》把我国教育发展的战略目标确定为"到2020年，基本实现教育现代化"。近年来，教育现代化逐渐成为公共政策研究的热点。褚宏启教授认为，教育现代化的本质是教育现代性的增长，教育现代性

---

① 褚宏启. 关于教育公平的几个基本理论问题 [J]. 中国教育学刊，2006（12）：1—4.

是现代教育一些特征的集中反映。教育现代化的目标是促进人的现代化和社会的现代化。教育现代性的框架由教育的人道性、多样性、理性化、民主性、法治性、生产性、专业性、自主性所构成，是由人的现代化和社会现代化的客观要求所决定的。① 曾天山教授认为，教育现代化是建设教育强国的必由之路，教育强国是教育现代化的阶段性发展目标。教育现代化是一个循序渐进的历史进程，以促进人的全面充分自由健康发展为指向，兴起于工业化，发展于信息化，伴随于人类发展始终。教育现代化代表向好的方面，有着多重含义，既要遵循教育教学科学规律，突出育人为本、健康成长、增进能力的主题，又要良好适应经济社会发展要求，还要赶超世界先进水平。教育现代化有着鲜明的阶段性特点，与近代以来强国富民的梦想紧密相连，先是实现了从文盲大国向教育大国的历史性跨越，带来了数量规模外延上的历史性变化；再要实现从教育大国向教育强国的历史性跨越，这是追求质量效益内涵上的历史性变化。②

2. 国家治理体系现代化

国家治理体系的现代化是社会政治经济现代化的必然要求，它本身也是政治现代化的重要表征。衡量一个国家的治理体系是否现代化，俞可平教授认为至少有五个标准：其一是公共权力运行的制度化和规范化，它要求政府治理、市场治理和社会治理有完善的制度安排和规范的公共秩序。其二是民主化，即公共治理和制度安排都必须保障主权在民或人民当家作主，所有公共政策要从根本上体现人民的意志和人民的主体地位。其三是法治，即宪法和法律成为公共治理的最高权威，在法律面前人人平等，不允许任何组织和个人有超越法律的权力。其四是效率，即国家治理体系应当有效维护社会稳定和社会秩序，有利于提高行政效率和经济效益。其五是协调，现代国家治理体系是一个有机的制度系统，从中央到地方各个层级，从政府治理到社会治理，各种制度安排作为一个统一的整体相互协调，密不可分。③

---

① 褚宏启. 教育现代化的本质与评价——我们需要什么样的教育现代化 [J]. 教育研究，2013（11）：4—5.

② 曾天山. 开拓中国特色社会主义教育现代化发展道路 [J]. 人民教育，2018（19）：15—18.

③ 俞可平. 论国家治理现代化 [M]. 北京：社会科学文献出版社，2014：4—5.

3. 教育督导现代化标准

借鉴俞可平教授提出的国家治理体系现代化的"五标准",以及教育治理体系现代化的标准,结合我国教育督导实践,笔者认为,教育督导现代化标准包括以下五个方面:一是教育督导法治化;二是教育督导权力运行的制度化与规范化;三是教育督导体系结构一体化;四是督导过程民主化;五是督导效率最大化。[①]

依此,教育督导体系现代化是以法治为基础,规范、民主、协调和高效的运行系统。这既是深化教育管理体制改革的核心,也是实现教育"管、办、评"分离机制和创新教育督导体系的发展方向。

(三) 系统理论

系统论思想源远流长,但作为一门科学的系统论,人们公认是由美籍奥地利人、理论生物学家 L. V. 贝塔朗菲(L. Von. Bertalanffy)创立的。他在1932年提出"开放系统理论",提出了系统论的思想。1937年提出了一般系统论原理,奠定了这门科学的理论基础。但是他的论文《关于一般系统论》,到1945年才公开发表,他的理论到1948年在美国再次讲授"一般系统论"时,才得到学术界的重视。

1. 系统理论的基本原则

系统理论基本原则一般包括以下几个方面:

一是整体性原则。即系统、要素和环境之间的辩证统一。首先,系统与要素、要素与要素、系统与环境之间存在着有机的联系,它们相互作用、相互影响,构成一个整体。其次,系统的性质和规律,只有从整体上才能显示出来,整体可以出现部分未有的新功能,整体功能不是各部分功能的简单相加。再次,系统内部各要素或部分的性质和行为,对其他要素或部分的性质和行为有依赖性,并对整体的性质和行为有影响。整体性原则是系统论的基本出发点,它要求人们在认识和处理系统对象时,都要从整体着手进行综合考察,以达到最佳效果。

二是结构功能的原则。即系统的结构与功能的辩证统一。首先,结构是

---

① 王庆如. 治理理论视角下教育督导现代化的困境与路向 [J]. 现代教育管理, 2016 (12): 35—39.

功能的基础，功能是结构的属性；结构不同，一般说功能也不同，结构决定功能。其次，同一结构可能有多种功能；结构不同，也可获得异构同功。它要求人们在分析研究各种系统时，必须把握好系统结构和功能的辩证发展规律。

三是相互联系的原则。即系统的整体性是通过各要素间的物质和能量的相互交换、转换及守恒的规律，还有信息的传递、交流等多种形式加以实现的。研究系统整体性时，必须搞清系统内外部物质、能量、信息的流动状态。

四是有序性原则。即系统都是有序的、分层次的和开放的。一般都由低级有序状态向高级有序状态发展。系统有序程度用熵度量。

五是目的性原则。即在反馈机制的作用下，系统能保持内部的稳定以及与环境的协调的一种特性。要掌握系统发展的趋向，必须把握它的这种机制。

六是动态性原则。即现实系统都是变化、发展的，应当在动态中协调系统各方面的关系，使系统达到最优化。

2. 系统理论的启示

一是提供研究基础。从系统论观点看，教育既是社会体系中的一个子系统，同时自身又是复杂的开放系统，这为教育评价的分析提供了前提和思路。就教育作为社会子系统而言，教育督导的目的在于通过判断、解释教育对社会或其他社会子系统的价值关系，为教育选择提供依据，以及通过对教育质量监控以促进教育更好地满足社会发展对教育的价值需求。在教育自身作为复杂的开放系统中，以学校教育为核心构成了教育整体结构，学校教育评价也因此成为教育评价活动的核心构成。整体观启示我们，研究教育督导路径创新要有系统的整体观原理，就是要把教育督导看作是一个整体，是一个大系统，有督政、督学、评估监测等子系统，而这些子系统中又可分出若干个次子系统。动态演化原理启发我们，整个督导评估体系是动态变化的，而非静止不动的，随着社会的需求及教育的发展，督导的主体及对象都会有所变化。因此，教育督导活动也要随之变化，要根据社会经济、教育发展及学校发展等实际情况，及时调整督导评估的导向、内容、重点、指标以及实践评估的操作方法，从而更好地适应新的"生态环境"发展的需要。这样才能系统地、全面地建构具有发展性和时代性的督导评估系统，并理性地应用于督导评估实践。

二是提供实践指导。系统理论对本研究的实践启示是，在深入分析系统内部诸要素的同时，还要关注系统与外部环境之间的关系。在整个督导评估这个大系统中，内部和外部各个要素之间是相互影响、相互作用、相互支持的，而非孤立存在。因而，在研究督导效能时，必须将内外部系统看成是一个整体，将系统中的各要素有机整合，在实践中正确处理好各主体、各系统、各指标、各要素之间的关系，协调操作，内化整合，才能充分发挥教育督导的功能，达到教育督导督政、督学、评估监测的目的。因此，只有督导评估这个大系统中所有的构成要素都科学合理，各构成要素之间的逻辑关系明晰稳定，教育督导评估才能在实践中高效地发挥作用。

第二章　我国教育督导发展历程

我国最早的督导制度是古代的帝王视学制度，可追溯至西周时期。隋朝在中央政府首设"国子寺"，隋炀帝时改为"国子监"，这是中国也是世界上最早的独立的教育行政和监督机关。宋、元以后，出现了专门管理地方官学的行政机构，并建立了地方教育行政长官身兼视学官的制度。但是，完整的教育督导制度是在清朝末年伴随着现代学制建立起来的。1909 年 12 月，清政府颁布了中国近代关于教育督导的第一个专门性文件《视学官章程》。民国时期，教育督导制度几经变迁，得以不断规范化、系统化。新中国成立后，教育督导制度也经历了从初步稳定、混乱停滞到长足发展的历程。进入 21 世纪，国务院正式颁布《教育督导条例》后，我国的教育督导工作迈出了里程碑式的新步伐。

一、古代视学制度

我国最早的督导制度是古代的帝王视学制度，历朝历代的官学都有其相应的教育督导制度。我国古代教育机构分为官学与私学两种，私学因学派众多、散落民间，未曾纳入统一管理，因而教育督导的萌芽、发展主要是在官学范围内。

（一）古代帝王视学制度

夏、商、周三代的学校具有前后因革损益的历史关联。[①]《孟子·滕文公上》记载："夏曰校，殷曰序，周曰庠；学则三代共之，皆所以明人伦也。"[②]根据史料记载，夏商周三代天子都十分重视教育，已有天子视学制度，但是

---

① 齐红深，徐治中. 中国教育督导纲鉴 [M]. 沈阳：辽宁大学出版社，1989：1.
② 郭秉文. 中国教育制度沿革史 [M]. 福州：福建教育出版社，2007：2.

视学制度的真正建立是从周代开始的。据《礼记·文王世子》记载，每年的春、夏、秋三季，周天子都要亲自到学子学习的场所辟雍举行视学典礼，先命学官按常礼祭祀圣先师，表示尊贤重师；然后视察辟雍，了解学子们的学习情况。《礼记·学记》堪称中国乃至世界教育史上第一部教育学专著，其中提出的国学管理七条原则，就有一条是关于视学的。学子到了规定的年龄进入国学，国家每隔一年对他们的学业和德行考试一次。这种考试或由天子亲自主持，或委派主管教育的官员前往执行；并且规定，在没有举行春祭或夏祭之前，不得进行考试，以免影响学子们的正常学习。这个时期的视学制度是与养老典礼结合进行的，目的是通过天子视学宣扬孝悌之道，以达到教化民众、引导社会风气、巩固统治的作用，这实质上是一种政治手段，是政教合一的体现，此种视学制度也被后世各朝代所沿用。

春秋战国时期，众多诸侯国互相兼并，各自为政，导致官学衰废，私学兴起，帝王视学制度因此中断。

秦始皇统一天下后，以法家思想为指导，强调以法治国，实行吏师制度和学室制度，并以立法的形式加以监督和管理。如秦国制定的《除弟子律》中规定，吏师不能随意笞责弟子，不能随意开除弟子，不能超限度地役使弟子；弟子则必须在吏师规定的时间内，正确无误地掌握法制律令。这种以教育立法的形式监督、管理吏师和弟子的做法，在中国教育发展史上属于首创。

汉代继秦朝之后建立起了统一的中央集权国家。汉武帝一改秦始皇的作法，确立了儒学的正统地位，在京师开办了封建时代的最高学府——太学，汉代帝王视察太学被称为"幸学"。汉代确立的帝王视学制度，虽然仍有宣扬孝养之道、举行养老之礼的含义，但是主要目的已经慢慢转到通过帝王至尊制度的影响来提倡尊经崇儒。就是一方面激励太学博士努力钻研经学，刻苦治学；另一方面提倡孝道、奉行养老之礼。

到魏晋南北朝时期，这种幸学制度又有所发展，除帝王亲自考试学生的课业等活动外，还安排工太子讲经，并将课业考试直接与选拔官员及赏赐活动结合起来。此时期各朝代帝王幸学，均把儒术置于重要地位，即"以经术为先"。通过维持儒学的正宗地位，传播宣讲儒家思想以维持本朝统治。

"隋唐时期既是中国古代社会走向鼎盛时期，也是中国古代教育最有成效的时期。在中国古代教育发展史上具有重要的地位和特殊的意义，为古代社会的文明进步和发展作出了卓越的贡献。"① 隋文帝一统天下便奖励学术、振兴教育，亲自到国学视学。唐代皇帝的视学与举行"释奠礼"有着诸多密切的联系，一是不仅讲论儒家经典，而且兼及佛道两家，视学也有了制度规范。《唐开元礼》制有《皇帝皇太子视学仪》《皇帝养老于太学仪》，其中对皇帝和皇太子视学、养老等学礼做了进一步规范。

"皇帝到最高学府视学直到明代才形成定制。皇帝视学作为明代皇帝登基后的一项重要礼仪，历代皇帝都非常重视。朱元璋在南京设立国子监后，于洪武十五年（1382年）在国子监行视学仪后，将其礼仪颁为定制。"② 由此，帝王幸学进一步规范化。皇帝在位期间都有一次幸学，视学仪式的流程是明太祖朱元璋在位时制定的：视学前准备——释奠孔庙——幸彝伦堂——讲官讲经——幸学隆施。幸学时间一般为3天：第一天，皇家驾临国子监，首先在孔庙举行祭孔典礼，然后进行视学活动；第二天，国子监学官进宫，首先向皇帝上书谢恩，然后学官讲论，皇帝参与讨论；第三天，皇帝向学官及监生分别进行赏赐。皇帝视学主要目的是：一是通过崇儒重道以教化天下，皇帝强调学校要崇道德、弘教化、正人心；二是加强对国子监的管理与控制；三是督促国子监师生的经学教育与学习，培养出统治所需要的贤才。③ 明代皇帝朱元璋亲自主持制定国子监监规五十六款，对国子监各级学官的职责、工作原则、工作作风及监生的任务与纪律等作出了极其严格的规定，对严重违反规定的都要亲自处置。

清代帝王幸学基本上沿用明制，不仅保留了国子监，而且也完整的继承了明代的皇帝视学制度。直到雍正即位，才下诏改称"幸学"为"诣学"，以示帝王对孔子之道和先圣先师的崇敬。其中，对国子监发展有重大影响的有康熙、雍正、乾隆三位皇帝，各自的贡献是：推崇理学，确定了理学在儒家各流派的独尊地位；对国子监管理体制进行了重大改革，提高了地位和自主

---

① 史仲文，胡晓林. 中国全史：教育卷［M］. 北京：中国书籍出版社，2011：395.
② 赵连稳，宋正鑫. 明代皇帝视学初探［J］. 北京联合大学学报（人文社科版），20119（4）：35—42.
③ 赵连稳，宋正鑫. 明代皇帝视学初探［J］. 北京联合大学学报（人文社科版），20119（4）：35—42.

权；在国子监重新修建辟雍宫。①

综上所述，中国历朝历代帝王重视教育、视学频繁。视学作用的发挥是通过皇帝的尊贵身份莅临太学，一是举行释奠礼，宣示对先贤先师的尊敬；二是讲经论经，讲授儒家经典著作，以宣扬教化；三是逐步建立和完善严格的学规，培养维护统治所需的人才。

（二）古代地方官学视学制度

我国封建社会的学校制度包括官学、私学和书院三大系统，而官学又分中央官学和地方官学。

西周的官学由国学与乡学组成。国学包括大学、小学；乡学包括庠、序、校。西周的教育制度是政教不分、官师合一的。此外，《礼记·学记》还记载了西周大学考核制度："一年视离经辨志，三年视敬业乐群，五年视博习亲师，七年视论学取友，谓之小成。九年知类通达，强立而不反，谓之大成。"此外，《礼记·王制》还记载了国学中学生管理制度和措施。这些都说明西周学校教育制度逐渐完备。

公元前124年汉武帝创建太学，标志着我国封建官立大学制度的确立。汉代官学分别为由中央政府直接主办的中央官学和由地方政府办理的地方官学，而且依然保留着政教合一的特征。

唐代是中国封建社会的鼎盛时期。"唐代的学校制度，较诸中古的任何一代，复杂而完备"，②分为中央和地方两级管理。学校也根据不同的专业性质，分别归有关行政部门管理的体制，在世界教育史上出现最早。③官学体制逐渐完善，各类专科学校设立，形成了从中央到地方的管理体制。从官师合一发展到独立设置教育行政管理机构。学校管理也从松散约束到有严格的学规和制度作为管理依据。

宋代教育经过三次大规模兴学和多次政策调整，官学内部的管理体制日渐成熟，形成了礼部、国子监和诸路提举学事司配套的中央到地方的教育行政体制。北宋崇宁二年（1103年），朝廷在各路设立了提举学事司，这是中国

---

① 史仲文，胡晓林. 中国全史：教育卷[M]. 北京：中国书籍出版社，2011：814.
② 周予同. 中国学校制度[M]. 北京：商务印书馆，1993：67.
③ 史仲文，胡晓林. 中国全史：教育卷[M]. 北京：中国书籍出版社，2011：422.

教育史上正式设立的地方最高教育行政机构。它的建立开创了中国封建社会地方学校教育建立督学制度的先河,可以说,我国现代地方教育督导制度滥觞于宋代提学司,这一地方学校的督学制度。① 它的主要职能:一是监督检查职能,监督教师、学生、考试、教育法令实施情况等;二是考核评价教师与学生;三是反馈办学信息、提出改进建议等职能。政和年间,朝廷又命令"天下州县官皆带提举管学事司",也就是说,在设立提举学事司的同时,州、县行政长官仍兼管学校事务。此后,提举学事官一职或专任,并由地方行政长官兼任,主要职责是考察、审批地方官学的教官;统计辖区内在学的实际人数;对地方官学提出改进建议;监督学规的执行;监督、维持"学田"不被侵占。由于提举学事官身负重要责任,所以朝廷规定,其官品"在常平官之上"。

及至元代,地方官学细分为儒学、医学、阴阳学和蒙古字学四类,除阴阳学外,其余三类分别设立了提举司和提举官。儒学提举司统一管理、监督各路学、府学、州学、县学的学校祭祀、教学、经费以及审核地方士人的著作上呈朝廷;和宋代提举学事司的职责相比,增加了学校祭祀、管理儒户、审批进呈士人的著作三项事务。医学提举司的主要任务则是考核地方医学的教官以及学生的课业,包括主持医人的科举考试。

明代开始在行省设立儒学提举司,对地方官学的管理和监督走向制度化。② 如统一规定各级儒学师生的编制定额和待遇,统一规定经义的文本格式等;并颁发八条禁例,命令各地镌刻于石,竖立在各级地方官学的明伦堂,因而史称"洪武卧碑"。明代朝廷认为:"养士之本,在于学校;贞教端范,在于督学之臣。"所以,明代朝廷十分重视督学官的选拔,要求督学官需具备三个条件:一是要有较高的经学造诣,须有进士出身;二是要有较高的道德修养,能"端厚方正";三是要有刚正不阿、执法不贷的品格,能"正己肃下"。③ 督学官每三年一任,任期内须两次到所属各学进行视学,基本任务是监督地方官学贯彻统治者的办学宗旨,具体职责包括:主持各府、州、县童

---

① 韩凤山. 中国教育督导制度的滥觞——宋代地方督学制度[J]. 吉林教育,2006(7/8):13.
② 江铭. 中国教育督导史[M]. 北京:人民教育出版社,1994:66.
③ 江铭. 中国教育督导史[M]. 北京:人民教育出版社,1994:67.

生的道试；主持三年一次的岁试和科试；负责考贡生员；负责清理学籍；考核学校教官的学行；审核各地方官所呈的乡贤名宦、节妇孝子资格等。从英宗正统元年（1436年）、天顺六年（1462年）、万历三年（1575年）等，朝廷在南北两京及各行省设置提督学校官，并相应制订了提督学校官的工作条例《敕谕》，在赋予督学官很大权力的同时，也制定了制约督学官的一套办法，使督学官置于地方监察官员以及吏部、礼部和都察院的多重监督之下。明代设置的专职提学官督导地方官学的制度，在中国教育史上具有重要意义。可以说，自明代开始，我国古代的视学开始走上了正规化轨道。

清代初期的教育制度承袭明代。由于统治者是以少数民族入主中原，为了利用儒学对汉人实行思想控制，所以十分重视发展学校教育，对地方官学的管理和监督比明代又有许多新的改进。建立了从地方的府州县儒学到中央国子监的官学教育体系；同时也建立了独具特色的八旗教育体系。清初，在直隶设提学御史，各省设提学道，到雍正四年（1726年）一律改称"钦命提督学政"。提督学政由皇帝亲自选任，并给予"钦差大臣"的尊严和荣誉，委以衡文取士、举优黜劣、甄别教官的重任，全国额定十二人。学政的地位与各省的最高行政长官总督、巡抚平行，总督和巡抚不能干预学政的工作，学政见总督和巡抚可不行属员之礼。但朝廷赋予总督和巡抚监督学政奉公守法的特殊使命，因而学政一旦受贿徇私，总督和巡抚要一并治罪。顺治八年（1651年）开始，朝廷建立了学政考核制度，三年任期届满时，学政必须向吏部述职，并由吏部会同礼部照例考核，"公明者优升，溺职者参处"。为了确保学政清廉守正，朝廷实行"增俸养廉"政策，为学政提供优裕的物质条件。自乾隆元年（1736年）起，省学政的养廉费就从1500两增加到了4000两。[①]

二、近代视学制度

随着清末"废科举，兴学堂"的浪潮，新的教育督导制度逐渐建立。清末学部设视学官负责全国教育视导工作，并颁布《视学官章程》，这是中国近代史上的第一个规范的有关教育督导制度的规则和文件，标志着中国近代教

---

① 江铭. 中国教育督导史［M］. 北京：人民教育出版社，1994：91.

育督导制度的正式确立。

(一) 清末教育视导制度

清末教育视导制度是舶来品。甲午战争后，日本一跃成为东亚强国，并成为中国模仿和学习的对象。于是，日本的视导制度便被引进到中国，为我国近代视学制度的建立提供了经验和蓝本。1905年，晚清政府的学部一成立，便参照日本文部省的官制，在学部设立了视学官，负责全国的教育视导工作、专门巡视京外学务，官阶为正五品，开启了中国教育机构新官制的先河。[①] 在这样的背景下，1906年5月，考虑到科举已停，学校事务日繁，便裁撤学政，改设提学使，并在各省提学使下设省视学6人，官阶为六品，负责巡视各府厅州县学务。此外，各县劝学所也设县视学1人，并兼任劝学所总董，给以正七品虚衔。清政府正式在学部设置视学官，并且建立了从中央到地方的中央、省级、县级三级视学制度。

1909年12月，清政府学部颁布了《视学官章程》，共分七章三十三条，包括视学区域、视学资格、视学任职、视学权限、视学日期、视学经费、视学考成等。可以说，清末《视学官章程》是我国近代关于教育视导的第一个规则和文件，[②] 不仅使清末视学官员有了可以依循的法则，也是中国教育督导制度发展的里程碑，更重要的是，它标志着近代视学制度在我国的确立。

章程规定，全国分为12个视学区，每个区派视学官2人，并且每三年必须对管辖区域视察一周。视学官从学部工作人员或直辖学堂的管理员、教员中选派，一类是已经获得一定科举功名和官位的封建知识分子；另一类是既有科举功名，又曾到国内外新式学堂学习过的人，必须"宗旨正大，深明教育原理"；每个视学区所派视学官中，要有一人精通外文及各种科学。

章程规定，视学官视察的职责内容包括：一是各省学务公所、各县劝学所的教育行政情形；二是各种官立、公立、私立学堂的教育情形；三是学堂内卫生、经费，学务职员办事、教员授课及学生分配的情形；四是有关教育学艺之设施以及特受部示之事件。

---

① 闵晶. 清末新政中的教育视导制度[D]. 长春：吉林大学，2009：4.
② 聂好春. 中国近代教育督导发源探析[J]. 华北电力大学学报（社会科学版），2006（3）：125.

章程规定，在视学过程中，一旦发现问题，视学官便可行使几大权限，包括：责令整改、通知地方官督促整改、商省提学使撤换管理员和教员、约会省议长和教育会长等等。视学官一旦被奉派，便应制定视察计划呈报学部核准，对每省的实际视察时间一般为80天，视察完毕一地，就要具文呈报学部，以供学部了解实情，整顿改进。

为了确保视学官廉洁奉公，该章程对视学官的俸禄、经费、违规处罚等也作出了具体规定："第二十九条，视学官自由京启程之日起，至回京之日止，应结月薪一百六十两、夫马费一百四十两。其视察川陕、两广、云贵、甘新四区者，每月加给夫马费四十两。""第三十条，视学官二人，应随带书记生一人，月给工费银二十两。沿途舟车等费，由视学官发给，回京时报部核销。""第三十一条，视学官沿途食宿均须自给，不得受地方官供应。惟巡视所至，得借宿于该处之学堂内，仍将每日膳费照数发给。"对于视学官违规行为的处罚有规定明确："第二十二条，视学官如有敷衍瞻徇，视察不能认真，报告不能切实者，经部查明，立即撤换。"[①]

之后，各省相继制定了本省的视学章程，并开展了大量内容丰富、形式各异、颇具特色的视学活动。

（二）民国政府的教育督导制度

辛亥革命后，封建的清王朝被推翻，建立了中华民国，教育随之有了一番除旧布新的改革。与此相适应，视学制度也在继承中有了不断改革和完善，并建立起了部、省、县三级视学网络。

从部视学来看，1912年1月，中华民国教育部成立，即在部内特设立了视学处，主持全国视学的专门机构和人员选派工作。1913年1月，国民政府先后颁布了《视学规程》《修正教育部组织法》《教育部督学办事细则》等一系列有关视学的规制。这些规制在视察内容与范围、视学的权限、视察前的准备及视察经费等方面沿袭了清末的做法，同时，在视学区域的划定、视察种类的区分、视学任用资格、视学机构的设置及视学人员的配备等方面作了很大调整。例如：将全国的视学区由12个归并为8个；将视察活动分为定时视察和临时视察两种；规定视学必须是毕业于大学或高等师范学校、且任学

[①] 闵晶. 清末新政中的教育视导制度 [D]. 长春：吉林大学，2009：20—21.

务职一年以上者，或曾任师范学校、中学校长或教员三年以上者，或曾任教育行政职务三年以上者；将视学机构定名为视学室，作为教育部内的特设机构，并设视学16人，专门视察初等教育、中等教育和社会教育；为了加强对高等专门以上学校的视导，1912年初，教育部又正式成立了高等专门以上学校视察委员会，设常任委员8人，作为部视学的重要补充，其视察程序、经费、权限等与其他部视学相同。

省视学的设立晚于部视学。民国初期，各省教育行政管理制度极其紊乱，中央政府颁布的各省官制中并无省视学一职，加之各省教育制度不一，地方视学进展情况差别较大。1914年6月，在教育部的呈文恳请下，中央政府才批准设立省视学，于是各省相继制定各自的视学规程，并委派省视学，开展省内的教育视察活动。到1917年和1918年，教育部才统一颁布《教育厅暂行条例》和《省视学规程》，从此各省视学制度始归统一。《省视学规程》是我国近代由国家颁布的第一个省级教育视导规制，它结束了清末以来各省视导工作办法不一、时设时废的局面，使后来的省视学制度渐趋正常化、规范化，是近代省视学制度正式确立的重要标志。

按照《省视学规程》规定，省视学的基本条件是：大学文科或高等师范学校毕业者；师范学校本科毕业、曾任学务职五年以上、著有成绩者；曾任师范学校、中学校校长或教员二年以上、著有成绩者。遇特别情形，经教育总长核准暂行任用者，不在此限。[①] 省视学由省教育行政长官委任，报教育总长核准备案，专门视察全省教育事宜，具体包括：地方教育行政及经济状况；中等以下学校教育状况；社会教育及其实施状况；幼儿教育及特殊教育设施；学务职员执务状况及以主管长官特命或部视学嘱托的视察事项。省视学视察前，应就视察内容及方法等写出书面意见呈请省教育行政长官核定，然后按指定地点轮流视察；视察结束后，要撰写详细报告呈省教育行政长官，由省教育行政长官摘要汇送教育部；遇部视学莅临本省时，要向部视学报告省内教育情况。

县视学在民国初期仍沿袭清末旧制，只是各省具体办法不同。直至1918年教育部颁布《县视学规程》后，各省自行制定的《县视学暂行规程》才一

---

① 江铭. 中国教育督导史 [M]. 北京：人民教育出版社，1994：277.

概废止，全国的县视学制度开始统一。《县视学规程》共十六条，规定各县设县视学1至3人，由县知事呈请省教育行政长官委任，报教育部备案，一般不得兼任他职。县视学的工作职责范围很广，包括督察各区学务计划执行情况；查核各区教育经费及学校经济状况；查核各区学龄儿童就学情况；视察各学校设备添置及管理状况；视察各学校课程开设及学业成绩、训育学风及操行成绩、卫生体育及学生健康等状况；视察社会教育及其设施状况和幼儿教育、特殊教育设施状况；视察学务职员执务状况等。和《省视学规程》一样，《县视学规程》的颁布，使县级视学有了统一的章法和实施保证，标志着近代县视学制度的正式确立。

1946年4月，国民政府教育部颁布了《教育视导试行标准》，分为六个方面：省市教育行政视导试行标准；县市教育行政视导试行标准；中等学校视导试行标准；中心国民学校视导试行标准；国民学校视导试行标准；社会教育视导试行标准。从此，各级视导工作都有了统一的评判标准和依据。

（三）中国共产党在革命战争时期的教育督导探索

从1927年到新中国成立，中国共产党在其领导的区域实施了一系列教育改革，并探索发展了自己的教育督导制度。

中央苏区是土地革命战争时期全国最大的一块根据地。1930年5月，闽西苏维埃政府文化委员会作出决定，派员到各地巡视工作，并提出了调查教育状况等六项工作任务。1931年11月，中央苏区成立了教育人民委员部，并设有巡视委员会，负责巡视教育工作。巡视员的任务是巡视中央苏区各地的教育工作，如检查与测验学生的成绩、督导教职人员的勤惰、指导教育机构的教材教法等。1934年4月，中央苏区出台了《教育行政纲要》，将教育巡视制度作为教育法规写入其中。纲要对教育巡视的目的、要求、方式都有严格的规定。这些规定切实可行，确保了上级对教育指示精神能够迅速贯彻，基层的教育情况能够及时反馈。这是中央苏区教育巡视制度的完善阶段。[①]

在抗日战争时期，中共中央提出了以抗日救国为目标的国防教育总方针，即文化教育应为全面、持久的抗日战争服务，培养抗日干部，提高人民的民族文化水平与民族觉悟，以民族精神教育下一代。1940年，中央干部教育部

---

① 肖小华.中央苏区教育巡视制度发展概述[J].教学与管理，2007(18):8-9.

与中央宣传部合并，改为中央宣传部，直接领导全国各个抗日民主根据地的教育工作和视学工作。各个抗日民主根据地政府机构中也设置了教育行政管理机构，负责本地的教育工作和视学工作。从边区、专区到县各级教育行政机构中，一般设有督学，这些督学在各自的地域内督促检查学校教育和社会教育。①

到了解放战争时期，教育督导工作与当时的解放区建设和政治斗争的使命高度一致。为了贯彻教育为解放战争服务的宗旨，各个解放区都建立了教育行政机构，由它们管理和监督本地区的教育工作。当时建立的教育巡视制度，有利于上级教育行政部门及时了解掌握实际情况和贯彻落实党的教育指示精神，从而有针对性的指导教育工作。这一时期的教育督导工作呈现出规范化、专门化、体系化的初步特征，对我国现行的教育督导工作仍有一定借鉴和启发作用。

三、新中国成立后的教育督导制度发展历程

对于新中国成立后我国教育督导的发展历程，不同的学者有不同的划分方式。黄崴教授认为，新中国成立后我国教育督导分为三个阶段：1949年10月到1966年5月的近17年，我国教育督导工作由弱到强；1966年6月到1976年的"文化大革命"10年，各级教育督导部门取消，教育督导的职能由相应的教育部门承担；1977年后至今，改革开放以来，我国教育督导工作日益加强，形成了完整的教育督导体系。②韩清林教授提出，中国特色教育督导制度发展分为四个阶段：第一阶段——教育视导恢复阶段（1978—1985年），即从邓小平提出恢复视导制度到教育部正式设置视导室；第二阶段——教育督导重建阶段（1986—1991年），即从教育督导司成立到《教育督导暂行条例》颁布；第三阶段——有中国特色教育督导制度初步形成阶段（1992—2009年），即党的十四大提出"两基"目标到全国两基任务的基本完成；第四阶段——建设有中国特色现代教育督导制度阶段（2010—2020年），即从《教

---

① 黄崴. 教育督导学 [M]. 北京：中国人民大学出版社，2011：28.
② 黄崴. 教育督导学 [M]. 北京：中国人民大学出版社，2011：29—36.

育规划纲要》颁布实施到基本实现教育督导现代化，这一阶段的教育督导工作以《教育规划纲要》颁布实施，对教育督导工作提出中长期目标任务为标志，教育督导工作和教育督导制度建设进入一个新的发展阶段，即基本实现有中国特色社会主义教育督导现代化的新阶段。[1]涂文涛教授认为，新中国教育督导制度经历了五个阶段：1949年到1957年的初创阶段，1958年到1985年的中断与恢复阶段，1986年到1992年的重建阶段，1993年到2000年的特色化发展阶段，2001年至今的全面构建中国特色教育督导制度阶段。[2]

梳理已有的研究资料，笔者尝试根据发展特征将我国教育督导制度分为五个发展阶段：(1) 新中国成立后的教育督导制度（1949—1976年）；(2) 教育督导制度的恢复和增强（1977—1988年）；(3) 教育督导职能完善与地位提升（1989—2000年）；(4) 教育督导职能的巩固与拓展（2001—2011年）；(5) 教育督导法规完善与增强（2012年至今）。

(一) 新中国成立后的教育督导制度 (1949—1976年)

新中国成立伊始就重视教育督导的机构建设、制度建设和对全国教育督导工作的领导。具有教育督导功能的机构与中华人民共和国教育部同步诞生。教育部成立之时，专设视导司。视导司主要负责各类教育资料的调查统计、老解放区教育工作经验总结、教育资料的编译出版、教育研究和中小学教科书的审查等工作。这一时期，我国教育督导的主要目的与职能是保障教育系统秩序的恢复与稳定运行，保障国家教育政策与计划能够得到有效贯彻与落实。尽管教育督导机构由于种种原因未得到独立设置，但其所具有的象征意义与影响却是重大和深远的。视导室在普教司（中等教育司）的设立，是"文化大革命"结束后我国教育督导制度得以恢复与逐步完善的重要发端。

随着社会发展，视导司的工作任务有了相应调整，督导的性质逐渐突出。1953年1月14日，教育部工作会议规定视导司负责的工作如下：(1) 各级教育部门对方针、政策、法令、决议执行情况的组织视察工作；(2) 各级各类学校教学工作的系统视察研究工作；(3) 组织力量进行重点视导与典型调查

---

[1] 韩清林. 中国特色教育督导制度30多年发展的回顾与思考 [J]. 教育实践与研究, 2011 (11): 4—16.

[2] 涂文涛. 教育督导新论 [M]. 北京: 人民教育出版社, 2015: 54—61.

工作；(4) 有关教育方针、政策、法令、制度、编制以及有关教育行政问题的研究工作；(5) 部长交办的专题视导工作；(6) 各种教育工作总结、报告与重大问题的研究处理工作；(7) 对本部各业务司、处工作情况的了解和研究改进工作；(8) 涉及几个业务司、处之重大问题的组织处理工作；(9) 其他有关视导方面的工作。同年，教育部精简机构，撤销视导司，在部内各司设视导室、在各处设视导员承担视导工作。① 1955 年 4 月，教育部发出《关于加强视察工作的通知》，强调视导工作的重要性，要求各省级教育厅（局）建立和健全视察机构，同时指出视察工作要依靠地方党委的领导，对视察提出了具体要求。由此可见，这一时期教育部对视导工作的重视程度在不断提升。

1958 年起，我国全面推进教研制度，淡化以至取消了教育视导制度，各教育行政职能司、处、科负责视导工作。然而，1966 年至 1976 年"文化大革命"期间，教育督导制度遭到了严重破坏，教育督导职能几乎荡然无存，教育督导工作处于中断状态。

(二) 教育督导制度的恢复与增强（1977—1988 年）

"文化大革命"结束后，在邓小平的极力倡议与推动下，教育督导职能很快得到了恢复。1977 年，邓小平在与教育部负责人谈话时提出："要健全教育部的机构。要找一些四十岁左右的人，天天到学校里去跑。搞四十人，至少搞二十人专门下去跑。要像下连队当兵一样，下去当'学生'，到班里听听课，了解情况，监督计划、政策等的执行，然后回来报告。这样才能使情况反映得快，问题解决得快。"② 1978 年，国家在教育部普教司内设视导室，任命了四位教育部巡视员。视导室的设立标志着我国教育督导职能在"文化大革命"后的正式恢复。但此时视导室仅是普教司的一个内设机构，并没有恢复"文化大革命"前教育督导所具有的与教育部其他下属司局级机构平等的行政地位与职能。

从 1982 年开始的几年，教育视导机构的恢复可谓每年都有新变化。1982

---

① 教育部. 中国教育督导制度简况 [EB/OL]. http://old.moe.gov.cn/publicfiles/business/htmlfiles/moe/moe_163/200409/3084.html.

② 教育部. 中国教育督导制度简况 [EB/OL]. http://old.moe.gov.cn/publicfiles/business/htmlfiles/moe/moe_163/200409/3084.html.

年教育部增设视导室，由中学教育司代管。次年，时任教育部部长何东昌在全国普通教育工作会议上提出要建立督学制度，县级以上教育行政部门都要设立督学结构。会议讨论了《关于建立普通教育督导制度的意见》，要求先试点，再逐步施行。在这样的情况下，教育部视导室于1984年设立，编制为10人。

为了在全国范围内尽快建立与形成比较完善的教育督导组织体系，教育部在1983年提出了《建立普通教育督导制度的意见》，做出了在县级以上教育行政部门都要设立督导机构的指示。因为没有得到很好的执行，所以教育督导组织体系建设在短期内并未取得很大进展。1984年8月，经国务院批准，视导室得到了独立设置（但仍然由中学教育司代管），成为国家教育委员会内设的一个司局级机构，其主要职能是负责巡视、检查和指导帮助全国各地的普教工作。1985年，教育部视导员的人数已由原来的4位增至12位。视导室的独立设置不仅使得教育督导的行政地位得到提升，同时也为今后承担更多的职能提供了可靠的制度基础与组织保障。

1986年，《中华人民共和国义务教育法》（以下简称《义务教育法》）颁布后，普及九年义务教育成为我国教育事业的重要任务之一。当时国家在普及义务教育过程中面临着诸如经费投入不足、家长的观念阻碍以及学生有意识辍学等重重困难。为了更好地保障全国义务教育的普及，就必须要加强监督与检查。在此情况下，视导室就被赋予了协助全国人大对义务教育进行检查的职能。同年，经国务院批准，教育部视导室更名为国家教委督导司。这种称谓上的变化不仅体现着名称的规范，更体现着教育督导机构行政地位的进一步巩固与提升。在严格意义上讲，我国教育督导制度的彻底恢复应是以此次机构更名为标志的。1988年，国家教育委员会、人事部联合发布了《关于建立教育督导机构问题的通知》，对县级以上人民政府教育行政部门建立教育督导机构问题做出了明确要求。

督导机构的独立设置，必然会带来其职能的独立与增强。这一时期我国教育督导体制基本上已具备了现代教育督导的一些基本职能，包括拟定教育督导工作方针、政策和规定，规划、指导督导队伍的建设，督导、检查、评价地方政府和教育行政部门以及学校的工作等。这一时期的督导职能相对比较完善，但由于诸多因素影响，大部分职能并没有得到很好的执行与落实。

此阶段，督导司的工作主要是配合全国人大教科文卫委员会对《义务教育法》的贯彻执行情况进行检查。

(三) 教育督导职能完善与地位提升 (1989—2000 年)

1989 年以前，教育督导机构主要是在中央政府层面设立的，地方政府层面尤其是县级层面很少设立教育督导机构。1991 年颁布的《教育督导暂行规定》，对县级以上人民政府内部设置教育督导机构问题又做出了明确规定。1992 年发布的《〈中华人民共和国义务教育法〉实施细则》把建立对实施义务教育的工作进行监督、指导、检查的制度确定为县级以上人民政府的责任。1995 年颁布的《中华人民共和国教育法》把教育督导制度确立为国家的一项基本教育制度。

在一系列教育法律法规的推进与保障下，我国国家、省（自治区、直辖市）、地市、区县四级教育督导组织体系逐渐形成。截至 2001 年，全国已有 31 个省（自治区、直辖市）建立了省级教育督导机构，97.5％的地（市）建立了地市级教育督导机构、97.77％的县（区）建立了区县级教育督导机构；29 个省（自治区、直辖市）、65.6％的地（市）和 59.7％的县（市、区）教育督导机构被称为人民政府教育督导机构。

1989 年至 2000 年之间，中央政府层面的教育督导机构建设也经历了三次重要调整。其一，1993 年国家机构改革，撤销督导司建立国家教委教育督导团办公室；保留教育督导与评估职能，挂靠在基础教育司，工作上独立运转。其二，1996 年中央机构编制委员会办公室印发《关于设立国家教育委员会教育督导团的批复》，同意设立国家教育委员会教育督导团（简称"国家教委教育督导团"），其成员由教育系统的专家、学者及相关人士兼任，具体事务由国家教委督导团办公室（即基础教育司）承担。其三，1998 年国家机构改革，国务院批准了教育部的机构改革方案，教育督导团办公室被列入教育部 18 个职能司（厅、室）。

在教育督导职能完善与法律地位提升时期，我国督导职能与任务的基本定位是对下级人民政府教育工作、下级教育行政部门和学校工作，进行监督、检查、评估、指导，保证国家相关教育方针、政策、法规的贯彻执行和教育目标的实现。随着教育督导组织体系的日渐形成，教育督导职能的定位也逐渐出现了国家与地方层面的分化。其中，国家教育督导职能的定位主要是开展督政工作,即对下级人民政府教育工作进行督导,并负责全国教育督导工作的领导与统筹规划,指导地方教育督导工作的开展等。地方教育督导职能的定位主要是督学,即负责对本行政区内的学校及其他教育机构进行督导。此阶段,教育督导工作的主要内容除了先前的普及义务教育督导、"两基"(即基本实施九年义务教育和基本扫除青壮年文盲)验收工作评估以外,还包括督查教育经费增长政策和教师经济待遇的落实、改造校舍危房、制止中小学生流失等,以及各地对中小学德育工作有关法规、文件的落实情况和小学生课业负担过重等问题的"两项督导检查"工作。另外,全面推进素质教育督导此时也成为教育督导工作的重要内容。

(四)教育督导职能的巩固与拓展(2001—2011 年)

2000 年以后,我国"两基普九"的任务基本完成,教育督导职能与任务重心也随之发生了重要转变。"两基普九"时期,我国教育督导职能与任务的重心主要是督政;在后"两基普九"时期,教育督导则发展为督政与督学并重。2001 年,国务院印发了《关于基础教育改革发展的决定》,把督政与督学相结合作为教育督导工作的一项基本原则,并提出教育督导应该在实施素质教育工作中发挥保障作用。

2000 年 1 月,中央编办下发了《关于原国家教委教育督导团更名的批复》,同意将原国家教委教育督导团更名为"国家教育督导团"。从国家教委督导团到国家教育督导团,虽一字之差,但其所蕴含的意义却非同一般。国家教育督导团的职能被确立为两个方面:其一,研究制定教育督导与评估的方针、政策、规章制度和指标体系;其二,对地方人民政府贯彻执行国家有关教育方针政策的情况进行指导、监督、检查、评估。地方教育督导机构的职能主要是对本行政区内各级各类学校及其他教育机构进行督导。在后"两基普九"时期,教育督导的主要任务内容是保障素质教育的全面实施,保障与促进义务教育均衡发展。

2000 年到 2012 年这一时期,教育督导组织建设取得了如下进展。其一,教育督导机构体系建设得到了进一步扩展。2007 年,经中央编办批复同意,教育部依托北京师范大学成立了教育部基础教育质量监测中心,其主要职能是接受国家教育督导团办公室的领导,负责组织与实施全国的教育质量监测工作。此后,各地纷纷效仿教育部,在省、市级层面建立了履行教育质量监测职能的机构，或赋予已有机构教育质量监测的职能。这样在我国教育督导组织体系中，就形成了两大系列组织，即教育督导评估组织和教育质量监测组织，二者相互促进、相互补充，并行不悖。其二，教育督导组织的独立设置得到了进一步加强。一些省市的地方教育督导机构都独立于教育行政机构而设置，绝大多数教育督导机构的名称中都有"人民政府"的称谓。

从2008年《教育规划纲要》颁布实施到基本实现教育督导现代化这一阶段，教育督导工作是教育规划纲要对教育督导工作提出中长期目标任务为标志，教育督导工作和教育督导制度建设进入一个新的发展阶段，即基本实现有中国特色社会主义教育督导现代化的新阶段。

(五) 教育督导职能迈向现代化（2012年至今）

2012年是我国教育督导制度建设历程中具有里程碑意义的一年。教育督导领域期盼已久的《教育督导条例》于2012年9月由国务院正式发布，这意味着我国教育督导的法律地位得到了进一步提升。此时，我国教育督导组织建设发生了以下几个方面的变化：

其一，国家成立国务院教育督导委员会，委员会主任由国务院副总理或国务委员担任，副主任由教育部部长、国务院副秘书长担任，委员由国家发展改革委、教育部、科技部等14个部委局的副职领导担任。国务院教育督导委员会的成立，标志着教育督导的地位与职能进一步加强。其职能包括研究制定国家教育督导的重大方针、政策，审议国家教育督导总体规划和重大事项，统筹指导全国教育督导工作，聘任国家督学，发布国家教育督导报告等。

其二，教育督导局名称确立。2016年，国家教育督导团办公室更名为教育督导局，与设在教育部的国务院教育督导委员会办公室合署办公；督导局下设综合处、义务教育督导处、专项督导处、学校督导处、督学管理处与评估监测处等六个处室。国家教育督导团办公室更名为教育部督导局以后，其职能并没有什么实质变化。

其三，教育评估监测体系逐渐形成。自2007年国家成立教育部基础教育质量监测中心以后，各省市都在积极推进质量监测机构的建设，截至2015年底，全国已有22个省（自治区、直辖市）成立了省级监测机构，一些省市在市级层面也已建立起教育质量监测机构。2014年2月，国务院教育督导委员会办公室印发《深化教育督导改革转变教育管理方式的意见》，明确提出教育质量监测是教育督导的一项重要任务与职能，这标志着我国已形成督政、督学与评估监测三位一体的教育督导职能体系。教育质量监测的主要职能是对基础教育阶段学生的学习质量和身心健康状况以及影响学生发展的相关因素进行全面、系统、深入的监测，定期向国家报告基础教育质量状况，为各级政府教育决策提供信息、依据和建议。

《深化教育督导改革转变教育管理方式的意见》的出台，强化国家教育督导，深入推进"管、办、评"分离，全面提高教育质量。其中每个阶段的得失还需要进一步梳理和总结。因此，从目前到2020年间，必须以教育督导现代化为目标，在教育督导制度、机构、队伍、机制、手段等方面的建设中，坚持从实际出发，着力推进现代化建设，即从《教育规划纲要》颁布实施到基本实现教育督导现代化。教育督导的现代化，需要实现教育督导理念、督导体系、督导队伍、督导方式、督导手段等多方面的现代化。

第三章　我国教育督导存在的问题及反思

欲兴一国之教育，必先立一国之督导。教育督导部门作为政府管理教育的监控系统，担负着对下督导与对上反馈的双重职能。教育督导对于监督学校的办学绩效、促进学生成长、激励教师和学校的发展发挥着越来越重要的作用。然而，虽然新中国教育督导经过了 70 多年的探索发展，但目前的教育督导制度还不完善，教育督导的实际工作中存在一些不尽人意之处，还不能满足教育事业发展的需要。特别是在教育督导实践领域，无论是督导的机构与人员、性质与职能、对象与范围、内容与方式，还是在督导结果的运用等，都需要我们做进一步的研究与反思。

一、价值认识方面

教育督导作为法定的基本教育制度，是实行依法治教、提高教育治理能力不可或缺的重要手段。教育督导对于教育的意义不言而喻，然而我国大多数地区现行的教育督导实际情况并不容乐观，社会各界对教育督导的认识不够到位，与国家的顶层设计理念仍有不少差距。

（一）教育督导价值未达成共识

教育督导的价值显而易见，但目前尚未达成各界共识，主要体现在以下三方面：

1. 时代使命不够明晰

我国教育督导始于周朝，两千多年来，教育督导在历朝历代中一直与教育行政如影随形，扮演着重要角色。不只中国，世界各国大都建立了自己的教育督导体系。不无夸张地说，自国家诞生后，整个人类的教育发展都离不开教育督导的保驾护航。纵观古今中外，教育督导有着清晰的时代使命，反映着一个时代里统治阶级对教育策略达成情况的重视程度。越重视教育的时代,通常越重视教育督导。反观当代我国教育督导发展历程,国家不可谓不重视,但自上而下对教育督导的时代使命仍存在不够明晰的情况。

一是未能正确理解督导中"督"的使命。"督"指监督,至少应包含三个层面:(1)监察。监察国家教育政策在地方的落地执行情况,即有没有执行。(2)监测。监测各地政府和学校办学水平情况,即执行得好不好。(3)监督。监督各学校遵循教育规律办人民满意教育的情况,即执行后人民满不满意。三个层面合一为"督"的内涵,缺一不可。督导之"督",不是简单地依照督导文件拿着评估标准生硬地检查做没做,还要关注做得好不好、人民是否满意。所以"督"的过程中,既要重视督导政策的学习,理解督导文件的用意,也要关注督导工具的创新,注重学校办学的现场实际。

二是对督导中"导"的使命重视和理解不够。督导,是"督"和"导"的组合,缺一不可。但在实际督导中,重"督"轻"导"是一种常见的现象。客观来说,"督"主要依照的是督导法律法规和督导评估标准,督学对法规和标准了解得越透彻,对督导工具掌握得越熟悉,通常越能把"督"的工作做好。"导"却不同,主要依靠的是督学对教育和教育督导的整体理解,融汇着自身从事教育事业的各种体验与经验。从这个角度上讲,"导"比"督"主观一些,也难一些,掌握能"导"的水平需要经历打磨,很难一蹴而就。

深圳市罗湖区责任督学对"督"和"导"都各有侧重地分别进行过实践。2017年前,罗湖区的督导主要侧重于"导",大都由有威信的退休校长、在职校长担任兼职责任督学,带领团队对责任区学校进行督导。但因缺乏齐备的量表和固定的经常性督导内容,只能更多地从学校战略发展角度进行"导"。2017年后,罗湖区改革教育督导,采用在职副校长担任专职责任督学的方式进行督导,主要侧重于"督",严格按照国家督导要求开展经常性督导、专项督导和综合督导,有量表、有主题、有反馈、有整改,内容更加全面。但如何能把"督"和"导"完美结合,使教育督导更加有效,罗湖区还在探索中。①

---

① 访谈罗湖区某督学。

2. 学科专业不够完备

首先，缺乏教育督导专业教育。我国虽具有较为完备的教育学专业体系，在教育部发布的《普通高等学校高等职业教育（专科）专业目录（2015年）》中，教育学为一级学科，下设10个二级学科，分别为：教育学原理、课程与教学论、教育史、比较教育学、学前教育学、高等教育学、成人教育学、职业技术教育学、特殊教育学、教育技术学。同时，在一级学科心理学下设有二级学科发展与教育心理学，在一级学科体育学下设有二级学科体育教育训练学，两者均与教育有关。在体系相对完备的教育学中，唯独缺少教育督导学。教育督导学既没有作为教育学的二级学科开设，也没有作为与教育学并列的一级学科单设。教育督导学一般只是作为二级学科教育学原理的一个部分来开展研究。由此可见，我国高等院校普遍缺乏教育督导专业，教育督导尚未形成独立的学科，教育督导也缺乏国家统一的法定教材。

其次，教育督导的课程开设也较为缺乏。我国目前开设了专门教育督导课程的高校不多。开设了教育学的高等院校，大都把教育督导作为教育学原理的部分章节进行讲授，具有完备的教育督导学教案提纲的教育系教师并不多见。即便是教育学系的学生，对于教育督导史、教育督导内涵和教育督导实践的情况也少有清晰的认识。

再者，教育督导的论著较少。我国目前的教育督导研究与实践主要集中于地方教育督导部门，他们大都结合自己的具体督导经历来进行经验总结和问题反思，属于实践性研究。高校关于教育督导的理论研究相对较少，教育督导相关论著相比教育类著作十分匮乏。据不完全统计，截至2019年11月，中国知网收录的学术期刊文献中，主题为"教育督导"的论文仅占主题为"教育"的论文总数的0.15%，论文数量少，而且教育督导类的专业期刊更为稀缺。

3. 社会认同不够广泛

教育督导要在教育领域产生深远影响，形成自身独特的威信，有赖于教育督导的社会认同程度。社会认同程度越高，督导的力度就越明显。我国教育督导目前的社会认同不够广泛，主要表现在三个方面：

一是教育督导部门被边缘化。教育督导部门虽挂牌人民政府教育督导室，但并不设置在各级人民政府中，而是设置在各级教育行政部门里。因而各级人民政府既不直接管理教育督导部门，教育督导部门也难以直接向人民政府汇报。2018年教育督导改革，明确提高了督导机构的地位，但实际情况是，从全国到地方，各级督导机构均出现"降级"现象。以深圳市为例，各区教育督导室大都从原来的正处级降为正科级，督导室主任从由正处级干部担任，改为副处级干部分管或者正科级干部担任。级别下降后被边缘化的情况更加明显：教育督导机构改革前，一些区县的教育局门口加挂教育督导室的牌子；改革后，区县人民政府教育督导室牌子不再与教育局牌子并列，而是挂在教育局的督导科门口，与督导科牌子并列。

二是教育部门对教育督导认识不够。不少地方教育部门仍存在把教育督导机构当作"附属科室"和"养老机构"，或者把确定教育督导人选作为干部安置调节机制等旧思维、旧习惯，导致教育督导队伍出现行政化、领导更换频繁、人员老龄化等一系列问题。督学选拔也局限于任用教育行政体系内的公务人员或安置人员，或受地方政府的人事任用等因素，逐渐降低了督学的专业地位与素质，造成外行领导内行，衍生不必要的隔阂与摩擦。更有甚者，思想觉悟较低，认为督导工作就是走走过场，应付上级即可，无需认真对待，使得教育督导只有常规的教育调查，失去了视察与指导应有的内涵，徒具督学之名，而无督学之实。

三是督学在社会知晓度低。因为教育督导机构长期设置在教育部门内，即便有一定的独立性，一些地区也在教育局门口挂牌了教育督导室，且全国责任督学挂牌督导网络已经成型，责任督学也已挂牌于学校门口，但在社会语境中仍显小众，老百姓不知其所以然，不清楚教育督导的职责与工作范畴。相应的，从事教育督导工作的督学难以被人们熟知也就可以理解。教师是一种职业，得到了世界的公认，但督学还没有成为一种专业技术职业，也就难以具备自身的督学文化。

"作为一名专职督学，我常常都会被人问，督学是干什么的？我总是不厌其烦地告诉他们督学是从事教育督导工作的人。他们又会问，教育督导是干什么的？我告诉他们：教育督导就是对地方政府和学校的教育实施情况开展监督、指导、评估、反馈的工作。他们继续问，看样子教育督导很重要啊，为什么媒体没有怎么广泛报道呢？教育督导的结论也没有定期向社会公开呢？

我答不出来了。"①

(二) 教育督导法规不够完善

为了强化教育督导职能,国家出台了一系列教育督导法规条例,但是这些督导法规存在一些"先天不足"。

1. 无专门教育督导法律

教育督导主要是由政府和行政部门领导,通过对教育工作的监督与指导来促进教育事业的发展,本质上应遵循法律手段,通过正式的立法工作,促进教育督导制度的规范化与科学化。然而,自 1949 年以来,虽然我国的教育督导工作制定了部分政策法规或文件,但这些文件带有很大的暂时性和过渡性,而教育督导工作开展所需要的专门法律法规的缺失,使督导工作很长时间内面临无法可依、执法不严的混乱局面。就目前来看,也只有《教育督导暂行规定》《教育督导条例》,与《教育法》明确规定的"教育督导制度为我国基本制度之一"的地位很不适应,尚未打下"有章可循"的基础。即便是现有的文件规定,也是局限在自己的范围内单独发挥功效,未能体现教育督导政策体系与单项政策之间"协调增益"的效果。

我国虽然对实行教育督导作了相关法律规定,比如,《教育法》第二十四条中规定:"国家实行教育督导制度和学校及其他教育机构教育评估制度",《义务教育法》第八条中规定:"人民政府教育督导机构对义务教育工作执行法律法规情况、教育教学质量以及义务教育均衡发展状况等进行督导",但是都没有明确规定教育督导的机构设置、职责范围、队伍和工作机制,因而造成了虽有规定,却难以执行落实,致使督导工作开展处于无专门法律可依的状态。近年的督导实践证明,督导工作体制性障碍还远没有消除,处于相对弱势的督导部门对强势的教育部门及其他政府部门的督导效果微乎其微,难以形成工作合力。这根源在于顶层设计时相关法规之间存在结构性矛盾,造成先天性"连体畸形"。

2. 政策供给部门位阶太低

近年来,对于教育督导的人力、经费的条件保障上,出台的政策数量较

---

① 访谈深圳市某督学。

少，在督学资格准入、考核等方面适应专业监管要求的制度供给显得不足。已经出台的少量条件保障政策，由于相关政策供给部门的位阶太低，存在着由监管机构自身供给、权威性和可操作性不强等共性问题。比如，2016年印发《督学管理暂行办法》尽管对各级督学队伍的选拔、聘任、培训、考核、监督等做出规定，但是关于"省级、市级、县级督学数量由本级人民政府或教育督导机构根据本区域内督导工作需要确定"的规定则难以完全落实。原因在于供给相关政策的部门话语权不够，在寻求机构设置、人员编制、政策倾斜等方面时，尽管有上级教育督导部门的指导意见，但仍得不到编办、财政、人事等关键部门的认可。一些关键职能部门认为上级教育督导部门的指导意见尚不具备必须执行的条件，能够落实是创新、是亮点，不能落实也无法问责。因为这种"无对错之分"的情况存在，导致一些制约教育督导机构设置、人员准入、队伍建设等根源性问题无法解决。

3. 督导执法缺乏保障

2012年颁布的《教育督导条例》，第二十一条规定："教育督导机构应当根据督导小组的初步督导意见，综合分析被督导单位的申辩意见，向被督导单位发出督导意见书……对存在的问题，应当提出限期整改要求和建议"，第二十二条规定："被督导单位应当根据督导意见书进行整改，并将整改情况报告教育督导机构。教育督导机构应当对被督导单位的整改情况进行核查。"虽然不少教育督导条文中都明确阐释了督导的监督权利，但没有明确指出教育督导的执法权。从根本上讲，没有执法权的教育督导部门是无法完全履行监督权利的。没有对督导执法活动设置必要的强制保障措施，是造成对违法现象监督不力、对违法行为"纠而不正"的现象存在的重要原因。长期以来，我国对各级政府及其职能部门违反教育法律法规和政策的行为一直没有建立起强有力的问责机制，教育督导机构在督导过程中一直没有必要的行政处置权，即使发现了严重的违纪违法事件和行为，也仅有建议权。这就使得教育督导缺乏刚性的制约力和权威性，导致督导机构的地位以及对督导结果的使用实际上处于相对软弱无力的状态。

二、职能定位方面

在督政实施过程中,督导的职能定位是一个久悬不决的问题。教育督导是一个复杂的领域,政府、教育督导机构、教育行政机构、被督导单位各自处于管理的不同环节。

(一) 督政的困境:"缺位、错位"

1. 督政效力微弱

《深化教育督导改革转变教育管理方式的意见》指出,督政的工作目标是建立地方政府履行教育职责督导评价机制,严格落实问责制度,引导地方政府优先发展教育事业,提高基本公共教育服务能力和水平。就是督促政府切实履行教育职责,优先发展教育事业。我国先行的教育督导体制,是一种政府主导行为,本质上是行政性督导评估。各级教育督导机构隶属于同级教育行政部门,督导人员由专业人员构成。因而这种督导机制兼顾了政府执行和专业监管的特点,发挥了行政和专业力量的各方优势,不仅督导评估的职能得到强化,督导效益也得到了保障。尤其是上级督导机构对下级政府的督导评估,因其具备行政的强制性,有利于落实区域政府的办学职责。但是,在督导的实际操作中,这种体制也有明显的弊端,表现在各级教育督导机构虽属于政府机构,并且命名为"人民政府教育督导室",但实际上并不直接受人民政府的领导,而是接受教育行政部门的管理。教育行政部门只是政府的一个下属职能部门,教育督导室又是教育行政部门的一个下属单位,这就降低了教育督导室的行政地位,导致其边缘化,因此在职能行使上必然受限。在这种行政框架下,教育督导室要行使督政职能,就需要靠教育部门来协调,而相对弱势的教育部门很难对同级政府形成行政约束力,因而督政难度大、督政效力弱。

在教育督导实践中常遇到这样的问题,由于教育督导机构不是独立开展工作,很多情况下要看同级教育行政部门的"脸色"行事。比如,评估结束后的督导报告是否发布、怎样发布,需要教育行政部门领导许可;整改报告怎样发,该怎样措词,要顾及到评估单位和其主管部门的感受;报告要抄送哪些单位，须征取相关教育行政部门领导的意见；等等。有的时候经过一系列的意见征询和修改之后，再发出来的整改报告内容已经面目全非，完全没有了该有的锐气。①

2. "缺位、错位"现象层出

在我国固有的中央集权制度下，治理理念还未完全落实。在教育督导体系中，教育督导制度的供给者是政府，教育督导的主体是政府，教育评估指导的主体还是政府。一是"无限化"政府的组织管理模式，在一些方面会出现管理疏漏。在教育督导的实际工作中，就存在着制度供给不及时、政策不到位、经费供应不足等"缺位"问题。因而，在过去的教育督导实践中，造成督导机构在"督学"与"督政"不同职能上发挥不力，被认为是"没有地位、没有权威、没有作为"的督导机构。二是由于责权不清，在执法活动中督导部门与教育行政部门的责与权边界没有明确划分，存在交叉地带，具体操作时无法把握。三是督导部门存在"四不像"的管理模式，即：挂政府牌，而不像政府机构的规格；归教育部门管，而不像教育机构的身份；行监督责，而不像强力部门的权威；为教育服务，而不像教育事业的社会地位。②

从理论上讲，督政、督学、评估监测三个系统的督导对象都非常明确，但是在具体督政过程中，却出现了"错位、缺位"现象，主要表现在，每年集中组织的教育督导评估活动，几乎无一例外地变成了教育部门的迎评自查。从教育督导组织主体来看，各级教育督导机构主要由教育部门组织开展工作。从督导对象来看，虽名为督导政府，实际上却是督导教育部门，省级督导机构对市级政府的督导实际上变成了对市级教育部门的督导，市级督导机构对县级政府的督导实际上变成了对县级教育部门的督导，县级督导机构对乡镇政府的督导实际上变成了对乡镇教育管理办公室的督导。③ 这在行政体制上固然可以理解，因为各级教育行政部门是代表政府履行职责的，但是从督导本

---

① 访谈深圳市某督学。
② 曾昭荣. 教育督导法制化须跨过"五道槛"[EB/OL]. http://www.moe.edu.cn/s78/A11/s3077/moe_1571/201308/t20130828_156461.html.
③ 孙世杰. 关于教育督导督政问题的分析及建议[J]. 教育测量与评价, 2013（1）：29—30.

质上却讲不通。有些地方的教育部门出于对政府政绩负责的考虑，而产生的造假现象，造成上级督导机构很难了解真实情况，使督政工作落空，实际问题得不到解决，偏离了督政的预期和路径。

3. 督政职能保障乏力

1995年我国颁布了《教育法》，使得国家实行教育督导制度从此有法可依。事实上，《教育督导暂行规定》早在1991年就发布了，并明确规定：教育督导的任务包括"督学"和"督政"，明确了督导机构的组织形式、机构设置等。然而从法律效力层次来看，《教育督导暂行规定》仅属于政府规章，层次效力较弱。之后，2012年9月颁布的修改完善的《教育督导条例》，对于推动教育督导制度发展起了重要作用。但从法律角度来看，"条例"是对法律的一个具体规定，属于行政法规，层次效力虽高于"暂行规定"，但仍处于较低水平，尽管这已是我国迄今为止有关教育督导的最高层次立法。教育督导主要是由政府和行政部门领导，通过对教育工作的监督与指导来促进教育事业的发展，本质上应遵循法律手段，通过正式的立法工作，促进教育督导制度的规范化与科学化。但由于我国教育督导职能缺少像英、法、日等国那样的法律保障，造成监督和问责推行不力。因而，我国教育督导的职能乃至督导工作的实效性受到严重制约。

（二）督学的困惑：重监督、轻指导

《深化教育督导改革转变教育管理方式的意见》指出，督学是指导学校规范办学行为，全面实施素质教育，提高教育教学质量。而在督导实践中，还存在以下问题：

1. 督学职能定位模糊："督""导"失衡

在我国，教育督导的基本职能是"督政""督学""质量评估监测"。督学是推动学校贯彻教育方针，全面提高学校教育质量。伴随我国新一轮基础教育课程改革的实施，教育形势的发展变化要求督学外评的职能，从"领导"走向"合作"、从"命令"走向"对话"、从"监督"走向"辅助"。但是我国现行的督学职能与督政职能相比，则显得较为模糊，有的甚至陷在"官本位"的监督检查之中，没有充分的行使督学的职能，致使一些教育教学、学校发展等现实问题不能及时改进。"质量评估监测"职能则由于建立时间不长，不少地方的督导部门对监测的意义价值都还不够明晰，更造成了质量监测无法达到预期的效果。

我国早期的教育督导存在"重监督、轻指导""重验收、轻监测"的倾向，验收、检查一直是教育督导工作的主要内容。这因为，政府对教育督导不够重视，只把教育的工作重心放在教育立法与执行系统上，导致过去的很长时间内，我国的教育系统没有专门的监督系统。例如，不管在实现"两基"目标、素质教育的全面推行时，还是在课程改革和教学管理、规范办学与办学标准、教育标准的达成度等方面的检查时，"以督代导"的现象时有发生，因而教育督导部门的角色常常被误解为是"验收组"和"检查团"。

目前，教育督导对学校行政和管理方面督导的比较多，对于课程改革等专题性问题的督导以及学校综合质量评估的督导比较少，尤其是对作为学校"基础"的教学方面进行的指导和提出的建议就更加少。只是通过听几堂课，观察一下学生的课外活动，做一下测试，检查一下学校的教学设施和设备，就得出结论，这样显然是远远不够的。

2. 滋生"寻租"问题

督导制度虽不完备，但若严格执行，对教育也会有深远的影响。可实际情况是，部分条款形同虚设，失去了制度对权力的约束作用，教育督导的"人治"问题在督学工作也逐步产生。由于督学队伍中大量的督学人员为兼职人员，督导水平参差不齐，在实际督导工作过程中存在碍于面子或出于私情而未能严格地执行教育督导任务的现象。

某督学形容个别教育督导人员，评价时"你好，我好，哈哈一笑"。有的人认为，督导只是走过场，应付上级即可，完成一项任务，无需认真对待，常常使视导工作流于形式。由于督学都是兼职，督学自身就是校长，自己的学校未来也需要接受督导评估。因此在评估别的学校时，都会出于相互关照的心态"完成任务"。[①]

（三）评估监测的困难：职能未完善

《深化教育督导改革转变教育管理方式的意见》指出，科学的评估监测，

---

① 访谈深圳市某督学。

是发现问题的手段,是有效开展督政、督学工作的前提和基础。评估监测是指开展各级各类教育质量监测评价等,对深化教育督导改革、充分发挥教育督导作用,提出了新的要求。

1. 机构人员不到位

近年来,教育督导的评估、监测和指导职能备受世界各国重视,这与各国基于权力下移的教育管理体制改革有关。以往以监督为主的教育督导在一定历史时期符合我国的教育实际,但随着教育公共服务职能的转变,以及学校、学生、家长等对提升教育质量要求的不断增强,社会的新形势、教育的新情况也对督导职能提出了新的要求。就国际教育督导经验以及我国教育督导制度发展的走向看,虽然在教育发展的初期阶段必须加强教育督导的监督、验收职能,但在教育发展到一定程度、教育政策得到普遍的遵守和执行时,教育督导的评估、监测和指导职能则需要受到重视。[①]

截至 2016 年底,全国共有 25 个省级单位成立基础教育质量监测机构。同时,地市、区县的监测机构逐步建立,如台州市、苏州市等,上海市普陀区、杭州市上城区等,加上国家级监测机构——教育部基础教育质量监测中心,全国成立四级监测机构初见雏形。各级监测机构并无上级机构对下级机构的实际行政隶属关系,只存在业务指导关系,这样避免了官僚化,有利于评估监测工作的专业化和公平公正。然而,由于我国教育质量监测起步较晚,目前我国区域监测机构设置和队伍建设存在专业性不强、监测的科学性有待提高等问题:

一是机构设置存在监测机构非专门设立,职能定位模糊、专业性不强的问题。以省级监测机构为例,大多数机构的做法是"两块牌子一套人马",就是利用原有的机构和人员,新增职能,在省教研室、教科院(所)、评估院、考试院、课程教材发展研究中心等加挂牌子成立,或者在现有教科研机构增设一个科室,新建的机构或依托高校挂牌独立成立的机构则很少。因此,大多数监测机构工作任务庞杂,难以有效开展省域基础教育质量监测工作。

二是专职人员力量不足。由于监测机构的职能不完全独立,因而其工作

---

① 张军凤. 对我国教育督导制度的理性思考[J]. 天津市教科院学报,2011(2):22—24.

人员同时承担多项工作，无暇全职从事监测工作。大多数省市则采取借用、聘请人员和外包服务等方式完成工作要求，但由于经费有限，因此教育质量监测的效果不理想。

三是专业基础薄弱，专业技术人员缺乏。由于监测工作对专业技术要求高，但是多数监测机构缺乏具备教育测量与评价的专业知识和技能的人才，因此命题、标准划定、数据分析等关键监测技术能力的缺乏，导致监测工作无法正常开展。

就 S 市而言，教育质量监测的工作业务由市教育局督导处承担，虽然业务范围增加了，但是由于人员编制所限，并没有增加相关人员配置。为了配合这一项新任务的开展，市教育科学研究院设置了基础教育质量评价监测中心，但是此中心的研究人员都是非教育评价专业，因而专业能力和水平相对薄弱。目前，该市实施的基础教育质量监测还主要是参与第三方机构——教育部基础教育质量监测中心的监测评价，就是参加教育部全国统一的监测测试。这样做最大的益处就是可以与全国的样本结果对照，能够容易了解本区域在被测样本中所处的水平。但同时也存在一些问题，比如说：一是没有成立自己的相对专业和独立的监测机构，一般情况这一职能都理所应当的由教育督导部门承担，但是目前的教育督导部门人员有限。二是由于第三方机构的评价指标一般是全国统一的标准，因而不一定完全适应 S 市的教育情况，部分指标出现"水土不服"的现象。[①]

2. 监测平台不完备

教育部主导的质量监测工作之所以能在全国顺利推行，与其强大的大数据监测平台是分不开的。无论是校长、教师们的网络问卷，还是全国抽样纸质试题的全部批阅、扫描、入库、分析、结论，都有赖于数据监测平台的有效使用。但是我国地方大数据的教育监测平台仍不完善：

一是各地普遍缺乏监测平台。我国虽然实行中小学质量监测制度，但因各地方教育质量监测机构普遍尚未健全，缺乏质量监测的专业技术人员和统

---

① 访谈深圳市某督学。

计分析工具,即硬件和软件都不具备,因而各地教育质量监测数据平台建设也就相对滞后。目前,仅有少数地区建立了自己的监测数据平台,如重庆市教育评估院、上海市闵行区的教育监测数据平台。绝大多数地区依赖于国家教育质量监测平台,无法顺利开展各自区域的基于数据平台的教育质量监测业务,也难以对区域教育的质量作出有数据意义的监控。

二是监测平台功能不全。一些地区虽然没有建立较为完备的教育质量监测体系,但也尝试通过传统的网站设置,承担一些教育质量监测功能,如搜集、整理、归档一些教育质量监测的数据。但这种功能往往附属在教育督导网络平台中,提供的信息通常十分有限,难以全面反映区域的教育质量监测水平。并且,由于传统网页技术限制,平台的监测价值很难得到有效运用,平台既很难容纳和整合区域学校师生的全部教育活动,也难以直接生成监测分析报告供需要者使用。不少平台与其说是基于数据的监测平台,不如说是宣传教育督导的门户网站。

3. 监测结果反馈滞后

由于教育部教育质量监测中心的监测报告,一般需要一年的时间才能完成,因而出现监测结果严重滞后的问题,导致监测结果的无法及时反馈和应用,影响了将评估监测结果作为资源配置、干部任免和表彰奖励等重要依据的时效性,致使监测结果流于形式,降低了监测工作的权威性和实效性。此外,监测结果缺乏落实机制,因此监测的实效性不强。目前主要采取纸笔测试,需要投入大量的人力物力,监测手段和效率亟待提升。[①]

三、机构设置方面

合理的督导机构设置是开展有效督导的保证。自 1977 年邓小平提出恢复教育督导机构的设想以来,我国教育督导制度逐步重建。在省市级地方层面,与国家对应的督导机构也逐级设立。但是,目前教育督导行为多是裹挟在教育行政行为之中,普遍缺乏独立性。随着教育改革发展,包括管理体制在内的各种问题层出不穷,地方层面督导机构设置与管理的深层次问题逐步浮现

---

① 访谈深圳市某督学。

出来。

(一) 机构设置政策不明确

从法律法规方面看，督导机构设置存在政策空缺，国家没有统一规定地方教育督导机构的设置与管理模式。1995 年颁布的《教育法》、2006 年修订的《义务教育法》都没有涉及指导机构设置，2012 年制定的《教育督导条例》也没规定地方教育督导机构的具体设置模式，只是明确了机构的性质与职责，如第四条规定："县级以上地方人民政府负责教育督导的机构承担本行政区域的教育督导实施工作。国务院教育督导机构和县级以上地方人民政府负责教育督导的机构在本级人民政府领导下独立行使督导职能"等。可以说，在国家的教育法律法规中，没有明确规定地方督导机构的设置模式。这一政策空缺，虽然给地方政府提供了自主选择机构设置模式的空间，但在客观上也造成了机构设置的系统性和一致性问题，也反映出教育管理体制所存在的制度设计和管理模式选择问题。

深圳市 1996 年 3 月颁布实施的《深圳经济特区教育督导条例》中第二章"机构与职责"的第五条规定："教育督导室是人民政府及其教育行政部门依法行使教育督导职权的行政机构。教育督导室设置在教育行政部门内。"目前，深圳市教育督导室挂靠在市教育局，缺少独立性，使得督导活动带有很强的行政性。事实上，较长时间以来，由于政策法规相关内容的空缺，教育督导机构往往被视为一个附属单位，既没有独立的人事权与经费预算，又没有专业的督学队伍，教育督导人员也缺乏专业技能，所以很难保证教育督导的独立性和专业性。[①]

事实上，地方政府督导机构设置与管理改革任重道远，亟待解决的问题还包括：督导机构设置改革目标、机构权限和职责的界定、行政执法的方式方法、督政督学的实施模式等诸多方面。

(二) 机构独立性不足

2012 年以前，国家教育督导团直接隶属于教育部，此后改制成相对独立

[①] 深圳市教育督导资料。

的、由国务院直接领导的国家教育督导委员会。2012年以后，全国31个省（区、市）也相继成立了人民政府教育督导委员会，构建了地方教育督导机构设置改革的主体框架。但是，在基层的市、县两级政府部门，教育督导机构的相对独立设置改革还没有完全跟进。

1. 从设置模式看

我国目前大多数教育督导机构设立在教育行政单位内，一种是教育行政部门内的综合性的职能机构，在教育行政部门以及上级督导机构的指导下开展工作；另一种是作为政府的教育督导委员会的协调机构，受政府和教育行政部门的双重领导。这些教育督导基层组织从法律意义上讲是人民政府管辖下的独立机构，在行政隶属上受人民政府与教育行政部门的双重领导。而实质上，教育督导基层组织多采用挂靠的方式附设在同级教育行政部门，主要任务是代表教育行政部门施行监督、评估和指导，采用行政和督导部门"一套班子，两块牌子"的设置，原本是期望既能完成督政的功能，又能实现督学的目的。但在现实中，这种机构设置方式带来了很多困境，最主要的困境在于教育督导受到教育行政部门的各种约束，如人、财、物、考核、奖惩等没有独立的管理职权，导致教育督导工作独立性不够、主体性不强、执行力偏弱。同时，作为一种教育行政系统内的监督，教育督导机构虽能实现督教和督学的功能，却无法有效完成督政的任务，难以监督本级其他部门。

2. 从管理体制看

职能属性与行政隶属的自相矛盾问题仍然难解。法律上，督导机构是人民政府管辖下的独立机构；行政隶属关系上，督导机构受人民政府与教育行政部门的双重领导。而在实践中，督导机构受地方政府教育行政部门的单一领导。从目前情况来看，大多数省市督导机构采用挂靠方式附设在同级政府教委或教育厅（局），成为一个内设机构，区县教育督导室也类似，教育督导团（室）的一把手也由教育行政部门领导兼任。教育督导机构的这种设置，就从体制上决定了教育督导机构与教育行政部门是一种上下级的关系，各级教育督导机构必然要受到同级教育行政部门的约束，无法对本级教育行政部门展开有效的教育督导。而作为上级教育行政部门，法理上讲，是不能直接对下级人民政府进行督导的，这样的做法也不符合法定程序。地方政府按理应成为教育督导的实施主体，而不是教育行政部门。但实际运作中，教育督导机构无法突破现行的体制，难以真正独立开展工作。

上海市教育督导事务中心的成立触及了现有管理体制的弊端，从机构设置方面看，试图突破制度中的某些壁垒。这在一定程度上有利于推进教育行政事务"决策、执行、监督"的分离。事实上，上海市的实践已被誉为"全国首创教育监管的新模式"，这种创新模式引起了教育部、其他部委及省市的广泛关注，要求试点推广。但是，值得一提的是，如何真正做到"管、办、评"分离，仍然存在问题及困难。作为政府派出机构，"中心"本质上还是市教委的直属事业单位，虽然被赋予了独立的人事权和财务权，全额财政拨款，但在隶属关系上，还是受市教育行政部门的领导和管理，接受其委托任务开展行政监督与执法。因此，"中心"还不是一个社会组织或中介机构。从严格意义上讲，"中心"并不具有完全的独立性，其中立性与公正性也难以保证。而上海市督导机构设置的总体架构依旧，是人民政府教育督导室挂靠市教育委员会，是教委的一个内设机构，区县督导机构的设置与市级的基本相同。[①]

从我国实际出发，由于不完全独立的督导机构设置还是不能从根本上消除"既当裁判员，又当运动员"的质疑。由于人员配备和综合能力等因素，督导室的主要精力在政策的制订、标准的出台、检查与监督的组织等方面，而在具体的政策落实、行政执法等方面，相对人员不足、力量薄弱，这是地方层面教育督导机构普遍存在的问题。

（三）社会组织参与缺位

治理理论的一个重要预设就是有发育成熟的非营利性社会组织的存在，这是治理理论得以产生、发展并应用于公共管理实践的一个必不可少的社会条件。[②] 依此，反观我国教育督导治理结构，存在着如下问题：

一是规范的市场"缺位"。规范的市场是指在法规和现代管理意识下的自由、公平、开放、竞争的市场。然而，当前有关教育督导的法规尚不完善，

[①] 乐毅. 地方政府教育督导机构改革应从依附走向独立 [J]. 中国教育学刊，2015 (2)：18—19.

[②] 张建. 教育治理体系的现代化：标准、困境及路径 [J]. 教育发展研究，2014 (5)：27—33.

导致运用公平的市场机制遴选优秀的教育督导社会组织的作用未能发挥,因而通过规范的市场竞争提供多元化教育服务的作用也远未实现。

二是成熟的社会专业组织"缺位"。一方面是由于中国式管理思维模式的制约。政府习惯通过严格的控制与监管来维护正常的社会管理,对"先天独立性不足"的非政府组织抱着"不信任"态度,导致政府、市场、公民社会"三元"治理结构孱弱,因而治理理论最为核心的价值——多元主体合作共治无法完整呈现。[①]同时,我国社会督导专业组织发展起步较晚,也缺乏相应的培育,导致能够提供和参与优质教育督导服务的能力不足。另一方面是因为当前已有的社会组织大多具有半官方性质,对政府有着一定的依附性和顺从性,并存在行政化倾向。这在一定程度上造成社会督导组织在教育服务评估、教育质量认证中的独立性、专业性与权威性较弱,其公正性、客观性也受到一定质疑,因而非政府组织参与公共教育治理的行为只能是游离在政府与市场边缘。

由于教育督导评估专业本身缺乏,从事教育督导的人员绝大多数为体制内的公务员或在编教师,再加上若干人大政协机构或其他政府部门的人员以及个别市民代表组成的特约督学,这类群体构成了现有督学的主体。这类督学的身份大都有一个共同点:体制内。能开展专业教育督导评估的社会机构,大都也是由退休督学、退休校长、高校教授等兼职从事。由于缺乏必要的专业人员和从事第三方督导评估的能力,真正意义上的从事专业督导评估的独立于政府而存在的社会机构,在我国十分稀缺。即便政府和学校有大量需求,机构也难以满足。[②]

四、督学队伍方面

我国督导制度虽然在推动教育发展和改革方面发挥了不可替代的作用,

---

① 姜美玲.教育公共治理:内涵、特征与模式[J].全球教育展望,2009(5):39—46.

② 访谈深圳市某督学。

但是督学队伍目前仍面临着结构不够合理,督学职能没有受到充分保障,专业性、独立性和服务性不足,分工不明确等问题,使得我国督导工作整体效力不尽如人意。

(一)督学自身发展缺保障

受我国教育督导法制建设和行政体制影响,当前教育督学的职权不具备充分发挥应有职能的条件,并且在督导实践中影响力较弱。1995年我国颁布了《教育法》,使得国家实行教育督导制度从此有法可依。事实上,《教育督导暂行规定》早在1991年就明确了督学任职条件、组织形式、机构设置等。由于我国督学的职责缺少完善的法律保障,造成监督和问责推行不力;又由于绝大多数是兼职督学,是一种义务性的、被动地履行责任,而现代国家不能只寄希望于责任政府及其职员,而是要通过制度化的外在监督来保证政府责任的实现。[①] 具体而言,我国教育督学的职能乃至督导工作的实效性受到制约,主要存在二个方面的问题:

1. 督学聘任制度不完备

我国督学因"代表政府行使行政监督的权力对下级政府及其有关对象实施教育情况进行行政监督",督学的主体管理部门理应为政府,督学聘任也理应有相应级别的政府来施行。但在实际中,对督学聘任不重视、不严密、不规范的情况比较普遍。

一是缺乏督学资格证书制度。由于高校无教育督导专业,社会对督学的专业认同度不高,政府对督导制度不够重视等原因,我国还没有建立起督学资格证书制度,教育督学准入制度还不够严格。虽然教育部于2006年制定了《国家督学聘任管理办法(暂行)》,对国家督学的任职进行了规定,各地方政府也参照该办法起草了各地的督学聘任制度,但仍然缺乏国家统一的督学资格认定制度,有的地方督学的认定、选拔、聘用比较随意,部分基层教育督导人员的准入把关缺少足够的专业门槛,甚至有一部分教育督导人员是"先上岗,后持证"——先分配工作,然后再参加短期培训获得督学资格。不少并不符合督学任职资格的督学也因各种原因被聘任为督学。在现行的督学

[①] 陈毅. 责任政府的建设——理性化建构与民主化善治[M]. 北京:北京大学出版社,2012:193.

队伍中，以退休校长、在任校长等具有行政级别的校级领导担任督学的较多，青年骨干教师、学科带头人等非行政教师担任督学的比例相对较少。

不少人把督学作为荣誉，而不是责任与义务。在教育督导机构的工作人员就被默认为督学，不管有没有教育背景。一些地方采取资格考核，由下至上的推荐方式任命督学。但是这样的推荐方式，使得督学遴选缺少专业性和严肃性，反而将督学变成一种"荣誉"来任命。这些教育督导人员专业性不足，在实践中往往以经验型督导居多，在行政督导方面得力，在督学指导方面较弱，无法真正发挥教育督导的指导和服务作用。

二是督学聘任方式不规范。我国督学本身存在专职督学与兼职督学之分。《教育督导条例》中规定："县级以上人民政府根据教育督导工作需要，为教育督导机构配备专职督学。教育督导机构可以根据教育督导工作需要聘任兼职督学"。可见，专职督学一般由区县级以上人民政府配备，而兼职督学一般由区县级以上教育督导部门聘任。但在实际情况中，许多地方政府并未按照该条例进行严格执行。一方面，政府在管理专职督学上不够规范。专职督学通常主要由两类群体构成：一类是行政类专职督学，大都由公务员担任，其级别主要参照公务员法，走的是行政路线，虽由政府配备，给定了行政编制，但其行政职级与督学选聘并无必然联系。另一类是教育类专职督学，多为事业单位（学校）借调，由教师职员担任，走的是专业技术路线，虽也跟行政类督学从事相同的督导工作，但并不由人民政府来配置，处于"临时工"的状态。另一方面，政府在聘任兼职督学的程序上也不够规范。《教育督导条例》对兼职督学的聘任程序作出了规定，"符合前款规定条件的人员经教育督导机构考核合格，可以由县级以上人民政府任命为督学，或者由教育督导机构聘任为督学"。重视督学的地方政府，聘任兼职督学的程序规格较高，如区县政府聘任区县兼职督学，地市政府聘任地市兼职督学；而不够重视督学工作的地方政府一般由教育督导机构聘任兼职督学。尤其是一些地方政府都未能把"经教育督导机构考核合格"作为选聘兼职督学的必达条件，在选聘兼职督学上并未进行真正"考核＋遴选"，仍沿袭着通过自下而上的推荐程序由教育行政部门来确定督学人选。

2. 督学梯度发展机制不健全

改革开放以来，教育督导在国家的日益重视下取得了长足的发展，形成了当前"督政""督学""评价监测"三大职能,可谓越来越权威和专业。然而,教育督导专业化的同时,督学的专业发展却存在一系列制约因素,如督学尚缺乏梯度发展机制。

一是督学职级制尚未建立。现代人力资源管理理论认为,员工职业生涯管理能有效利用人力资源,最大限度地发挥组织员工潜能,调动员工工作积极性和创造性。"职业生涯规划可描述成一系列的专业技术职务,对个人而言就是一条可依循和触摸的专业发展通道",缺乏这个通道,就难以带来职业的自信心、荣誉感和归属感。这个通道对于教育督导来说就是督学职级制。因为缺乏督学职级制,现有督学特别是专职督学很难终身从事教育督导职业,并获得专业发展的督学职业生涯路径。这就带来至少三个不良后果:(1)公务员身份的专职督学,其职务晋升与督学的专业化程度并无直接关联,其更关注的是督导的行政权威,而非专业权威,不利于督导的专业发展。(2)教师身份的"临聘"专职督学因为缺乏督学职级制,既无法长远地走督学专业路线,又无法参加教师职称评聘,因而其专业生涯价值大打折扣,不利于专职督学队伍的稳定性与职业发展。(3)兼职督学履行督学职责的情况与其职务、职称并不直接挂钩,其无法在督导活动中获得持续的作为督学专业性的社会认可,不利于督导的社会声誉。

因缺乏督学职级制,有的地方中小学校领导调到教育督导部门工作,除基本工资外,原单位其他福利待遇不再享受,也不能享受相应机关干部的有关福利待遇,还不能参加学校的职称评聘,收入明显下降,职业发展生涯也受到严重制约。教育督导专业地位本来就不高,职级发展又缺乏梯度,加上目前督导机构的行政级别下降,导致教育督导的吸引力持续走弱,很大程度上影响了教育督导人员专业发展的热情与积极性,从而阻滞了教育督导专业化发展的进程。[①]

二是缺乏专业培训体系。"专业"是一个社会学概念,指"一群人经过专门教育或训练,具有较高深的和独特的专门知识和技术,按照一定标准进行

---

① 访谈深圳市某督学。

职业活动，从而解决人生和社会问题，促进社会进步并获得相应报酬待遇和社会地位的专门职业。"专业的教育督导必须有以下特征：(1) 有专门的督导知识体系；(2) 有长期的督学专业训练和持续的督导经历；(3) 有专业的督导规范；(4) 有督导专业资格的限制；(5) 督学有较高的社会声誉。目前，因高校和相关培训部门基本没有教育督导专业，主攻教育督导的教授很少，教育督导课程普遍缺乏，因而教育督导人员难以获得系统的教育督导理论学习和技能培训。部分高校中参与培训地方督学的教授也大都只是兼职从事教育督导研究，我国可供督学专业进修能力提升的专业培训完整体系尚未建立，这就导致两个结果：(1) 现有教育督导队伍中存在相当数量的人员未接受过必要的督学培训；(2) 督学培训中提供的多是零散的不系统的教育督导政策法规和一些教育督导本身并不完善的地方实践，难以有效提升参加培训的督学教育督导水平。督导专业培训体系的缺乏，极大地制约了教育督导人员专业能力的提升，也影响了教育督导本身的专业研究与实践。

3. 督学待遇保障制度不完善

正因为督学职级制尚未建立，督学的专业地位又不高，相应的，督学的待遇就难以得到充分保障。

一是独立的督学编制缺乏。无论是国家1991年颁布的《教育督导暂行规定》，还是2012年颁布的《教育督导条例》，都未针对各级督学单独设定人事编制。现有督学要么由公务员构成，属于行政编制；要么由教师职员构成，属于教师事业编制。因缺乏独立的督学编制，现有的绝大多数督学，名义上无论是专职的还是兼职的，其实质都是兼职的，都是由其他编制人员选派或借调来担任督导工作。正因如此，督学的工资待遇水平一直不高，督学队伍不稳定，人员变动频繁，督学工作积极性未能被充分调动，影响了教育督导事业的整体工作效率。

二是督学制度化管理不足。虽然教育部颁布了《教育督导条例》，对督学管理有基本的要求，但实操性不够突出，全国没有相对统一的督学管理制度。各地的教育督导部门大都建立了督学管理制度，但在具体落实上存在较大的随意性。无论是督学的聘任，还是日常管理，或者评优评先，都缺乏制度的一致性。

深圳市教育局于2018年开始把市优秀督学纳入教育系统内部奖励体系，将其与优秀教师、优秀班主任等并列作为新的奖励名录，享受对等的市级荣誉和奖金。但在涉及教师评聘、教师交流等关键人事问题时，绝大多数学校认可市优秀教师、市优秀班主任等为市级荣誉而给予政策支持，却并不包括市优秀督学的荣誉。[①]

三是财政补贴不足。通常教育督导部门的经费主要分为三个部分：行政支出、责任督学补贴、评估经费。由于教育督导部门缺乏财权支持，其所有工作经费均属于教育局的工作经费，由教育局负责统筹安排。重视教育督导的地方，三个部分经费发放充足；不重视督导的地方，仅有行政支出。以责任督学补贴经费为例，深圳市罗湖区为每个督学责任区安排了15万元一年的经费，可以依照工作情况发放补贴给兼职督学；专职责任督学虽不能按照次数每次发放补贴，但每学期有一定数额的补贴。

4. 督学专业培训体系不规范

缺少高水平的督学专业培训体系，不仅限制了督学自身的专业发展，专业水平也很难提升。《督学管理暂行办法》提出要加强督学培训，但在实际工作中督学进入督导队伍时是否经过职前培训，进入督导队伍后是否接受在职培训，以及培训工作是如何开展的，各省各地落实情况不一。2016年，时任国务院副总理刘延东同志在第十届国家督学聘任仪式上指出，我国目前督学培训等制度还不够具体，各地各级督学队伍普遍薄弱，督学专业化水平不高。[②] 目前的督学培训存在的主要问题：

一是培训师资短缺，基层督学参与高层次培训的机会不多。目前个别督学培训先进区县的带动作用尚未展现，国内更普遍的情况是数量众多、人员流动较大的区县级基层专兼职督学，特别是兼职督学，很难有机会接受高层次系统培训。

二是课程设置不合理，对督学能力提升的针对性不强。由于一些培训班在

---

① 访谈深圳市某督学。

② 教育部. 关于印发刘延东副总理在深化教育督导改革暨第十届国家督学聘任工作会议上讲话的通知［EB/OL］. http://www.moe.gov.cn/srcsite/A11/s7057/201611/t20161122_289661.html.

开班前没有了解督学的个人资历、岗位职责、培训需求等内容，所以授课内容没有进行进一步的区分，培训课程内容与实际工作联系不强，缺乏针对性。

三是培训方式过于单一，督学的互动及参与不足。目前我国督学培训大多仍采用的是传统的培训方式，由授课人员设计目标、内容、教学技巧、作业、课程计划等模块，与参训人员的互动不够。参训督学扮演的角色仅仅是听众，不能有效和授课人员进行互动。

四是实施流程过于随意，培训规程不明确。由于缺乏系统的培训规程及培训计划，并且各级督导机构中工作人员在培训组织工作中的职责不明确，目前的培训工作实施具有随意性，一些培训工作的环节中不规范。

最后，受限于培训资金不足，培训质量难以提高。如培训资金有限，无法邀请高级别授课人员；人手有限，则减少培训频率，甚至取消培训；培训目的不明确、培训形式死板等问题。

(二) 督学队伍结构不合理

督学队伍建设是督导效果的关键所在。但是，我国督学队伍目前仍面临着督导人员结构、学历结构、专业结构和年龄结构不够合理的问题。以深圳市督学队伍为例进行分析：

1. 督学队伍的现状及问题

(1) 督学专兼职比例：不协调，以兼职为主（如图 3-1 所示）。根据深圳市第四届督学名单，深圳市督学（包括专兼职）共 502 人，其中专职督学 59 人，占督学总人数的 11.75%；兼职督学共 443 人，占总人数 88.25%。数据表明，深圳市督学队伍主要由兼职人员构成，因而存在督学流动性大、工作精力有限等问题。

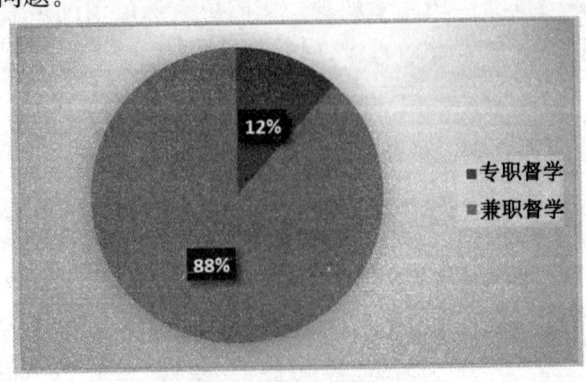

图 3-1　专兼职督学比例图

(2) 督学年龄结构：较为合理（如图3—2所示）。深圳市专兼职督学共502人，其中，30—40岁占总数13.3%，41—50岁占总数66%，51—60岁占总数18.5%，61岁以上占2%。从年龄分布上看，41—50岁督学占主要比例，这个年龄段的督学特点是：年富力强，既具备较为丰富的教学或管理经验，又有精力从事实地调查、撰写报告等，可以说是从事督学工作的"黄金年龄"。由此，督学主要由41—50岁的人员构成，年龄结构较为合理。

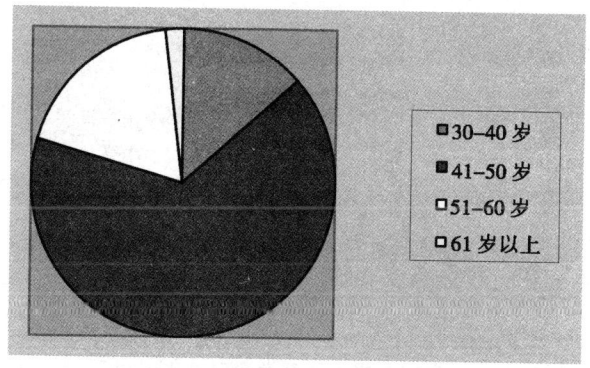

图3—2 专兼职督学年龄结构图

(3) 督学职称结构：较为合理（如图3—3所示）。在专兼职督学中，具有正高级职称有14人，占3.2%；具有中教高级职称的有259人，占58.5%；具有小教高级职称的有96人，21.7%。数据表明，兼职督学主要有具有中学高级和小学高级职称的人员构成，其职称结构合理。

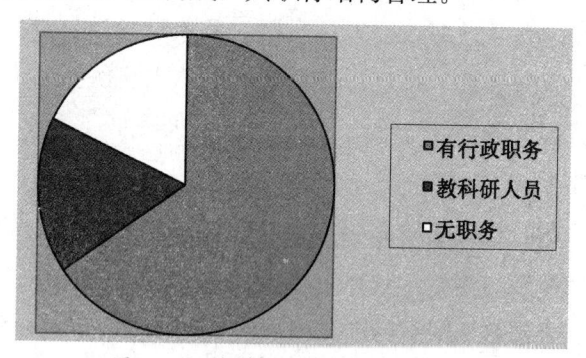

图3—3 专兼职督学的职称结构图

(4) 督学职务构成：偏行政，具备行政职务的督学占比大（如图3—4所示）。有行政职务的督学占48.4%，教科研人员占12.5%，无职务占13.3%。专职督学的身份是公务员，其中：正副处长、正副局长、正副主任共24人，占 40.7%；督学 35 人，占 59.7%。在兼职督学中，中学正副校长 99 人；小学正副校长 91 人；职业学校（中职、高职）正副校长 11 人；幼儿园正副园长 59 人；其他任正副负责人 50 人；市、区教研员 63 人；无职务（教师、会计、医生、离退休）32 人。其中，担任行政职务的占 70%，教研人员占 14.2%。从数据来看，督学队伍主要由任正副处长、主任、校长、园长等有行政职务的人员构成，且比例过大。

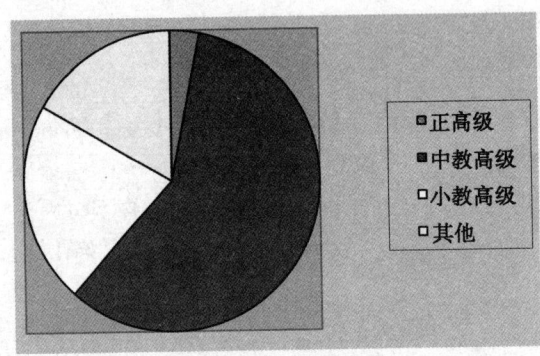

图 3—4　专兼职督学的职务比例图

2. 督学分工不明确

一是我国教育督导工作目前还没有建立起系统的督学分工体系，没有细分学科督导、管理督导、安全督导等，最常见的督导形式是综合性督导，就是临时组成督导小组用 3—5 天时间到学校进行督导。这些督学成员自身的专业与督导内容并没有经过细致分工和匹配，又限于督学自身专业水平及权力的局限，这种"突击督查"的方式既无法解决"头痛医头"的局部问题，也不能解决教育管理和教学当中的微观问题，大大降低了督学工作的科学性、针对性和实效性。

二是由于长期的政府主导意识和单一的督导主体结构，以及相对封闭的督导环节，使得教师、家长、社区等重要的利益相关者无法"理所应当"地参与督导，也无法完成他们本该配合承担的督导任务。《深化教育督导改革转变教育管理方式的意见》虽明确提出：引导社会力量参与教育质量评估监测，[1] 但是在督导实践中，由于制度性壁垒以及社会督导机构尚不成熟等原

---

[1] 国务院教育督导委员会. 深化教育督导改革转变教育管理方式的意见［EB/OL］. http://www.moe.edu.cn/publicfiles/business/htmlfiles/moe/s7919/201402/xxgk_163918.html.

因，第三方评估机构并没有真正进入教育督导的实践。因此，这些因素使得督导工作整体仍处于效率、价值和公信力都不高的境况。

（三）督学专业性、权威性不足

要完全发挥教育督导的监督功能，就要建立一支具备一定数量、思想觉悟高、专业能力强、服务意识强的督导队伍是根本。但是，我国督学队伍目前在专业和权威性方面仍存在一些问题：

1. 专业水平低

一是由于没有专门的督导学科专业教育，又缺乏专业的培训，造成督学工作的开展更多的是实践学习和岗位学习，缺少督导理论积累和范式培训。二是由于缺乏严格的遴选制度和条件，因此从"入口"的把关不严就造成督学的专业能力参差不齐。督学虽然承载国家教育管理的使命，但是绝大多数由行政管理和离退休人员构成的兼职督学队伍，常常被视为"没有实权"的"荣誉象征"，督导工作也被称为"走过场"，实际上没有做到对督导对象的后续跟踪指导和服务。① 三是由于受到督学自身专业水平的限制，只能对督导对象进行监督、负面问责和评价，难以涉及教育活动更深层次的引领和指导。

由于目前的教育督导工作，主要形式是综合督导，以及正在增加的日常督导，所以在落实督导结果，即落实督学提出改善办学的建议、推进学校提升办学质量方面显得力度不大。造成这一问题的原因：一是由于有的督学水平有限，他们所提出的改进建议学校不认可、不愿接受；二是由于缺少日常督导，综合督导之后的结果难以监督和落实。这就造成教育督导工作成了"走过场"，甚至有的校长说："督导评估像是一阵风，准备好了迎接它，但是两三天就迅速刮走了，不留踪影。"②

2. 督学工作泛行政化

从我国教育督导制度变迁的历程看，督学工作都是放在教育行政管理的

---

① 王庆如. 国际比较视野下我国督学队伍建设策略探析［J］. 教学与管理，2018（9）：30.

② 访谈深圳市某督学。

框架下，作为对教育机构实施行政管理的一种手段。首先，从督学的"产生"来看，我国新颁布的《教育督导条例》虽比之前的暂行规定更加细化，但在实际操作中，仍沿袭着自下而上的推荐程序，督学基本上是由现任教育行政干部或退休领导、校长兼职担任，导致督导工作泛行政化，专业权威和公信力受到质疑。其次，由于现行教育管理体制的限制，教育督导机构对于教育行政管理部门有着很强的行政依附性，独立的专业权力不能发挥，大多数情况下都成为行政管理部门主导意志的"代言人"。再次，在实际督导过程中，督导结果或者整改建议，有的建议是因为督导时间太短，并没能准确的反映学校存在的关键问题，学校教职工并不认可；有的建议只是指出了问题，但是如何整改却缺少指导，造成知道问题却无从改进；有些建议则因为无人跟进，学校也就将其"束之高阁"。因此，在多种因素共同作用下，造成督学工作泛行政化。

3. 服务意识不足

在我国政治文化和行政体制的影响下，督导工作的服务和民主意识是缺失的。由于传统督导的主要职能是监督，所以督学的服务意识不足。在督导实践中，督导者和被督导者往往在督导活动中形成一种天然的矛盾对立关系。督导观念仍停留在垂直式督导，管制式思维模式，尚未调整为水平式沟通，对教育督导工作而言，难免会出现沟通协调的困难。有的督导者认为，自己的职责就是全面地了解真实情况，然后提出存在问题，这样自己的职责就结束了，至于怎么改进，那是学校自己的事。这就无法对学校进行平等的、进一步改进的指导和服务，也使得督导的效果大打折扣。

服务意识不足是多方面原因造成的，但主要还是与督学开展工作的督导授权活动有关。应该说责任督学对责任区学校的督导是比较全面的和持续的，尽到了服务义务，而跨区域交叉开展或自上而下进行的督导检查活动，则显得服务工作不够到位。因为督学开展一项督导需要被教育督导机构派遣才能进行，一旦督导活动结束了，督学对该区域学校的督导权利也就被回收了，除非教育督导部门要求持续督导，或者被督导部门有主动需要，否则督学无法再用督导的身份去服务学校了。①

五、评价方法方面

从目前督导体系工作采用的评估工具来看，督政、督学、质量监测的指标还不完善。目前的督导方式主要是：实地调研、教师访谈、调查问卷、座谈会等，根据督学自己的经验和认识进行判断的经验法。这与督导工具方法规范化以及国家最新的关于深化教育领域综合改革的要求还相差甚远。

（一）督导方式有经验主义倾向

督导是一个相对复杂的系统，教育督导可以是综合的、整体的，也可以是单项的、局部的；可以是终结性的，也可以是发展性、形成性的。② 在教育督导发展相对较成熟的国家，均十分注重运用多种督导方式提高督导成效。而我国督导方式存在如下问题：

1. 督导方法经验化

一是在调研中发现，从整体来看，目前评估方法传统而单一，经验型方法依旧是主流，在涉及学校发展的战略制定、规划落实、结果评估等方面，更加缺乏先进、科学的工具与方法。

"由于教育督导的信息化手段有限、督导信息平台建设滞后、督学信息技术能力有待提高，受到这些因素的限制，目前我们督导评估评估主要还是依据督学的经验进行评估。好在督学们都是有一定实践经验的行家里手，所以评估结果可信度很高。当然，我们并没有停止对新技术应用的学习和探索。"③

二是督导的发展性功能不足。近年来，我国逐步构建了常态化的教育督导机制和学校责任督学挂牌督导制度，教育督导部门针对教育财政投入、教

---

① 访谈深圳市某督学。
② 周德义. 60年来我国教育督导制度的回顾与审思 [J]. 教育测量与评价（理论版），2009（9）：22—27.
③ 访谈深圳某督学。

师待遇落实、师德师风建设、校园校舍校车安全、校园欺凌治理等教育重点、难点和热点问题组织开展了专项督导，可谓是"哪里出现教育问题，哪里就有教育督导"。这些常态性或专门性的教育督导有效推动了教育公平的落实和教育质量的提升。与此同时，我国教育督导方式仍存在进一步优化的空间，教育督导的手段和方法仍需继续加以拓展，教育督导的发展性、多样性、开放性也还有待提升。当前我国的教育督导较重视终结性评估，实践中大多关注对教育现状的评估，并多与考核、奖惩挂钩，导致教育督导的发展性、形成性功能体现得不够。

三是教育督导工作方式被"简化"，重视"督"而轻视"导"。在教育督导的实践过程中，督学常常简化应有的工作程序，将大事化小小事化了，以听取被督导者的汇报、查阅有关书面材料为主，而没有与实际相结合，深入掌握真实的情况。在一个完整的教育督导过程中，视察只是第一步，指导是不可缺少的最后一步。只视不导、流于形式反馈到被督导部门就变成了"你评估，我应付；你检查，我作弊"的应答模式。

2. 督导工具单一

一是教育督导与大数据治理的相嵌问题。随着大数据时代的到来，大数据将普遍应用于政府的监管领域，以促成数据治理思维的养成，推动治理实践的科学化。在教育督导现代化进程中，将大数据与教育督导相结合，无疑能够促进教育督导的精准性；尤其是应用于教育监测环节，更能提高教育督导的科学含量。从当前的教育督导现状来看，虽然有些地方已经推动了教育督导中的大数据实践，但整体而言，教育督导实践中对大数据的开发和利用程度还有待提升，还难以有效促进教育督导的高效率与科学性。相关研究显示，"教育管理系统数据共享机制不成熟，信息相对封闭，不同教育系统甚至同一教育系统中的数据都无法流通共享，缺乏统一的数据标准和规范"，[①] 数据共享机制的滞后，直接影响了教育督导活动中教育监测能力的提升。还有研究指出，我国教育"证据的开放度总体不高，缺少相应的教育数据库与共享平台"，"当前并未建立起利用证据发现并明确教育政策问题、推进政策议

---

① 荣荣，杨现民，陈耀华，赵秋锦. 教育管理信息化新发展：走向智慧管理[J]. 中国电化教育，2014（3）：30—37.

程过程中的论辩、监督评估政策过程的体制机制,这使政策制定者与利益相关者缺乏利用证据推动教育决策科学化的动力与空间"。[1] 由此可见,我国教育督导实践并未与大数据紧密结合起来,以数据治理推动教育督导的现代化。数据治理思维与实践的缺失或不足,必然影响教育督导活动的精准性。

二是评价方法过于追求量化。评估方法的量化固然重要,但是如果唯量化就会适得其反。过分追求行政下达的数据达标标准,往往为数据而数据,使数据收集沦为形式。比如,在一些学校评价中要求写评估报告时需要以数据说话,没有数据显得空谈,这就使得督学为了完成评估报告的要求,纷纷忙于搜集数据,这都是唯量化倾向导致的结果。学校是极其复杂的组织机构,学生发展的生动性和丰富性、学校内在的文化和精神等都难以用抽象的数据完全表现出来。

当前我们使用的评估工具存在缺陷,以某评估为例,其使用的问卷在设计、应用、结果汇总、分析、检验等方面都存在缺陷。教师、家长、学生问卷都是固定问题,问题单一,多以封闭性问题为主,全市一卷通用,没有兼顾学校的个性化需求,在使用时容易造假。许多学校都是提前做好问卷,家长、教师等问卷满意度竟高达100%。而且,实施过程不周密,家长问卷与教师问卷以满意度调查为主,难以达到预计的检测功能。由于诚信的缺失,满意度调查的文本数据可靠性大打折扣。由此可见,目前的评估仍然还停留在经验总结的层面,缺乏科学的评估工具的支撑。[2]

三是教育督导评价标准模糊。督导过程中一个相当重要的环节就是对被督导对象进行评价,生成教育信息的反馈。然而,由于教育督导评价的标准适用性不足,针对性不强,指标缺乏科学性,在实际工作中,往往不会产生预期效果或达到理性的目标。需要注意的是,教育督导理想的指标不一定就是完全科学或合理的。教育督导指标不够科学细致,教育督导的手段相对单一。在教育督导过程中存在不分层次、不分类别、不按性质,用"一把尺"

---

[1] 李刚. 走向教育的循证治理 [J]. 教育发展研究,2015 (23):26—30.
[2] 访谈深圳市某督学.

去衡量的现象。针对不同发展阶段、不同地区、不同学校的适应性评估不够，加上偏重主观评判、缺少数据支撑，在一定程度上制约了督导的有效性和结果的权威度。① 更严重的是，一味追求教育督导是否达标，却忽视了教育教学工作的发展过程，也会挫伤教育工作者的积极性和主动性。

3. 督学责任区设置较为随意

目前，督学责任区建设最大的"特点"是套路不一、形神各异，有的甚至还背离实施这项制度的初衷。建立督学责任区的目的是"对各地教育行政管理工作和中小学校办学情况进行全方位、经常性的随机督导检查"。很显然，教育督导机构作为制度的具体供给者，要求责任区发挥的功能与教育督导的一般功能是一致的。但是就目前而言，责任区还难以担此重任。因为这一制度刚起步、时间短，由地方和基层自主实践，因而不可避免出现责任区功能、目标、方向等方面的模糊性。又因为责任区的性质并不同于履行行政职能的督导机构，它只是教育督导机构某些职能的延伸和代理。那些需要高度依赖行政职能才能发挥的功能，责任区则难以体现。②

当前，责任督学的身份问题并没有得以根本解决。在调研中我们反复听到这样的呼声和诉求——"作为督学责任区这个机构、作为责任区的督学，必须由相关部门明确其法律身份，也就是确定机构编制"。我国督导制度和督导事业处在一个大发展的时期，职责范围扩大，任务增加，但是督学编制很少，这一问题亟待解决。此外，一些责任区督学队伍存在着结构不合理、年龄老化等问题，有些督学对教育理念和新课程理念认识不到位，而临时聘用的一些督学，则缺乏系统的专业培训。督学在发挥规范办学行为、监督执法作用的同时，更要发挥引领和指导的作用，不仅要对学校的规范发展起作用，更重要的是要对学校的内涵发展、特色发展起到推动作用。③ 这些新情况，无疑对督学的专业性和前瞻性提出了更高的要求。

---

① 周海涛，朱玉成. 教育督导的国际共性特征和我国变革动向 [J]. 社会科学战线，2018（6）：227—236.

② 黄龙威. 督学责任区：功能、理念与制度框架 [EO/BL]. http://old.moe.gov.cn//publicfiles/business/htmlfiles/moe/moe_1571/201208/140671.html.

③ 王璐. 破解督学责任区制度发展的难点 [J]. 教育测量与评价，2018（8）：1.

当前的督学责任区设置往往是从工作出发，而不是从人出发，导致的结果必然是，工作重心变了，责任区的设置也就变了。如果能从督学的角度出发，从学校师生的角度出发，建立相对稳固的督学责任区，配备相对稳定的责任督学，建立督学与学校相对持续且信任的关系，无论对责任区学校，还是对责任区督学都是更有益处的。①

（二）督导过程民主化缺失

我国教育督导过程开放度还不够，教育督导多局限于主客体单位内部，不太重视社会和家长的参与，缺乏横向沟通。实际上，仅凭单一的督导力量难以长期有效地提升督导质量。

1. 学校自评实际效力不强

一是学校层面对自评认识仍待校正，诊断性理念仍待加强。尽管在问卷调查中，认为自评对于学校发展的作用非常大或比较大的校长、教师比例达100%，但在现场调研与访谈中发现，部分学校对自评工作不够重视，表现为一些学校将自评工作、自评过程与自评报告形成过程等同于一项部门负责的日常工作，交由主管副校长或某德育、科研主任完成，而未能带头对学校整体办学情况进行系统反思。个别学校将办学水平评估等同于传统等级评估，重视材料的堆积、成绩的宣扬，忽视自身实际问题的深入探究。问卷调查的结果也显示，尽管承认自评工作对学校发展非常重要，但仍有12.6%的教师认为增大了工作负担，23.1%的教师认为对个人的工作没有启发，14%的教师认为参加自评工作对自己整体了解与认识学校的情况并无帮助，还有5.6%的教师觉得参加学校自评工作没起到多少作用。在问卷调查的27位校长或副校长中，存在"担心暴露问题会影响评价结果"担忧的占51.9%，有93.9%的督学认为学校可能存在该顾虑。由此也反映出，学校层面对于自评工作的价值、目标、功能、实效等依旧存在较大提升的空间，学校整体对于学校自评重要性的认识还有待提高。因而，这样的自评自诊可信度不高，既不能为教育督导提供事实参考，也不能为学校发展带来新的机遇和动力。

二是与督学、校长访谈时，他们也建议在评估工具、方法上加强具体研

---

① 访谈深圳市某督学。

究与指导，帮助学校提高自评自诊与反思的能力。问卷调查的结果同样验证了实地调研的结论。以自评为例，在对校长的调查中发现，选择"能够掌握自评方法"的校长仅占 48.7%，选择"清楚掌握自评要求、流程与操作"的校长占 52.3%。而由此可以推断，约有一半的学校在自评的方法上存在困难，未能清楚把握自评要求与流程的学校占到四成以上。教师的问卷调查显示，"通过自评掌握流程方法"的占 52%；对督学的调查中，认为"缺乏自评方法"是学校自评中可能遇到的重大问题占 81.2%。

2. 督导过程缺乏多元参与

教育督导现代化标准要考察教育督导的重要决策、具体制度的制定、执行和评价，是否体现了利益相关者的意志和主张。而在我国，各种类型教育督导主要是体现教育管理部门的意志，而学校、教师、家长以及社区等利益相关者参与督导评估的民主过程是缺失的，因而不能体现利益相关者的意志和意见。这难免导致督导结果有失偏颇，缺乏说服力，缺乏相互监督和制约。

以 S 市督导评估为例，尽管要求学校要开展自下而上、全员参与的自我评价与自我诊断活动，将学校综合评价与部门评价、个体评价有机结合；要主动采集和分析学生、教师、家长、社区等相关工作对象的意见建议；并且，还要通过教代会、座谈会等形式，听取学校相关部门及人员对自评自诊报告的意见建议，并根据各方建议，总结年度（学年度）自评自诊工作，修改完善学校自评自诊报告。但问卷调查结果显示，表示没有参与学校自评工作的教师达到 64.7%，部分参与的为 32.1%，全程参与的仅占 3.2%；而对学校自评报告全部阅读的为 74.5%，大致翻阅的为 23.9%，表示完全没看过的为 1.6%。这一结果与实地观察及访谈中所获取的信息一致。现场观察和访谈发现，大多数学校在民主参与评估方面存在的问题包括：

一是做到全员参与、共同反思的学校较少。评估虽采用的是自上而下宣传、发动，按部门或科组整理材料，报告形成后交教师讨论或进行通知等方式，能够做到自下而上发掘经验、找出问题，但是全校教师都参与到自评自改工作并共同反思的仅为个别学校。

二是家长、社区等参与评估的程度较低。大多数学校能够通过家长委员会或 QQ 群等家校沟通渠道让家长获知此项评估的意义、内容等，配合学校评估工作，也能发动家委会、家长代表加入到评估过程中，特别是协助学校做好评估组的接待、引导与问卷、访谈等工作，但家长、社区在其间扮演"服务人员"的角色，其对学校自评报告的内容、学校未来发展的计划等知之甚少，作为学校自评参与人、学校发展建言人的角色并未得到足够的重视。访谈过程中，表示没见过自评报告的家长占绝大多数。

六、结果运用方面

教育督导结果应用作为教育督导的最后一个环节，其执行效果直接关系到教育督导行为本身的意义与效能。督导设计再高端，督导指标再完整，督导过程再仔细，督导报告再优异，只要督导结果不落地，所有的督导工作投入都会付之东流。现实来看，我国教育督导结果不够落地是客观存在的，主要体现在以下几个方面：

（一）督导评价报告质量不高

督导评价是教育督导的主要功能之一，也是最体现教育督导专业性的地方。教育督导的质量如何，主要看其督导评价是否科学、合理。目前来看，我国教育督导评价还是不够科学的，主要表现在两个方面：

1. 督导报告不够科学严谨

督导报告作为督导评价结果的呈现，直接反映督导评价对象的实际情况，也反映督导评价自身的效能和信度，其重要性不言而喻。但是从我国目前情况来看，督导报告并不能全面客观地反映评价对象的实际情况。首先，督导评价报告的呈现未能有效区分等级类评价和发展性评价，等级类评价聚焦于"做没做"，发展性评价强调"做得好不好"，其评估报告大都采用综述、亮点、问题、建议四个部分来写，因而两类评估报告的结构与内容上的区别没有很好体现出来。第二，报告普遍缺乏数据意识。等级类评价报告强调数据，也依照数据进行评价，但是对数据的理解和挖掘普遍不够；发展性评价对数据的重视和把握程度不如等级类评价，督导报告内容存在一些经验主义和主观主义，用词不精准，甚至不客观，充斥着督学个人的喜恶，发展性评价报告的优劣主要取决于评估督学自身的教育理解与文学修养。第三，一些督导报告缺乏个性化和针对性。不少督导报告用的是万能通用模板，报告写出来后用在各个地方或学校都比较适用，缺乏个性化与针对性。

撰写督导报告时，不少督学只看到数据本身，却忽视数据背后的差异性，而给出了同样的问题诊断和相关建议。如同样是生均建筑面积不够，有的地方是因为学校占地面积很大，但建筑面积实在太小；有的地方则是因为学校占地面积确实太小没有拓展空间。如果不问原因，统一做出增加学校建筑面积的建议就显得不够客观。前者应给出拓展建筑面积的建议，后者应给出减少招生规模，压缩学生数量的建议，这才是对数据进行正确的挖掘与理解。

2. 评价结果缺乏公信力

由于我国基本上是政府办学、政府评价的模式，而社会专业评价机构和公众参与评价的缺失，造成了政府既是办学者也是评价者，而且掌握着所有评价过程和评价结果。社会公众难以真正的参与，因而一些督导结论并不符合事实，没有体现督促引导的价值，甚至出现寻租和走过场的现象，造成评价的公信力不高。从目前我国教育督导内容看，教学质量、学生课业成绩的评价占据了督导评价较大的比重，而教学质量的体现只是在考试中的成绩排名，对于学生综合素质培养、学校评价的发展性指标则顾及很少，因而这样的督导评价的结果很难具有让人信服的公信力。

(二) 督导结果运用不力

尽管各地的评估都要求各级教育行政部门在任免校长、核拨经费、制定扶持及管理政策时，要将督导评估结果作为决策的重要依据。然而，从实际调研情况来看，一方面评估组担心如给予高利害性建议，例如校长不合格、学校办学水平不及格等，会让学校面临生存困难，因此在实际评估中会倾向于"就高不就低"的评价标准，多给予良、优评价；另一方面，学校因为评估结果的实际低利害性，对评估的发展性、过程性与自主性把握动力不足，加上自身水平不高、方法不够，导致结果改进不大。另外，评估报告中的整改建议，落实的实际效果还与教育主管行政部门、学校领导的重视程度及能力等方面的因素高度相关。因此，评估结果的落实，在综合因素作用下才能有效保障，但是目前还存在一些督导结果落实不力的现象。

1. 督导反思整改机制不足

督导评估制度无论设计多么先进、合理，在执行的过程中如果遇到受评学校的懈怠、疲惫与应付，一切努力都将付诸东流。访谈中，学校校长、教师普遍反映，尽管近年来，来自于督导部门的评估不多，但学校日常工作中仍旧面临着来自多个部门的内容不同的多个评估,例如德育评估、法制评估、安全评估、绿色校园评估等等,经常是一个评估没有结束另一个评估已开始,学校领导和中层人员经常处于疲于应付的状态,而且很多的评估结束之后就没有了反馈,学校也就此搁置,丝毫没起到反思与促进发展的作用。在对校长问卷调查的结果显示,认为本校自评过程中遇到"评估任务太多无法细致反思"问题的占 59.3%,其中认为这一问题比较严重的学校也近三成。在对 30 位督学问卷结果显示,认为学校面临着"评估任务太多,无法细致反思"的督学占 76.7%,其中认为这一问题比较严重的也近五成。因此,当以学校自省、自发、自觉为基础的发展性评价,遭遇众多以"评优评先"为目标的绩效性评价的掣肘之时,当各项评价之间缺乏有效的统筹与沟通协调时,给受评学校带来的不是发展性动力而是应付评估的压力之时,学校参与督导评估的积极性不高、评估效果难以持续等问题就难以避免了。

2. 督导结果运用效率低下

依据督导评估,督学提出的很多建议和意见缺少后期的督导,很多都不能落实,学校的诉求也没有得到有效的解决,所以很多的改进意见都流于纸面。现有评估制度在内容设计、权重分配、方法指导与工具支持等方面还存在许多不足,在帮助学校明晰评估流程、掌握自评方法、提高评估实效和评估结果运用方面还存在较大的改进空间。

3. 整改建议难以全部落实

教育督导整改建议是督导组对督导过程中发现问题开出的"诊断药方",是被督导部门下一步整改和发展的目标与路径。通常情况下,督导组给出的整改建议能够得到被督导部门的认可,大多数部门也能按照整改建议制定具体的整改方案,分步实施整改工作。但在实际情况中,因问题的存在原因千差万别,既有人为主观的原因,也有客观存在的缘由。有些问题不是教育部门一家能解决的,所以这就导致了督导整改建议难以全部得到落实。

举例来说,深圳市人民政府教育督导室于 2017 年对全市各区开展了义务教育公办学位建设的专项督导,要求各区梳理亮点和问题,进行集中汇报,并组建了市级督导组对各区公办学位建设开展情况进行专项督导检查。检查后,督导组根据各区的问题提出了各自的督导整改建议。各区高度重视该专项督导,对督导组提出的建议及时进行整改,但却也不同程度地遇到一些实际困难而导致督导建议无法全部落实。如市督导室对某区提出了"学校大班额情况比较突出"的问题，建议"多管齐下，解决大班额突出问题"。大班额问题是深圳各区普遍存在的教育问题，以该区尤为突出。接到整改建议后，该区也做了大量工作来解决大班额情况，率先编制学校布局规划，推进"上天入地"工程，拓展办学空间。2019年市督导室再次对各区进行督导时，该区的"大班额"问题仍然作为主要问题之一列在自评报告中。事实上，并非该区不履行督导整改的建议，而是因深圳外地人口持续流入量全国第一，该区又是老城区，学校占地面积普遍偏小，为了解决来深务工子女就读学校问题，践行"来了就是深圳人"的理念，该区只好扩班招生，以大班额招生的办法来满足学位刚性需求。这样一来，市督导室给出的解决大班额突出问题的整改建议，在实际落实中，就难以保证持续性的效果。因为根源不在于教育部门的不作为，也不在于学校的不配合，而是由深圳市情实际和现有学校供给不足之间的矛盾引起的。

这种客观因素导致的实际困难，并不是一次督导就能完全解决的。教育督导整改建议能解决的往往是人为的主观原因导致的问题，然而对客观存在的问题，同时需要多个政府部门配合整改的问题，有时候就显得力不从心。

（三）问责机制不健全

问责不力是削弱教育督导效率的重要原因。从教育督导相关法律法规来看，问责执法效力较弱的原因有：

1. 问责主体缺乏参与路径

在问责主体方面，缺乏教育督导异体问责多元主体的路径。尽管《教育督导条例》《教育重大突发事件专项督导暂行办法》《深化教育督导改革转变教育管理方式的意见》等都对多元主体参与作了相应规定。然而从实践来看，这种多元主体参与的变革成效并不明显，由政府主导的教育督导运行的惯性仍较强，外部主体的支持积极性不高、参与渠道不畅等问题依然存在。

2. 问责法制不健全

在问责内容方面，相关规定过于笼统。例如，《教育督导条例》第二十四条虽规定："县级以上人民政府或者有关主管部门应当将督导报告作为对被督导单位及其主要负责人进行考核、奖惩的重要依据"，但缺乏对考核、奖惩内容的具体界定,也缺乏对"重要依据"的具体解释。① 这既会导致问责的操作性不强,也易造成问责责任的泛化。在问责程序方面,在《教育督导条例》、教育督导的地方性法规与地方政府规章中,几乎都找不到关于督导问责过程中的程序性规定,如听证、回避、权利救济、监督机制等具体规定。

我们在督导过程中发现的一些问题需要解决,但是如果改进工作仅仅依靠教育行政部门力量是无法完成的。准确地说,不是无法完成,而是无力完成。例如,学校生均面积不足,需要改扩建。这一问题的解决就需要得到区域政府的支持,需要教育、规土、财政、市政等多个政府部门之间共同协力。再如,学校师资不足的问题,要解决就需要区域政府、教育局、编办等部门共同携手。然而,其他政府部门参与问题解决的路径却不顺畅。②

3. 裁量条件不明晰

问责主体的自由裁量权过大。由于问责方式具有模糊性和较大弹性,从通报批评到由人民政府或主管部门给予处分,具体的追责条件并不清楚,致使问责主体的自由裁量权过大,容易造成小问题负大责或者大问题负小责现象的出现。③ 通过对部分地区督导问责规定的文本分析,我们发现在教育督导问责实践中,普遍存在缺乏激励措施、复查制度、权利救济渠道的问题,以及专项督导问责之间衔接性不强、地方标准各异、问责形式杂芜等问题,削弱了教育督导问责的可操作性、权威性和实效性。

大家都知道,教育督导基本是弱势,即使有依据,到县一级,基本就没有问责,更没有因为督导而处分过什么人。之前的督导结果运用,还是以奖励为主。所以,有人评价督导是"两好单位",送奖金、挂牌子。这也为督导博得了一点可怜的支持。④

---

① 高政. 教育督导体制改革四大难题待解 [N]. 中国教育报, 2013—05—23 (05).
② 访谈深圳市某督学.
③ 王媛,陈恩伦. 健全教育督导问责机制的路径探析 [J]. 教育研究, 2017 (5): 34—37.
④ 访谈深圳市某督学.

第四章　世界发达国家和地区教育督导经验启示

教育督导制度是现代各国普遍认可的有效的教育监督制度，是现代教育管理体系的重要组成部分。我国的教育督导制度在实践中不断完善和发展，教育督导已经成为教育行政管理决策、执行和监督的三个大环节中不可或缺的重要组成部分。要有效地发挥教育督导的效能，就必须要有完善的教育督导法律、法规，有严格的督导评估体系，有高水平的督学队伍，有广泛的社会参与，等等。在这些方面，我国同发达国家和地区还存在一定差距，因而要学习和借鉴发达国家和地区的先进经验和做法，探索适合我国国情的教育督导发展之路。

一、英国教育督导制度

英国是世界最早建立教育督导制度的国家，在1839年建立了第一个中央行政管理机构——枢密院教育委员会时，就同时建立了督导制度。英国教育督导制度经历了180多年的历史，在世界现代教育体系中拥有最悠久的历史基础教育督导体系，从中央到地方建立起了一套较为健全的督导制度，并不断改革创新，在保障英国基础教育质量和公平的过程中发挥着举足轻重的作用。英国在近十几年来的教育改革中逐渐加大了政府对教育的管理和控制力度，引入国家控制的教育督导制度作为改革重要举措，对英国保障教育质量、提高教育管理成效等多方面起到重要作用。中英两国的政治体制、管理制度和文化传统虽有不同，但其近年来两国的教育管理改革理念与导向却有很多相似之处，因而了解英国教育督导制度，对我国教育督导改革具有一定借鉴意义。

(一) 机构设置和职责范围

英国的督导机构属于独立设置型,主要经历了女王督学团和教育标准局两种机构设置形式。女王督学团虽然隶属于当时的教育科学部,但直接由常务部长领导,负责人为副部长级官员,地位高于其他业务司局,其机构自成体系,业务独立于教科部。督学提供报告,任何人(包括教育科学大臣)都不能更改。改制为教育标准局后,督导机构的独立性更加突出。

1. 女王督学团时代

1992 年改组之前,女王督学团在英国教育督导制度中占绝对主导地位。其设置在教育科学部内,为准部级机构,主要负责人为副部级官员。根据督导的学段及内容不同,分为 7 个处室,包括:初等教育、中等教育、师范教育、特殊教育等,如图 4—1 所示:

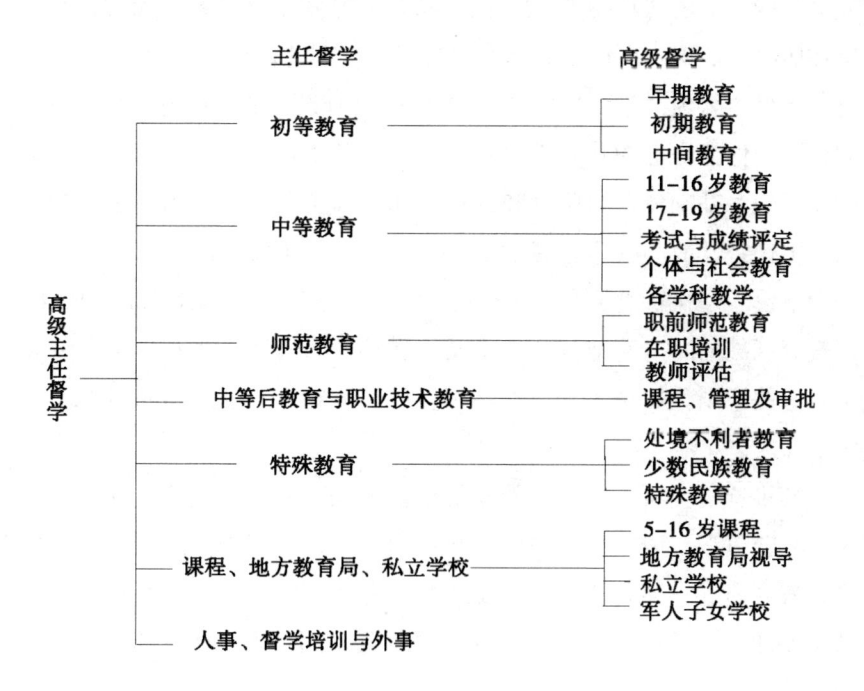

```
高级主任督学 ── 主任督学 ── 高级督学

初等教育 ─┬─ 早期教育
          ├─ 初期教育
          └─ 中间教育

中等教育 ─┬─ 11-16 岁教育
          ├─ 17-19 岁教育
          ├─ 考试与成绩评定
          ├─ 个体与社会教育
          └─ 各学科教学

师范教育 ─┬─ 职前师范教育
          ├─ 在职培训
          └─ 教师评估

中等后教育与职业技术教育 ── 课程、管理及审批

特殊教育 ─┬─ 处境不利者教育
          ├─ 少数民族教育
          └─ 特殊教育

课程、地方教育局、私立学校 ─┬─ 5-16 岁课程
                            ├─ 地方教育局视导
                            ├─ 私立学校
                            └─ 军人子女学校

人事、督学培训与外事
```

图 4—1 女王督学团内部结构[①]

---

① 王璐. 英国教育督导与评价 [M]. 太原:山西教育出版社,1992:16.

从机构设置可以看出，女王督学团职责范围非常广，工作涉及除大学以外的整个教育事业。此外，督学还从事大量的教师培训工作。女王督学团内部机构设置的特点是：与教育事业高度匹配，职能分工非常专业化和专门化。女王督学团与地方督导机构的关系是两套体制相对独立，在工作上是各自有所侧重、相互补充与合作的关系。每个地方教育局都有一名女王督学与之挂钩，保持经常的联系，使地方在政策与实践问题方面能随时得到女王督学的帮助与指导。

2. 教育标准局时代

英国的教育体系经过几百年的沿革，完善、复杂但具有非常大的灵活性。英国教育在世界范围内的领先地位离不开有力的监管与测评体系，英国教育标准局（Office for Standards in Education，简称"Ofsted"）就是其中最为重要的机构。英国《1988年教育改革法》宣布实施全国统一课程计划，督导必须按照统一的课程所提出的标准进行督导。因此，在1992年中央督导机构实行改组后更名为"教育标准局"，系英国政府设立的非政府序列部门，在行使职责上仍保持自己的独立性，直接对议会负责，通过与教育部及其他部门的合作实现对基础教育的监督和管理功能。其主要负责人由女王督学团时代的高级主任督学改为女王总督学（Her Majesty's Chief Inspector of School）。总督学下设一个执行委员会，委员会由8名主任组成，具体构成如图4—2所示。教育标准局的内部结构体现了其一贯按照教育事业发展阶段、专题和领域来划分的原则，体现了其专业性、专门性的特点，这也是由其职责范围所决定的。

新的机构呈现出三个重要的新的价值取向：一是外向型，新的理念是向家长、社会负责，增加督导的公开与透明。二是发展与改进成为督导的核心目的，将"通过督导促进学校的改进"作为督导的一个重要目标，并在制度上予以保证。三是设立研究、分析及国际关系部，注重研究与开发，强调督导与评价的科学性。

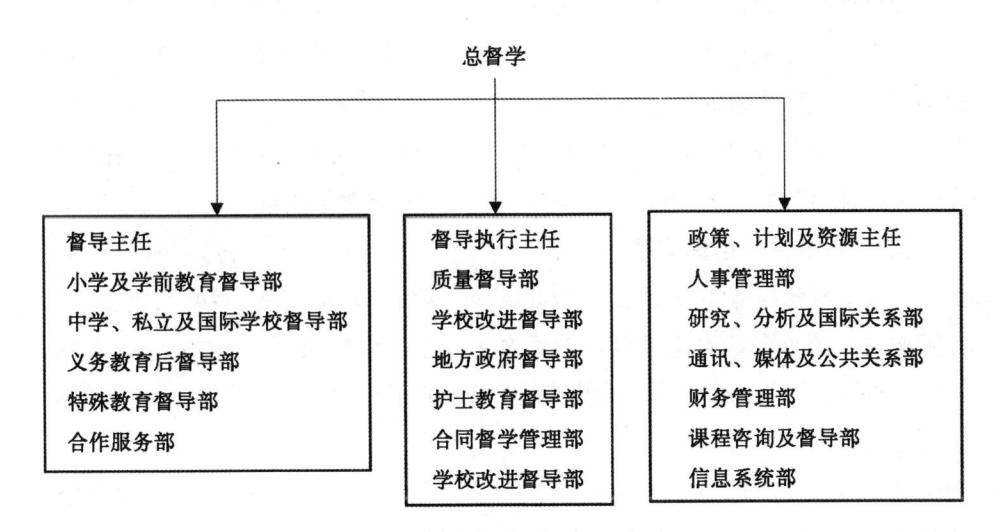

```
                          总督学
         ┌─────────────────┼─────────────────┐
         ↓                 ↓                 ↓
┌──────────────────┐ ┌──────────────────┐ ┌──────────────────┐
│ 督导主任         │ │ 督导执行主任     │ │ 政策、计划及资源主任 │
│ 小学及学前教育督导部 │ │ 质量督导部       │ │ 人事管理部       │
│ 中学、私立及国际学校督导部 │ │ 学校改进督导部   │ │ 研究、分析及国际关系部 │
│ 义务教育后督导部 │ │ 地方政府督导部   │ │ 通讯、媒体及公共关系部 │
│ 特殊教育督导部   │ │ 护士教育督导部   │ │ 财务管理部       │
│ 合作服务部       │ │ 合同督学管理部   │ │ 课程咨询及督导部 │
│                  │ │ 学校改进督导部   │ │ 信息系统部       │
└──────────────────┘ └──────────────────┘ └──────────────────┘
```

图 4—2　教育标准局内部结构①

教育标准局是英国国家教育、儿童服务和技能培训机构的官方监管机构，旨在不断地规范和提高教育质量，不隶属于任何学校或教育机构，独立而公正，直接向议会报告。改革后的英国教育督导体制取消了中央和地方的两级制度，实行单一体制。教育标准局主要负责全国督导工作的宏观管理、协调和监督，以及有关教育督导政策、计划和标准的制定与督导质量的监督，而督导工作的具体执行和操作则由教育标准局委托的地区性和全国性督导机构负责。

3. 中介性督导机构

英国教育标准局共委托两个全国性督导机构和五个地区性督导机构开展督导工作。这些地区性和全国性督导机构的性质为中介性组织，具有专业性和商业性特质，它们负责督学的聘用、管理、培训及督导的组织和实施。这些中介性机构根据与教育标准局所达成的协议来安排工作：两个全国性督导机构分别负责督导全国范围的继续教育机构和独立学校；五个地区性督导机构负责督导不同地区学前、公立中小学、职前教师教育与地方教育当局。督

---

① 蔡雯卿. 上海市 A 地区与英国英格兰地区教育督导的比较分析 [D]. 上海：华东师范大学，2004：38.

导中介机构与注册督学签约，由其领导的各督导小组负责实施具体学校的督导工作，督导小组提出学校督导方案，并向教育标准局投标，竞争学校督导的项目权。督导小组的生命力很大程度上取决于其督导方案的可行性和督导工作的质量以期获得更多的督导项目。英国政府正是通过这种准市场化运作方式来加强对督导工作的监管、提高督导工作的效率与质量。

（二）督导评估指标体系

英国学校督导体系改革始于20世纪90年代初，即1992年英国成立了教育标准局，1993年教育标准局研制颁布了《学校督导大纲》（Framework for Inspection for Schools），并开始启动大规模的中小学督导计划，改变了过去的抽样督导方式，实行每校必督。英格兰和威尔士的每一所中小学都必须定期接受全面督导，每一学年总督学都对当年学校督导情况进行汇总和评论。这种独立地对学校效能进行外部评估和诊断，发挥了三个基本作用：为父母了解学校运行情况提供专业独立的评价；为正在给孩子选择学校的家长提供参考信息；向国务大臣汇报全国学校教育质量的整体效能，促进学校个体和教育系统进步。

1. 《学校督导大纲》指标体系

督导框架在实施过程中，教育标准局非常注重制度设计的反思与改进，经常性地组织专门的工作组，或对督导制度的影响力进行评估，或就督导制度的改进征求校长、教师、家长等不同利益相关者的意见，然后基于这些研究的发现对学校督导框架进行修订。《学校督导大纲》（如表4—1所示）最新版根据《2005教育法》制定，从2012年9月起开始实施。督导框架和《督导手册》一起用于指导公立学校、政府资助的私立学校和某些私立学校的评估。针对英国5种不同类型学校（普通中小学、学前教育、大学预科、寄宿学校、特殊教育学校）分别制定评价指标，但均以整体大纲为蓝本，在此基础上根据各自特性有所增减。

表 4-1　英国学校督导大纲①

一级指标	二级指标
领导和管理	1. 学校领导层和管理者对于学校发展有着美好的愿景，对学生所能达到的目标抱有较高的期望，并能为学生提供高质量的教育供给和学校关怀。
	2. 学校领导层和管理者采用了严格的绩效管理方式，鼓励教师的专业发展，有效促进教师的教学与实践、学习与评估等方面水平的提升。
	3. 学校领导层和管理者能够通过开展有效的自我评估来评估学校人才培养等方面的质量，同时能够考虑学生、家长、员工对学校效能的意见，并以此推动学校不断地改进与可持续发展。
	4. 学校领导层和管理者能够引领学校为学生提供具有一定广度、深度和相关性的学习计划和课程，着眼于满足学生和雇主的兴趣与需求，同时遵守国家和当地社区相关的法律要求。
	5. 学校领导层和管理者能够为学生提供良好的学业规划、课程与职业建议，使学生拥有良好的教育升端，并为他们下一阶段的教育、培训和就业做好充分准备。
	6. 学校领导层和管理者能够积极地促进教育平等和学生发展多样性，有效解决欺凌和歧视等问题，缩小不同学生和学习者群体之间的成就差距。
	7. 学校领导层和管理者能够积极宣传与推广英国价值观文化等方面的成长。
	8. 学校领导层和管理者能够为学生提供有效的安全保障，保护学生不受恐怖主义和极端主义的影响，并致力于提升学生的福祉。
教师的教学与评价	1. 学校教职工对学生所能达到的目标抱有较高的期望，并且公平地对待所有学生。
	2. 学校教职工之间及教师与学生之间都能相处融洽，教师对其所教科目能较为透彻地理解并能在课堂中灵活地运用知识促进教学。
	3. 学校能够收集学生的学习情况、进步情况，依此来对学生进行评价，并适当地向家长反馈评价结果。

---

① Ofsted. The common inspection framework: education, skills and early years [EB/OL]. https://www.gov.uk/government/publications/common-inspection-framework-education-skills-and-early-years-from-september-2015.

续表

	4. 学校能够有效地利用评价结果来规划和调整教师的教学策略，教师也能利用评价信息对在某些方面比较薄弱的学生开展有针对性的辅导，帮助他们获得良好的成绩、取得进步。
	5. 教师能够基于评价结果来指导学生学会自我提升，教师也会对家长帮助学生进步的方式方法进行一定的指导。
	6. 通过父母、监护人对学生发展的介入，教师能够了解学生预期目标的达成度以及教师自身亟待改进的方面。
	7. 教师通过教育教学来促进教育平等和学生发展的多样性。
	8. 教师通过教育教学培养学生的英语、数学及其他技能，具备这些能力的学生能够对英国社会作为全球经济活跃成员起到一定的促进作用。
学生发展福祉	1. 学校的整体文化氛围促进学生的发展，并能支持和促进学生取得较高的成就。
	2. 学校培养学生的自信感，培养学生具有较强的自我意识，并且鼓励学生对成功有自己的理解。
	3. 学校能为学生提供相关职业的建议和指导，帮助学生面对下一阶段的教育、就业、创业或培训时做出自己的选择。
	4. 学校提供相应的课程以便学生掌握相关的就业技能，这些技能帮助学生为下一阶段的教育、就业、创业或培训做好充分准备。
	5. 学校培养学生喜欢学习，学生准时到校并具有较高的出勤率。
	6. 学校培养学生遵循学校及社会的行为规范与准则，培养学生学会自律并且学会如何与他人相处。
	7. 学校在遇到学生面临虐待、性剥削和极端主义，以及网上欺凌等风险的情况时，能够有效地处理和应对风险，保护学生免受相关风险的侵害。
	8. 学校培养学生通过锻炼、选择健康的饮食等方式保持个人心灵和身体上的健康。
	9. 学校提倡个人发展。
学生的进步与成就	1. 尽管学生的起点不同，但是均取得持续性的进步，达到或超过学生年龄所预期的成就与标准。
	2. 学生获得相关的资格证书，升入更高一级的继续教育机构深入学习相关知识，进一步提高自身能力，从事满足地方和国家需要的职业。
	3. 根据学校反馈的学生数据，考察学生获得的进步和升学就业两方面的情况。
	4. 对学生的进步与成就的有效性进行评价。

2.《学校督导大纲》的特点

《学校督导大纲》是将学校、教师和学生在不同维度上的、自主的进步与发展作为一根主线逐步强化,将这三方面的进步形成合力,进而不断推进英国教育质量螺旋式提升。

一是强调学校、教师、学生的共同进步与发展。《学校督导大纲》的四个一级指标紧紧围绕"进步与发展"这一核心目标来制定。第一,对学校的评估,旨在促进学校的进步与发展,而非得到一个简单的评价结果。例如:学校领导层与管理者要能够规划恰当的目标及愿景,推动学校发展;学校在听取多方意见后,能够开展有效的自我评估以促进学校的改进与可持续发展。这些二级评估指标都能够引导学校合理规划发展目标和愿景,为学校不断进步与发展提供指引和评判标准。第二,对学生的评估,旨在更好地促进学生进步,而非划分学生等级。所有指标强调学校要有效利用评价信息对学生进行有针对性的反馈与指导,向学生提供高质量、个性化的教育供给,包括以学生兴趣和需求为立足点,提供有一定广度、深度的学习计划或课程,提供良好的学业规划或职业建议等。如学校的整体文化氛围促进学生的发展,并能支持和促进学生取得较高的成就等。这些都为学校帮助学生进步与发展提供了实操指引和评价标准。第三,对教师的评估,旨在调动教师的积极性主动改进教育教学方法,促进教师的自我提升与进步,而非监督教师工作。例如:指标中提出,学校要采取绩效管理的方式,引导和鼓励教师的专业发展与专业成长等。

二是充分尊重学生的多样性与差异化,帮助其个性化成长。《学校督导大纲》遵循和体现了英国教育的价值准则,即充分尊重学生的多样性与差异化。第一,学生培养凸显多样化与差异化的原则。例如:学校要积极促进学生的多样化发展,同时以培养学生的自信感为抓手,鼓励学生对成功有个人不同的理解。例如:学生的培养目标应内化于学校的整体文化氛围中,潜移默化地促进学生的个性化成长。这些都充分尊重了学生的多样与差异发展,而非强调一致或统一标准。第二,教师通过多样化的教学策略促进学生个性发展。教师要通过收集学生的学习情况、进步情况等个性化信息来规划和调整教学策略,并有针对性地指导学生获得进步与提升。第三,课程依照学生的兴趣和需求设置。例如:学校将针对不同学生的兴趣和需求提供具有一定深度和广度的课程，这些课程帮助学生掌握一定的就业技能；学生依照兴趣与学习所得进入下一阶段的教育、就业或培训等。由此可见，从学生培养到教师教学，再到课程设置，都是围绕英国教育的价值准则展开，践行了充分尊重个体的多样性，旨在促进学生的多样性与差异化发展。

三是注重英国社会价值观的培养，以及个人利益与国家利益统合。《学校督导大纲》非常重视个人利益与国家利益的统合，凸显了英国价值观对学校教育和学生发展的引领导向，并将其作为重要的评价标准。一方面，《学校督导大纲》强调学校要积极宣传与推广英国价值观。英国的学校教育必须培养认同英国价值观的公民，因此要求学校在办学和教学过程中处处融入英国价值观，并致力于积极宣传与弘扬这一价值观。另一方面，学生要在社会和国家的发展进程中体现自身价值，即学生在获得自身发展的同时，也必须要理解自己作为公民所肩负的责任与使命，要尽己所能对社会和国家的发展作出自己的贡献。

(三) 督导队伍建设

督导队伍的建设是开展督导工作的重要基础，督导队伍的整体结构和人员个体素质直接关系到督导任务是否能正常与高质量的完成，进而影响到督导职能与作用的发挥。

在教育标准局时代，督学的类型由过去单一的督学类型发展到多样化的类型。主要有两大类：一类是专门从事管理、规划、政策制定、研发与监督督导质量的女王督导团队，即二线督导；另一类是专门从事实际督导工作的中介机构与督导人员，即一线督导。

1. 二线督导

二线督导即女皇督导团，分为女王总督学及女王督学和补充督学。女王总督学（Her Majesty's Chief Inspector of School）是教育标准局的最高领导。女王督学直接对女王总督学负责；补充督学（additional inspectors）的权力和女王督学一样，主要是在女王总督学授权范围内协助其工作。在教育标准局总部工作的女王督学与补充督学均为专职人员，他们主要有两方面的职责：一方面，他们从事督导工作的领导、管理，相关教育政策与法规的制定，教育督导与评估框架、工具的研究与开发以及督导工作质量和督学工作的监督；应首席督学的安排对注册督学的工作进行监督，负责对督导报告的审阅。另一方面，他们也根据需要进行少量具体督导工作，主要是对地方教育局、教育培训机构、独立中小学以及对需要采取特殊措施的学校进行复评。同时，在女王总督学的要求下随时对本地区的学校实施一些临时安排的督导。

2. 一线督学

一线督学是真正对大量学前保育和教育机构、中小学、职业和继续教育实施督导的督学，包括注册督学、独立督学、外行督学。

（1）注册督学。《1992年（学校）教育法》规定，任何没有在女王总督学处进行督学注册备案的人，都无权对学校进行督导。注册督学是领导督导小组的专业负责人，通常他们都具有丰富的督导经验，在督导实际工作中发挥着重要作用。

（2）独立督学。独立督学是经过教育标准局认可的具有中小学校督导资格的督学小组成员。独立督学中有部分是专门或主要从事督导工作的专职人员，还有一部分是兼职督导人员，他们中有现任的大中小学教师、中小学校长、地方教育局的工作人员等。独立督学一般约有30％的时间参与教育标准局组织的评估，其余时间用于帮助和指导所在社区的学校工作，协助制定改进计划。

（3）外行督学。外行督学必须是没有任何学校教学或管理经验的"非教育专业人员"，他们没有学校管理和教育教学经验。这是《1992年（学校）教育法》对教育督导制度进行改革的新举措。政府希望通过外行的参与来代表社区、家长和经济界的意见和建议，有利于从更多的角度来看待学校教育问题，同时使教育工作更好地对社会需求做出反应。

（四）中英督学权威性对比[①]

教育督导对于监督和保障我国教育水平起着举足轻重的作用。为了有力的推动教育督导工作的开展，国家在2010年7月29日颁布的《教育规划纲要》中强调督学职能，2012年8月29日颁布了《教育督导条例》，2013年9月23日颁布了《中小学校责任督学挂牌督导办法》，2014年2月7日印发了《深化教育督导改革转变教育管理方式的意见》。这表明国家对教育督导工作

---

① 详见：王庆如. 中英督学权威性的比较与借鉴［J］. 深圳信息职业技术学院学报，2014（2）：21—24.

的高度重视，有利于提升我国教育督导现代化水平，促进我国教育事业又好又快地发展。然而，我国督学职能的现实情况并不容乐观，以下就中英督学的权威展开探讨。

督学制度起源于 1839 年的英国。前英国皇家总督学戴维·泰勒介绍说，英国政府督学是"标准的守护者"，拥有高度权威性，督学最重要的使命就是确保每一所学校的教育质量。我国督学制度始于 1991 年《国家教育委员会督学聘任暂行办法》的颁布，兼具"督学"与"督政"双重职能，承载国家教育决策的使命，却往往被视为"没有实权"的"荣誉象征"。我国督学权威地位渐失有其传统和现实的原因。

1. 督学权威的理论分析

在社会学中，最早研究个人权威来源问题的是法国社会学家涂尔干与德国社会学家韦伯。韦伯认为，任何组织的形成、管治、支配均建构于某种特定的权威之上。适当的权威能够消除混乱、带来秩序，而没有权威的组织将无法实现其组织目标。他提出了三种权威的形式，分别为传统权威、理性法定权威和魅力权威。依据权威与影响理论，传统权威和理性法定权威源于政策制度，属于强制性（Coercive power）权威（authority）；魅力权威则源于个人因素属于非强制性（Non-coercive power）权威（authority），两者互动共同构成督学的权威。

一是督学的强制性权威。对于督学来说，要有效行使职能就必须赋予其强制性权威，也就是理性法定权威和传统权威。强制性权威是指赋予特定职位的"合法"或"合理"性权威，它来自于在一个组织中的角色或位置。具体来说，督学的法定权利是督学权威的法定来源，人们对督学和被督导单位关系模式的认同，是督学权威的传统来源，两者构成了督学的强制性权威的来源。由此，法律、行政性和指令性的权威具有刚性和强制性的特点，是保障督学行使其职能的基础，也是其职能性质所决定的，是督学权威和影响的一方面。

二是督学的非强制性权威。督学影响与权威的另外一个重要来源是非强制性权威，也就是非行政性的、专业性影响。作为督学个体而言，他的权威首先是来自于社会对督学的普遍认可，而督学的自身素养、专业水平和督学实践则是督导活动有效开展的重要前提和动力。因为人们对强制性权威的服从可能有被迫的成分，但是对非强制性权威的服从则属于认同。因此，在督学的两个权威特性中，应更加强调其专业性的一面，淡化其行政性和刚性权威的一面。这是督学权威的另一面。

2. 督学权威性的审视与比较

督学是督导工作的实施者，督学的权威性必将影响督导工作的开展。笔者将从中英督学权威的属性、特征、身份等方面进行审视与比较（如表4-2所示）。

表4-2 中英督学权威性的审视比较

	英国[①]	中国[②]
属性	专业性强	行政性强
权威的特征	1. 法律赋予行政权威性 2. 专业权威性：①问责模式的专业性，②业务专业权威性 3. 督导机构对教育机构可作出终结性判断，影响学校未来发展 4. 赋有接近权利，即参与教育决策和政策制定	1. 法律赋予行政权威性 2. 专业权威性不足 3. 无权做出终结判断 4. 可向有关部门提出建议
督导类型	有固定督导对象，负责日常督导、指导	综合督导、专项督导
身份	专业人员	公务员、兼职人员

（1）英国督学的权威性

一是英国督学的权威性。专业性和独立性是英国教育督导制度的两大特点。英国强调督学的专业性，有着严格的督学遴选、培训、考核制度与程序，保障了督学具备很强的专业能力和较高的指导水平。英国的法律赋予督学强制性权威即行政权威性，督学有进入各种办学机构的权利。法律、行政性和指令性的权威具有硬性、强制性和刚性的特点，是保障督学行使其职能的基

[①] 王璐. 英国教育督导与评价[M]. 北京：高等教育出版社，2011：109-113.
[②] 黄崴. 教育督导学[M]. 北京：中国人民大学出版社，2011：3, 119-122, 125-130.

础。专业性权威是英国督学重要的属性，体现在：督学有通过专业的问责模式进行督导；督学自身具备很强的非强制性权威即专业权威性；督学被赋予对教育机构成败做出终结性判断的权利，影响着学校未来发展；督学赋有接近权利，可以参与国家及地区的教育决策和政策制定。

二是英国督导类型。英国督学的督导工作是以常规督导为主，有固定的督导对象，负责日常教育、教学及管理方面的督导和指导。

三是英国督学的身份是专业人员。英国更强调督学的专业性，淡化其行政性和刚性权威的一面，因此在群体定位上就将督学认定为专业人员，而不是官员。因为在建立督导制度之初，英国就不希望督导制度成为控制的手段，不希望督学以行政命令的手段来行使自己的职责，而要以专业的手段来行使职权和发挥影响。

（2）我国督学的权威性

一是督学的行政属性强。我国教育督导机构大多是在教育行政主管部门挂靠并不独立，因此督学职权的行使，难免会以行政主管部门的意志为导向。而且担任督学的人员也是以具有行政职务的政府相关部门的处长、中小学校长和幼儿园园长等为主，因此我国督学的行政性倾向明显。

二是督学权威的赋予。我国的法律赋予督学强制性权威即行政权威性，督学的非强制性权威较弱即专业权威性不强。我国督学主要是兼职督学，虽然一些校长等具备较高的管理水平，但在督学方面并不具备较强的专业能力。我国督学无权做出终结判断，因此这在一定程度上降低了教育督导的权威性。督学可向有关部门提出建议，缺少直接参与政策制定的途径。

三是督导类型主要是综合督导和专项督导，缺乏常规性的日常督导，更多的是临时性、突击性督查。

四是督学身份是公务员。我国相关法规规定督学的身份是公务员，但是在实践中占绝对大多数的兼职督学都不是公务员身份。

综上所述，中英两国督学的权威性差异较大，因此造成教育督导工作实施的效果差异较大。

3. 督学权威差异的原因剖析

通过对中英督学制度成立时间、机构设置、人员比例、任职条件、遴选程序等方面进行剖析，厘清造成中英督学权威性差异的原因（如表4—3所示）。

表 4-3 中英督学权威性差异的原因剖析

	英国①	中国②
成立时间	1839 年建立督导制度，成立女王督学团	1991 年颁布《国家教育委员会督学聘任暂行办法》
机构设置	独立	不完全独立
设置比例	英国每 1000 名教师配备一名皇家督学，每 200～300 名教师配备一名地方督学（视导员）	中小学教师人数超过千万，而专兼职督学仅约 5 万多人
任职条件	1. 强调专业学科领域的高水平 2. 掌握教育发展的基本问题 3. 有固定的日常督导对象 4. 良好的个人质量、平易近人 5. 良好的书面和口头表达能力 6. 专业人员	1. 强调政治性、政策性，良莠不齐 2. 要求较强的学科业务能力 3. 要求具备行政级别或职称 4. 良好的书面和口头表达能力 5. 要求身体健康 6. 公务员
遴选程序	1. 公开发布招聘信息 2. 严格的面试答辩、综合考察 3. 有相应的职业培训机构 4. 有相应的任职职业资格制度 5. 专业的职业 6. 经过严格的培训和见习	1. 公开发布选聘信息 2. 自下推荐，上级审核 3. 不定期培训 4. 无相应的任职职业资格制度 5. 专业性不足 6. 没有严格的培训和见习
职责	监督者、指导者、服务者	督学与督政，督政、指导者、服务者职能较弱
结果运用	向社会公布，直接决定学校发展	不向社会公布，间接影响学校发展

一是成立时间。英国是世界上建立督导制度最早的国家之一，也是教育

---

① 王璐. 英国教育督导与评价 [M]. 北京：高等教育出版社，2011：109-113.
② 黄崴. 教育督导学 [M]. 北京：中国人民大学出版社，2011：3，119-122，125-130.

督导制度比较完善的国家。英国督学制度起源于 1839 年，发展到今天已经非常完善和成熟。而我国教育督导制度于 1991 年颁布《国家教育委员会督学聘任暂行办法》之后，才逐步建立起来，发展至今也不过 20 余年，因此在很多方面还不成熟、不成体系，还需完善和改进。

二是督导机构设置。在世界范围内，英国是为数不多的教育督导机构独立设置的国家。1992 年英国将皇家督学团改制为英国教育标准局，并从原来的教育与就业部中独立出来，成为一个与其平行的国家教育督导机构，独立开展教育督导工作，在组织上独立于行政。督导机构的完全独立，有效地保证了督导评估不受来自内部的干扰和压力，[1] 这不仅使英国政府加强了对本国教育质量的监控与评估，同时也强化了教育督导的专业权威性和监督职能。[2]

我国于 2012 年 8 月 26 日印发《关于成立国务院教育督导委员会的通知》，这标志着我国教育督导机构开始独立设置。之前，我国的教育督导机构虽然在形式上是由各地人民政府设立的，实际上却是由教育行政部门代管，原初衷是在"督政"时由人民政府指挥，在"督学"时服从教育行政部门指挥，兼顾"督政"与"督学"两方面工作。但在实践中这种情况常使教育督导机构的处境十分尴尬，教育督导机构与教育行政部门、政府及有关职能部门的关系很难处理，导致教育督导机构难以有效地履行自己的职责。因此，我国教育督导工作仍深深地烙着"行政"的印记，这就弱化了教育督导的专业性，很难真正发挥督学的督导和指导作用。这也让教育督导工作变了"味"，甚至有的校长认为，督导就是应付上级教育行政部门的检查，而不是主动地在学校内涵发展方面进行整改与提升。

三是督学设置比例。督导队伍的建设是开展督导工作的重要基础，督导队伍的规模与合理的构成直接关系到督导任务能否正常与高质量的完成，进而影响到督导职能与作用的发挥。从总体情况来看，中国的督学数量配置比例仍远不及西方发达国家。英国每 1000 名教师配备一名皇家督学，每 200～300 名教师配备一名地方督学（视导员）；在法国，仅国民教育督导处的总督

---

[1] 钱一呈. 外国教育督导与评价制度研究 [M]. 北京：中央广播电视大学出版社，2006：4，43.

[2] 彭虹斌. 教育督导机构独立性的国际比较与启示 [J]. 外国中小学教育，2013 (2)：1.

学也达 160 人之多。[①] 合理的督学数量配置，成为英国等国家教育优质发展和教育质量的有力保障。在我国，共有 20 多万所中小学校，中小学生人数约 2 亿，[②] 中小学教师人数超过千万，而专兼职督学仅 5 万多人。[③] 我国如此薄弱的督学队伍设置，使督学作用的发挥显得杯水车薪，因而严重制约了督学职能的体现和影响力。

四是督学任职条件。教育督导工作的性质决定了督学队伍的专业性特点，英国对督学的要求除了较为全面地了解国家政策、教育理论、具有教育实践经验外，还十分强调督学必须是一个学段和一个教育领域或问题的专家。因为在学校督导过程中，督学就是按照学段和学校教育方面和领域来分工的，面对学校这样由高度专业化人员和内容所构成的组织，督学人员必须以高度专业化的知识背景、眼界和经验才能胜任，而这种高度的专业性正是英国督学崇高威望的核心所在。英国督学队伍基本上是由资深教育专家、行政管理专家和学科专家组成。英国督学任职条件中强调专业学科领域具备高水平，同时也要求督学要有敏锐的观察能力、良好的个人质量、做到平易近人。这样督学任职条件的高标准、高门槛，决定了英国拥有一支高水平的督学队伍，保证了教育督导工作的高效实施。

我国督学任职条件的落实存在诸多问题，因此没有形成严苛的督学专业权威考量制度。首先，督学要求本科学历和 10 年教育教学经验，但教育行业中大部分人都符合这个标准，遴选范围过宽让督学质素良莠不齐，为权力寻租埋下隐患。其次，很多教育督导部门的"督学"相当于一个领导职位，有的"督学"成了发挥权力"余热"的岗位，"督学"几乎成了解决官职的"道具"，督学主要从退休教师和领导中随意选拔的情况造成对督学工作的监督和评价的不便，难以保证督学的水平和督导工作的质量。此外，对督学的聘任行政化色彩太重，容易造成督学受到权利体制内的观念和利益的羁绊，不能

---

① 杨章怀，葛倩，等. 新中国最庞大督学队伍即将上任 [N]. 南方都市报，2012-4-5，(AA16).

② 教育部. 2019 全国教育事业发展统计公报 [R/OL]. http://www.moe.gov.cn/jyb_sjzl/sjzl_fztjgb/202005/t20200520_456751.html.

③ 吴晶. 国务院教育督导委员会成立首聘任 171 位国家督学 [EB/OL]. http://www.gov.cn/govweb/jrzg/2012-10/17/content_2245843.htm.

正常行使监督和管理的职责。

五是督学遴选程序。许多欧洲国家都制定了较高的督学任职资格标准，特别强调督学的专业化水平，并严格按照督学资格标准和程序选聘督学，确保督学队伍的质量。英国在督学遴选方面有着严苛的规定和程序，实行公开、公正、竞争上岗和择优录用的原则，应聘者要经过严格的面试答辩和综合考察，然后经过相应的职业培训机构培训，取得相应的任职职业资格制度，最后还要经过严格的培训和见习等程序，才能成为一名正式的、具备高水平专业能力的督学。

我国督导工作主要内容是视察、监督、指导和评价，其选聘一般是经过自下推荐、上级审核通过，基本符合选聘条件的人员即可上岗，没有经过严格的遴选和定期培训，也没有相应的任职职业资格制度和严格的见习培训等。我国督学大多采取任命的方式，退居二线的校长、行政人员、教研员往往成为人选，而这些人对督学的专业认同度并不高，仅靠工作经验和督学权力来开展工作，造成"只督不导"的尴尬境地。因此，我国督学在遴选程序中的专业考核与专业培训是缺失的，导致督学队伍中不乏"和稀泥""老好人"者，缺少专业能力强、坚守正义和公平公正的敢说真话的专家。这不仅消解了督学的权威性，更降低了督导工作的整体水平。

六是督学的职责。在英国教育督导制度漫长的发展历史中，督学常常被形容为政府的"监督者"（watchdog）或者政府的"耳目"（ears and eyes of the government），甚至被称为"教育警察"（education policemen），这表明政府在通过督学施加着自己的监督与影响。督学的督导评估工作使学校向政府和上级行政管理机构以及家长和社会负责，督学的工作对上关系到为政府提供可靠的决策依据，对下关系到决定学校的办学方向，对外关系到社会和家长对学校的看法，因此督学的工作对于推动英国教育发展起着不可替代的作用。

尽管我国的教育法、教育督导条例明确规定，教育督导是现代教育中不可或缺的一个环节。[①] 但是我国还没有形成真正意义上的教育督导制度，现实

---

① 孙明. 督学成为专业权威，才能避免"只督不导"[EB/OL]. http://edu.qq.com/a/20130925/012051.html.

中督学的作用也流于形式。教育督导本该成为各个学校的常规工作，督学应该行使监督、检查、评价和指导学校管理的职责，但是这些职责在现实中俨然成了走过场或权力寻租的代名词。这是因为：首先，我国法规条例中规定的督学职责并没有真正被赋予督学，造成督学"有责无权"。虽然政府和社会对督学寄予很高期望，但是在督导的现实过程中无法体现督学应有的价值。其次，督学不能独立行使职权，使得督导力度受到行政管理部门制约，造成督学不能真正发挥自身的威慑力和影响力，不能实现名副其实的监督功效。再次，督学不能有效"督政"，对教育投入、政策是否到位、缺位、越位有所涉及，但在实际督导工作中并不能解决学校这些方面的问题和需求。第四，督导工作习惯以居高临下、突击的方式进行监督检查，而对教育、教学及管理工作的日常服务指导职能被忽视。因此，造成督学的监督权、处理权的权威性职责逐步被弱化和异化。

七是督导结果运用。督导结果的运用是教育督导产生实效的重要环节。英国教育督导的结果运用有着严格的程序。英国皇家督学每四年对一所学校进行一次督导评估，督导结果向社会公布，对督导评估不合格的学校，限期2年内改进，否则就会被英国政府接收或勒令关闭。英国督导制度中强调督导结果运用，政府曾在国家重要媒体上公布18所"失败学校"的名单，并对其采取关闭学校、解聘校长和教职员工、学生自由选择学校等举措，将督导结果运用发挥到最大效能。

我国教育督学的督导实则为"指导性行政"，督学向行政首长提供的"督导报告"只是作为一种反馈咨询意见，只有在被行政领导采纳，成为行政决策内容发布实施后，督导结果才能发挥行政作用。然而，督导报告是否奏效，督学们是无法直接看到效果的。据国家督学皮俊林介绍，不是督学提出什么意见，当地就立刻能够整改。由于督学的意见不是行政命令，也并不具备强制性，只能告诉对方结果，供对方参考，是否采纳则无法干涉。因此，造成督导结果运用不力，间接分离了督导效果、弱化了督学的权威。

二、美国教育督导制度

美国教育督导历史虽然不是很长，但是其内容丰富，方式方法日趋完善，质量和水平也在日益提高。随着现代社会生产力、现代科学技术和现代教育的发展，美国教育督导的科学化和规范化建设水平越来越高，并展示出强大的活力，有力地促进了其教育事业的健康发展，保证其教育事业位于世界领先水平。

(一) 教育督导制度形成与特点

美国没有全国统一的教育制度，也没有一个统管全国教育督导工作的行政机构。美国教育制度中，与教育督导关系最为密切的特点有两个：一是高度的地方分权，二是教育呈现高度的多样化。因而，教育督导工作也呈现出地方分权的管理体制；同时，各区之间的教育标准、教学方法和学业成就评估方法上各不相同，各州内部的学区之间在这些方面也不相同。

1. 督导机构阵容整齐、规模庞大

美国教育督导机构设置主要分联邦、州、学区三级设置。

一是联邦督导机构。美国在联邦一级设立了国家总督导员，对教育部和各州的教育行政工作进行督导，它对教育施加影响主要以提供一些教育项目的经费资助为手段。

二是州一级督导机构（如图 4—3 所示）。美国设立州督导长（也称州教

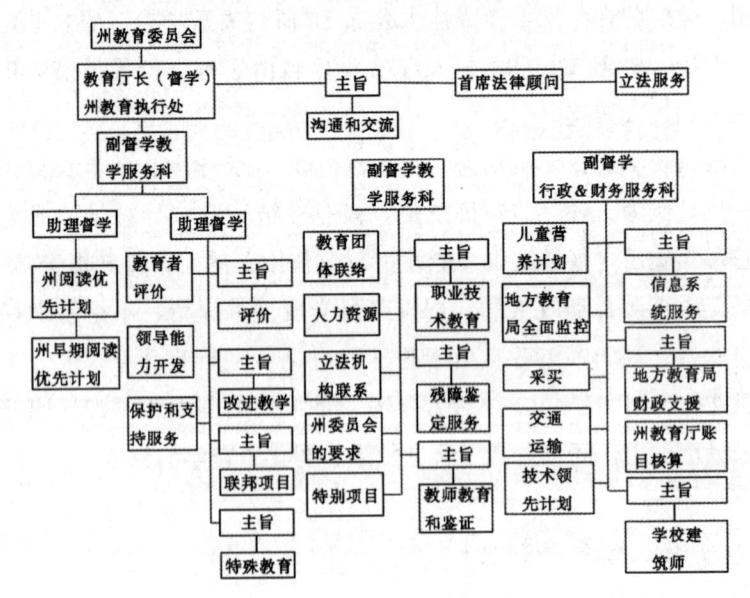

图 4—3 美国州教育督导机构图

育总监），由州教育局（厅）长担任。州督导长是州的最高教育行政官员，一般要有7年的教学和教育行政管理经验，由公民选举产生，也可由州教育董事会推荐或由州长直接委任，任期一般为3—5年。州督导长之下设若干督导员，负责对教育的各个方面进行督导。主要涉及教育财政、教育法规、学校管理、学校设施、课程和教学、各类教育、中小学校长评价、教师鉴定等。州教育厅一般下设初等教育、中等教育、职业教育、高等教育等部门，负责各学区的辅导工作。

三是学区的督导机构。地方一级教育督导由学区负责，是实施教育督导的基层单位，一般由教育董事会聘任一名教育专业人士担任督导长（总监），组成学区办公室，统管教育督导和教育行政的各项事务。学区督导机构主要由督导长、助理督导长、指导员、督学、方案专家、评估员、协调员和咨询员等组成。这些人员都有自己明确的分工：督导长向州督导长负责；助理督导长负责教学和后勤方面的督导；指导员负责对教学的某一个领域进行指导；督学负责督导评估的具体指导和咨询；方案专家负责督导学校各项工作方案的制定；评估员负责对学校工作的进展情况，尤其是对方案目标的达成情况进行评估；协调员负责学校之间以及学校与社会之间的协调工作；咨询员负责对具体的课堂教学进行咨询。

四是中介组织。在政府机构之外，美国还有一些全国性的组织，以推动教育督导或实施教育督导。其中，美国"国家教育进步评估"（The National Assessment Of Educational Progress，NAEP）由全国评价管理委员会指导，由美国国家教育统计中心和教育考试中心主持，是美国唯一的国家级学生学习成绩评价机构，也是美国国内唯一长期的且具有全国代表性的教育评价体系。评估主要目的是测评美国学生各主要学习科目的知识和技能水平，为教育者和政策制定者提供关于当前美国学生学业水平的最新信息，也被称为"国家成绩报告单"（Nation's Report Card）。它在美国教育领域占据着独特的地位，而且在世界范围内也产生了重要影响，成为一些国家建立国家教育质量监测体系的榜样，被多个国家借鉴和模仿。

综上所述，尽管美国全国各地教育制度不一，各州教育状况错综复杂，发展状况不平衡，体现在教育督导方面的法规和制度差异很大，督导人员的职务名称、资格、任用、职责和督导实施办法等在各州之间也有所不同，但是美国的教育督导在各州有一点是共同的,即督导队伍阵容整齐,规模庞大。从联邦教育部到基层学区,都有一支由各方面的专家、教育官员、督学、学生家长、社会各界知名人士等组成的督导队伍。

2. 督导制度发展历程

美国学者奈塞根据教育督导的目标和功能方面的演变,将美国教育督导划分为四个发展阶段(如表 4—4 所示)。

表 4—4　美国教育督导发展阶段[①]

	时间段	督导目标和功能
1	1624—1875	行政视察时期
2	1876—1936	效率为指导的专家督导时期
3	1937—1959	重视人际关系,致力于改进教学时期
4	1960—1970	以研究和探索为督导方针的时期
5	1970—至今	以数据分析为主导的时期

美国的督导制度不同于其他国家,美国的做法是以辅导取代督导。这主要是由美国教育督导的职能和观念演变决定的。19 世纪末 20 世纪初,资本主义垄断经济飞速发展,科技日新月异,学校在课程设置、教学方法、管理模式等方面发生了较大变化,从而也使教育督导的职能和机构设置有了新的变化,督导工作开始偏重督导教师和改进教学。20 世纪 70 年代以来,美国教育督导帮助教师改进教学职能进一步加强。督导被认为是学校系统所提供的专业教学上的服务,以协助教师改善课程及教学情景。督导工作已成为帮助教师改进教学与课程设计的过程。

近年来美国教育督导方法呈现出以下特点和变化:一是"临床视导"(clinical supervision)被认为是一种良好的督导方式,强调深入课堂观察教学,与教师共同分析教学、提出改进意见,这一督导方式被广泛接受和采纳。同时,为了弥补"临床视导"的不足,教育督导也开始关注督导对象的整体性,注重整体督导。二是转变"传递式"督导模式,就是给学校、教师、学生充分的自由,以学校改进、教师专业发展和学生个体需求为出发点,由

---

① National Assessment of Educational Progress (NAEP): ETS K—12 Student Assessment Programs [EB/OL]. http://www.ets.org/k12/assessments/federal/naep.

"传递模式"转向"发展模式",进而转变为"发展性督导"。三是教育督导的任务转变为要力图改革,追求人力资源开发式教育督导,实现促进学校组织的改善和学校中每个教师、学生个体的不断进步。

3. 教育督导制度的特点

在美国庞大的教育组织机构中,教育督导作为一个举足轻重的子系统占据了重要位置,在提高美国公共教育质量的过程中发挥了极其重要的作用。其主要特点是:

一是教育督导机构独立性强。一方面,督导机构脱离教育行政机构而独立设置。美国教育督导制度随着美国教育的发展,逐渐从一般的行政管理中独立出来,以学校教师的专业发展和专业成长、学校的教学质量的提高为宗旨。另一方面,根据督导的主体不同,美国的督导机构独立分为三大评估系统:美国国家教育进步评估(NAEP)主要评估全美中小学校的学生学业成就,美国国家专业教学标准委员会(NBPTS)主要评估教师,美国州际学校领导者证书协会(ISLLC)主要评估学校校长。这样可以细分领域督导,可以让督导评估更为独立、专业和深入。

二是专业性、服务性强。美国的教育督导发展到现代,特别注重对教学的督导,也就是尤其注重教育督导在提高教学质量方面所发挥的作用,尤其因强调教育督导制度的咨询性、服务性、专业性而独具一格,更让世人瞩目。美国的教育督导制度和美国的政治体制匹配,美国虽然在联邦政府一级设立了教育部,但实际上均以地方分权为主。美国联邦政府的教育部从职能上来说,更多的偏向于协同和激励,因为它对各州的教育部门并不具有直接管辖的权利。

督导人员一般与学生家长保持一定程度的联系,以便及时了解学生和家长对课程、教学和学校全面工作的意见和建议。尤其是在学区,教学督导的辅导和服务功能更能发挥地淋漓尽致,具体体现为:

首先,是协助。督导员被视为"教师的教师",他们最重要的工作就是把不合格的教师培养为称职乃至优秀的教师。一般四个方面的指导:(1)帮助教师制定教学方案;(2)帮助和指导教师实施教学方案;(3)帮助和指导教师对教学效果进行分析;(4)帮助教师处理常见的课堂问题。

其次,是培训。美国大多数州的督导机构负责实施教师的在职进修教育,如组织各种研究班、讲习会等。再次，是研究。"辅导活动是辅导员对课程的撰写和修订、教学材料的准备以及对整个教育内容的评价的广泛参与。"美国各州的教育督导人员负责筹备、召集教员研究讨论。常见的工作方式主要有视访学校、听课、与教师个别谈话、召集教师会议等。另外，将行政性辅导、服务性辅导结合起来，也是教育辅导的一种重要方式。

三是分工明确、协作能力强。教育部各州教育部门的协作，主要通过以下途径来实现：（1）提供教育统计和咨询。对全国自主或拨款的教育项目进行统计，为各州的教育活动提供咨和参考等。所以美国教育部的机构职能，与中央集权制国家的教育部有着明显的差别。（2）分级管理，但协作紧密。美国州一级的教育主管部门和学区一级的教育部门，对美国教育的发展起着关键性作用。由于美国各州的权力相对较大，相应的州一级教育部门权力也较大。州一级的教育决定或法令，联邦教育部是无权过问的，所以美国各州的教育各有差异。这些都直接影响到美国教育督导的工作范围和职权发挥。可以说，美国州一级的教育督导，在这个国家的督导工作中起着至关重要的作用。而学区一级的教育督导相对州一级来说，更为具体，他们共同构成了美国教育督导制度最具活力的部分。

美国特定的历史环境、文化、教育、政治、经济等共同发展，孕育了美国教育督导制度的这些显著的特征。因此，了解美国教育督导的历史发展及其演变过程，有助于我们认识并深入理解教育发展的某些规律，以便更好的指导教育督导改革。

(二) 督导人员专业要求严格

美国教育行政部门对教育督导人员本身素质和专业素质的要求都是相当高的。因为他们认为，只有高水平的人员素养才能提供高质量的学校教学。

1. 专兼职督学

美国教育督导人员有专职教育督导人员和兼任教育督导人员之分。兼任教育督导人员的资格，根据其具体督导的职责来确定。一般来说，兼任督导人员都在教育行政方面负有明确的职责，一般是指学监、副学监和校长等。由于他们更多的时间忙于教育行政管理事务，所以各州一般在这种兼任督导人员之下设若干专职督导员，从而可以让其教育督导职责得以顺利实施。

2. 督学遴选严格

推荐制、委任制、招聘制和考试制都是选拔任命督导人员的方式。在实际操作过程中，不是孤立地使用某一种方式，而是较多地采用综合考核制。美国的州和学区两级督导人员大多由教育厅厅长和局长向本级教育委员会推荐，由同级教育行政部门任命。

总之，各州的教育督导人员必须经过专门训练，掌握专门的知识和技能，她们都有学士或硕士以上学位，并有一定的教学和学校管理经验。在录用督导人员时，都要进行严格的考试，包括笔试和口试。

3. 督学分工明确细致

在美国，地方督学才是教育督导体系中真正关键所在。美国的地方督学主要是指学区一级的教育督导人员。大一些的学区按教育的级别设置督导人员，还有的以学校所设课程学科为分工标准。学区督导人员的主要工作是帮助教师解决课程和教学方面的问题。这些督导人员专注于某个特定的领域，将精力投入在改进课程与教学的事业上，对最近教学发展的内容、方法了如指掌，能够站在个别班级的角度上进行改革。

州和学区督学的岗位设置有具体的分工。州一级的主要教学督导人员是负责课程与教学的副督学（assistant superintendent），对州教育厅和州立法机构负责，开展课程和教学的监督指导工作，直接从属于州教育厅长。辅助副督学完成监督全州所有公立学校的课程和教学计划的职责的人员分别有督导员、指导员、咨询员和协调员。这些督导人员分别研究初等、中等和高等教育，都是课程和教学领域的专家，更重要的是他们都有各自熟悉擅长的领域，比如超常儿童、阅读、数学、科学等，他们通过自己的能力促进一个州教育良好地发展。为了切实保障其教育督导功能的实施，州一级的教学督导的主要工作包括监督教科书的采用，举办课程和教学研讨会。同时，为了随时准备接受联邦的资助，各个州还鼓励开展课程和教学手段方面的实验，制定教师通用能力要求和高中最低毕业标准。

不同于他国的是，美国的学校校长直接承担督导任务。在学校，校长不仅要监管教学督导的事务，而且还要处理教育行政管理方面的事务。为了使校长的教学督导职能发挥得更加淋漓尽致，起辅助作用但十分重要的校长助理诞生了，他帮助校长负责课程和教学的督导。有时作为副校长助手的课程协调员或者骨干教师，会兼任教学督导职责。

（三）教育督导指标体系

美国的学生、教师和教育领导者是学校教育督导评估当中三个最主要的评估客体。从评估标准的权威性来看，美国国家教育进步评估（NAEP）承担全美中小学校的学生学业方面的评估工作，被誉为"国家报告单"；美国国家专业教学标准委员会（NBPTS）颁布的教师评估标准已经取得全美的一致认可；美国州际学校领导者证书协会（ISLLC）是针对全美中小学校的教育领导而制订的评估标准，从根本上保证其评估指标具有的代表性，突出了研究的实践价值。以下主要介绍这三大具有权威性和代表性的评估标准：

1. 教师评价核心指标

NBPTS 教师评估标准已得到全美 49 个州、500 多个学区和众多地方教育局的立法认可，已成为美国最具有影响力的教师评估标准。依据我国教育督导评估事业发展的需要，合理地借鉴美国的经验，对我国教师督导评估指标的制订具有十分重要的意义。

该教师评估标准主要有五个核心维度，每个核心维度下面还有更为详细的 21 个二级指标，如表 4—5 所示：

表 4—5　教师评价指标体系[①]

一级指标	二级指标
1　教师致力于学生及其学习	1.1 让所有学生获得知识，相信所有学生都拥有学习的潜能； 1.2 对学生一视同仁，承认个体差异性，并在实践中充分考虑这些差异； 1.3 了解学生是怎样发展和学习的； 1.4 尊重学生因来自不同文化、不同家庭在课堂内所表现出的差异； 1.5 关注学生的自我意识、动力、学习效果及同伴关系； 1.6 关注对学生个性发展和公民责任感的培养。

---

① Standards for NBPTS. The Five Core Propositions - NBPTS. Shaping the profession that shapes America's future [EB/OL]. https：//www.nbpts.org/standards-five-core-propositions/.

续表

2	教师知道他们所教的科目以及如何向学生教授这些科目	2.1 掌握所教学科的知识，透彻地了解所教学科的发展历史、框架以及在社会中的应用； 2.2 具备讲授所教学科知识的技能和经验，了解学生学习所教学科的技能、前概念上的差距（包括技能、知识、概念等）； 2.3 能够使用不同的教学方法和策略进行理解性教学。
3	教师负责管理和监督学生的学习	3.1 能进行高效能教学（有效教学），具备广博的教学技术和方法，并能运用得当，能始终激发学生的学习动力，使其聚焦学习、投入学习； 3.2 懂得如何确保学生参与，营造一个秩序井然的学习环境，懂得如何组织教学以达到教学目标； 3.3 有能力评价个体学生和班级的进步； 3.4 有能力采用多种方法测量学生的成长进步和理解力，能向家长清楚地说明学生的表现。
4	教师系统地思考自己的实践并从经验中学习	4.1 教师是学生学习的榜样——会读书、质疑、创新、勇于尝试、接受新事物； 4.2 熟知有关学习的理论和教学策略，始终关注和了解国家当前的教育问题及焦点； 4.3 经常批判性地审视自身的教学实践，深化知识，拓展所有的专业技能、将新的发现运用到实践中。
5	教师是学习共同体的成员	5.1 能与他人合作，以改善学生的学习； 5.2 具有领导力，懂得如何通过努力与社区团体和企业建立起合作伙伴关系； 5.3 在制订教学策略和课程发展方面，能与其他专业人士合作； 5.4 能够评价学校的发展和对资源的分配，以实现国家和地区的教育目标； 5.5 深知如何与家长合作，使他们富有成效地参与学校的工作。

2. 中小学生学业成就评价指标

NAEP 是美国目前唯一具有全国代表性的、持续的教育质量评估体系（如表 4—6 所示），主要目的是向美国公众报告全美中小学学生的教育质量状况，促进学生学业成绩的提升，提高基础教育质量。自 NAEP 成立以来，它已经周期性地对中、小学生的语文阅读、写作、数学等多门学科进行了评测，评测结果享有很高的认可度。

表 4—6　中小学生学业成就评价指标[①]

	指标
1	全国及各州学生在学科领域知道什么、能做什么
2	全国性的学业评估是以 4、8、12 年级学生为样本
3	数学和语文阅读每两年评估一次
4	科学和写作每四年评估一次
5	周期性评估的学科有艺术、公民教育、经济、地理、美国历史、技术与工学
6	长期趋势评估学科包括语文阅读和数学
7	学科评估框架规定了学生学业成就的达标标准
8	教师、校长、教育研究者和政策制定者依据评估结果判定学生学业进步幅度

国家评估监管委员会（National Assessment Governing Board，NAGB）为美国 NAEP 的学科评估制订详细的学科评估框架。不同的学科采用相应的评估框架，每个学科评估框架规定了每个年级的学生学业成就的达标标准。在长期趋势评估中，根据每个科目评估内容的不同，以 50 分为单位，划分为 150、200、250、300 和 350 五个等级，这些分数用于体现每一个等级的学生掌握知识和技能的情况。[②]

3. 学校领导者评价指标

[①] National Assessment of Educational Progress [EB/OL]. http://nces.ed.gov/nationsreportcard/.

[②] [美] 张华华，王纯. 美国教育进展评估带给我们什么启示 [J]. 教育测量与评价（理论版），2010（2）：4—7.

2008年3月，美国州立学校主任官员委员（Council of Chief State School Officers，CCSSO）颁布了《教育领导政策标准》（以下简称 ISLLC 2008），该标准帮助全美各州制定与中小学校领导者相关的政策和指导方针，达到精准地测量、评估校长领导行为。ISLLC 2008 不仅适用于全美中小学校校长，而且还包括教育领域中其它正式领导的测评，目前在全美约 40 多个州实施。ISLLC 2008 在内容表述上更加简练，语言描述更为精准，仅用 6 项一级指标，31 项二级指标就勾勒出一名合格教育领导者应具有的综合素质（如表 4－7 所示）。

表 4－7　学校领导这评价指标[1][2]

	一级指标	二级指标
1	发展、传递、实施与所有利益相关者共享和支持的学习蓝图	1.1 共同分享、发展和实现学校愿景和使命； 1.2 收集并运用数据来确定目标，评估学校的效能，提高组织的学习性； 1.3 为达到目标对校本规划进行创新并加以实施； 1.4 促进不间断的、可持续的学校改进； 1.5 监控与评估校本规划的进展，并加以修订。
2	倡导、培育和保持有助于学生学习及教职员工专业发展的校园文化和教学设计	2.1 营造合作、信任、相互学习和具有高期望值的文化； 2.2 创造一个综合性、严谨和具有连贯性的课程体系； 2.3 营造适合学生且能够激发学生学习的氛围； 2.4 对教师的教学有所监督和指导； 2.5 开发能够督促学生进步的评测和问责的系统； 2.6 发展和提升所有教职工的教学能力和领导力； 2.7 最大化地将时间用于高质量的教学； 2.8 使用最有效、最适合的技术来支持教学和学习； 2.9 对教师教学对学生的影响进行监测和评价。

---

① Educational Leadership Policy Standards：ISLLC 2008 [EB/OL]. http://www.ccsso.org/Resources/Publications/Educational Leadership Policy Standards ISLLC2008 as Adopted by the National Policy Board for Educational Administration.html.

② 杨志明. 美国中小学校督导评估体系研究 [D]. 沈阳：沈阳师范大学，2015：33.

续表

3	确保对学校的组织、运行和资源的管理，从而创设一种安全、有效率、有效能的学习环境	3.1 建立监控、评价、管理及可操作的系统； 3.2 对获取的人、财、物、技术进行合理的分配和协调使用； 3.3 提高和保障学生和教职员工的福利和安全； 3.4 提升分布式领导力的潜能； 3.5 确保教师与学校组织的时间用于保证教学质量的提升和学生学习。
4	与教员和社区成员进行合作，应对多元化的社区利益与需求，调动社区的各种资源	4.1 收集和分析有关教育氛围的数据和信息； 4.2 促进对社区多元文化、社会和才智资源的理解、辨别以及利用； 4.3 在家庭和监护人之间建立起积极的关系； 4.4 同社区建立富有成效的合作关系。
5	把正直、公平和道德礼仪融于行动中	5.1 建立对每位学生的学业成就和社会成就的问责制； 5.2 成为具有自知之明、反思能力、言行端庄和符合道德行为的领导者； 5.3 捍卫民主、平等和多元化的价值观； 5.4 对决策中潜在的道德和法律具备思考和评价力； 5.5 学校应当能促进社会公平并确保学生的需求。
6	理解、回应、影响到政治、社会、经济、法律和文化背景	6.1 应为孩子、家庭和关注者而提倡相关事宜； 6.2 以行动来落实地方、学区、州和国家颁布有助于学生学习的决策； 6.3 能评定、分析和预测学校的发展趋势，并能调整领导策略。

校长是一所学校成败的决定性因素。对于一所学校来说，需要有一位能够带领所有人建立共同的学校发展愿景并指明定位和发展方向，通过共同创建高效的学习型组织和系统，共同实现学校的发展目标。而保障学校提高教育质量归根结底就是为了让学生取得学业上的成就，获得全面发展。

(四) 督导方式灵活多样

美国教育督导工作涉及的范围较广，头绪很多，这就对教育督导人员的督导方法和工作方式提出了挑战。由于美国是一个高度分权的国家，各州的教育管理体制和办学方式各有不同，因而其督导方式方法既独立也灵活多样。

1. 以独立督导为主

美国教育督导的一种常规督导方式就是独立督导，即教育督导人员依据分工情况在本职职责范围内进行的督导。但是到了当代，美国也经常采用集体督导的方式对教育活动进行督导，即由多人临时组织起来的督导团队，根据需要灵活编组，共同就教育的某一问题进行督导。此外，从督导的计划性方面来说，美国的督导人员更多使用的是临时督导的工作方式，即他们"事前并无预定的日程表，一般是在感到有必要或接受请求时才会去督导"。[①] 从某种意义上来讲，这种督导当时也是一种被动的督导。

从督导人员与督导对象的数量比例来看，美国教育督导活动不可能对全国的所有学校进行全面督导，更多的是采取选择督导或取样督导的方式，借以了解整个国家的教育概况，作为决策的依据。一般来说，学区教育督导具有综合性，更多的采用全面督导的方式进行。州一级的教育督导管理的领域较多、范围较大，比较多地采用选择督导或抽样督导方式。

2. 督导工作深度介入教学

美国教育督导的工作方法主要有观察法、分析法、检查测验法、座谈调查法等几类。[②] 美国的督学一般都会用较长的时间观察教学，也就是所谓的教学观察法，这正凸显了美国教育督导的服务性。其具体做法是督导人员深入课堂了解教学情况，分析学生的作业、学校有关材料和文件等，并且了解教师采用的教材、方法是否适合学生特点，对学生的期望值是否适度，等等。同时，教育督导人员还会采用检查测验法，就是对学生进行口头或书面测验，并对结果加以分析。随着教育技术学和相关学科的发展，教育督导人员也较多地采用调查问卷等工具，对某些特定对象和专题进行了解，从而帮助其实施督导工作。

例如，在教育的基层单位一个学区中，为了更加全面的了解本学区或者

---

① 杨天平. 英法日美教育督导工作之比较 [J]. 比较教育研究，1995（3）：63.
② 李小艳. 美国教育督导制度的历史发展研究 [D]. 成都：四川师范大学，2010：33.

本校的教育情况，教育督导人员向各方人员进行座谈了解情况；或者参加学校的各种集会和活动等。美国的教育督导人员多样的工作方法，为教育督导工作的功能发挥增色不少。

3. 督导方法各有不同

美国是个高度分权的国家，因而各地督导实施方式方法各有不同。总的说来，各州的教育督导实施方法主要有三种：行政性辅导、服务性辅导和上述二者的结合。行政性辅导一般由教育机构组织进行，通常由教育机构官员、社会人士、教师代表、家长代表组成辅导工作组，到有关地区或学校进行定期或不定期的视访，其目的在于了解情况、发现问题，以便及时反应给当地的教育机关。服务性辅导作为一项经常性的工作，一般由专职督导人员实施，常见的工作方式包括定期不定期地视导学校，与教师个别谈话、听课、召集教师会议等。

三、香港地区基础教育评核制度

教育质量保障体系是决定教育高度和深度的前提。因此，加强基础教育质量评估势在必行。目前，基础教育质量评估引起了世界范围内的重视。近年，由经合组织（OECD）发起的国际学生评估项目（PISA），以及由国际教育成就评价协会（IEA）组织的国际数学和科学趋势评测（TIMSS），引起了中西方学者和相关部门对教育质量评估的高度重视。

香港特别行政区是我国经济最发达的地区之一，在世界经济体排行榜中位列第六。不仅如此，香港在教育方面也卓有成效。在 2012 年的 PISA 测试中，香港排名世界第三，全世界为之震撼。香港构建了基础教育质量评估架构，以自我评估（自我监督）和校外评估（外部监督）相结合，不断提高中小学教育质量，不断向实现优质教育的目标迈进。

（一）基础教育发展现状

1. 办学模式和学校数量分布

截至 2018 年底，香港地区共有中小学校 1084 所，根据不同政府资助模式分为三大类：公营学校、受公款资助学校和私立学校。公营学校包括官立学校、资助学校、按位津贴学校，是由政府全额补贴，学生免费就学；受公款资助学校也称为直资学校，政府按学生人数以整笔拨款形式向学校发放补贴，学校经过教育局批准后，可以收取一定比例的学费。私立学校分为本地私立学校、私立独立学校、英基学校协会、国际学校，学校完全是以自负盈亏的方式运作如表 4-8 所示：

表 4-8　香港地区学校办学模式及数量分布①

	学校类型	小学	中学	学校总数
公营学校 津贴模式：政府全资 学费：免费	官立学校	34	31	65
	资助学校	422	359	781
	按位津贴学校	0	2	2
受公款资助学校 津贴模式：政府按学生人数以整笔拨款形式向学校发放 学费：可以收取（须经教育局批准）	直资学校	12	51	72
		9（同时开办中小学）		
	小计			920
私立学校 以自负盈亏的方式运作	本地私立学校	56	12	68
	私立独立学校	8	8	16
	英基学校协会	9	5	14
	国际学校	37	29	66
	小计	110	54	164
总计				1084

2. 教育经费支出情况

截至 2018 年底，香港地区教育的经常教育开支总额为 846 亿元港元，占香港特区政府总开支的 20.8%。其中，学前教育支出 65 亿港元，占 7.7%；小学教育 196 亿港元，占 23.1%；中学教育支出 275 亿港元，占 32.5%；专上教育支出 224 亿港元，占 26.5%；职业教育支出 28 亿港元，占 3.3%；特

---

① 数据来源：笔者 2019 年 1 月赴香港特区政府教育局访问时采集。

殊教育支出 26 亿港元，占 3.1%；其它支出 32 亿港元，占 3.8%。① 香港地区基础教育的主管部门是香港特区政府教育局，负责制定、发展和研究教育政策，监管教育计划的执行情况。香港地区教育投入大并逐年增加，一般占财政支出 22% 左右，2005 至 2006 年最高，占 24%；2007 年教育预算支出为 564.5 亿港元；2008 年教育预算支出为 511 亿港元。2019 年财政年度的教育拨款总额，大幅增加至 28.4%，更预留共 34 亿港元经常性款项予教育之用，充分反映特区政府对投资教育的长远承担。②

3. 免费教育政策演进

香港地区于 1978 年开始推行的小一至中三的"九年免费教育"；回归后，特区政府由 2008/2009 学年起，每年斥资 10 至 12 亿港元，将免费教育由 9 年伸延至高中 12 年；2017 年起，香港地区免费教育延至 15 年，增加了幼稚园 3 年的学前免费教育。

（二）教育质素评估发展历程

1. 源于学校管理新措施

1991 年开始，香港地区教育部门开始推行学校管理新措施，主要内容是权力下放，学校在行政管理方面有更大的自主空间，学校有责任自我完善和提供优质教育。香港教育统筹委员会于 1997 年发布的第七号报告书——《优质学校教育》，细化了教育质量的概念及教育质量体系的责任构架。2000 年教育局强调实施校本管理。2003—2004 学年，香港特区政府教育局制订了"学校发展与问责架构"，引导学校进行自我评估。2003—2008 年完成第一周期的学校质素评估，2008—2015 年开始了第二个周期的学校质素评估。经过第一周期的探索运行和经验总结，为配合教育发展和课程改革、强调问责和透明度、倾向更多运用数据，第二周期的质素评估工作做出了一些调整，主要是简化程序、提供电子平台处理数据、减轻教师工作量，而外评报告安排不变。2015 年 6 月 19 日，香港特区政府教育局发出《下一阶段学校发展与问责架构的推行》通告（第 15/2015 号），取代了 2008 年发布的第 13/2008 号通告，

---

① 数据来源：笔者 2019 年 1 月赴香港特区政府教育局访问时采集。
② 香港特区立法会教育事务委员会. 行政长官 2018 年施政报告：教育措施 [R]. 2018 年 11 月 2 日会议讨论文件.

肯定了学校自我评估和校外评估对促进学校改善与发展的作用。①

2. 质素评估建构背景

香港特区政府教育局自 2003 年开始推行"学校发展与问责架构"，目的是配合校本管理的精神，推动学校透过系统的及基于实证的自我评估（自评），辅以校外评核（外评），持续发展与改善，并体现问责精神。学校表现指标是配合"学校发展与问责架构"的推行而研发的一套重要工具，配合相关实证和数据，协助学校系统地监测和检查各发展指标情况，以及重点工作的成效，以便不断完善学校发展规划，促进学生的学习成效。学校表现指标自推出后获广泛采用，已成为学校及教育局检视学校发展工作的共通平台。

3. 质素评估逐步完善

为配合由 2015/2016 学年起下一阶段学校发展与问责架构的推行，教育局通过由前线学校人员组成的工作小组和咨询业界意见等措施，全面检视学校表现指标的内容，以便配合教育的最新发展，作出适时更新。就业界的意见和参考推行学校发展与问责架构的经验，教育局更新了表现指标"优异"及"尚可"两个层次的表现例证，而其他内容，包括表现指标的架构、理念、表现层次及重点问题则维持不变。

2016 年发布的《香港学校表现指标（中学、小学及特殊学校适用）》是学校表现指标的修订版，共分四章：表现指标的架构及特点、表现指标的理念、表现层次及表现例证、表现指标的内容，分别就指标架构及特点、指标理念、表现层次及指标内容等作详细阐述，以供学校参考。修订版由 2016/17 学年起供中学、小学、特殊学校及视学人员使用。

4. 质素评估取得成效

整个架构以"策划—推行—评估"为工作程序，推动学校有系统地进行自我评估。学校发展计划以 3 年为一个周期，通过执行、监察，及评估工作的成效，提升学校的整体表现。学校在参考香港学校表现指标的基础上，进行校情检视，再按照优先次序对学校的关注事项（不超过 3 个）进行排列，

---

① 香港特区政府教育局. 下一阶段学校发展与问责架构的推行［EB/OL］. http://www.edb.gov.hk/attachment/sc/sch—admin/sch—quality—assurance/circulars—letter/edbc15011_next_phase_sda_sc.pdf.

从而制定出学校发展计划。学校在发展计划中渗透了自我评估,并使自我评估成为学校日常工作的一个重要部分,提升了学校工作效率。

(三) 质素评价体系的架构

1. 质素评估主旨

香港地区的教育质量评估架构可以追溯到香港教育统筹委员会于1997年发布的第七号报告书——《优质学校教育》,其细化了教育质量的评价体系和责任构架,完善了香港地区的教育质量保障体系。2003—2004学年,香港特区政府教育局制订了"学校发展与问责架构",结合学校发展周期的"策划—推行—评估"程序,推动学校系统地、科学地进行自我评估,最终达到促进学校发展和提升学生学习表现的目的。

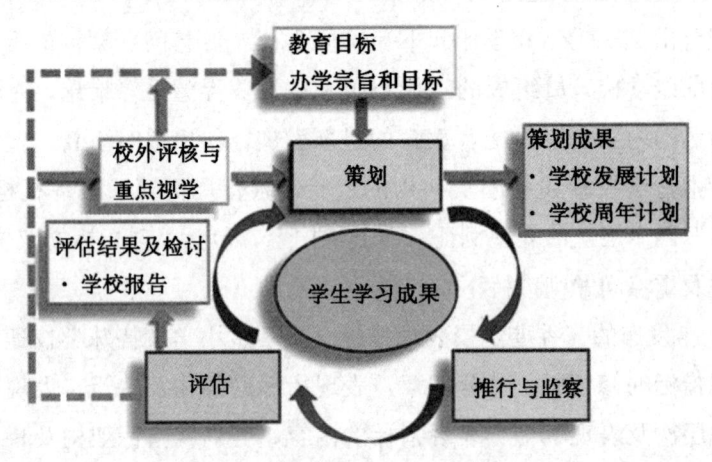

图 4—4 学校发展与问责架构

"学校发展与问责架构"(如图4—4所示)强调以学校自我评估(自评)为优化教育工作的核心,辅以视学和校外评核(外评),推动学校有系统地开展"策划—推行—评估"的自评循环,促进自我完善。外评队伍核实学校自评的表现,以及为学校的进一步发展提供意见。教育局期望学校透过自评及外评,促进学校持续发展及加强问责,以改善学生学习。

辅以校外评估推行以来,学校在指标范围内进行自我评估,加深了学校对自身发展及自评工作的认识。同时,学校将反思结果及周年发展计划发布到学校网站,提高管理的透明度,接受来自家长、社会、媒体等的监督。

重点视学是质素保证视学的另一种模式,涵盖各学习领域、课程发展趋势及政策措施相关的主题。重点视学一方面可为学校提供专业意见和反馈,促进学校的发展;另一方面亦可让教育局了解有关课程和教育政策在学校推行的情况。

2. 学校自评实施程序

学校自我完善的工作循环(如图4-5所示),包括:(1)办学宗旨和目标:学校根据办学宗旨及学生需要拟订发展计划,其中包括发展目标、周年目标和评估方法和工作表现的指标;(2)推行及监察:在学年中推行有关计划,监察进度及评估工作表现和成效;(3)评估工作成效:在学年结束时总结各项评估工作,并且拟备周年报告,供家长阅览;(4)发展目标及周年目标:学校根据评估结果及其他因素,修订发展目标和制订下年度目标;(5)学校自我完善的核心:学校不断的自我检视和改善,以提升学生的学业和非学业表现。

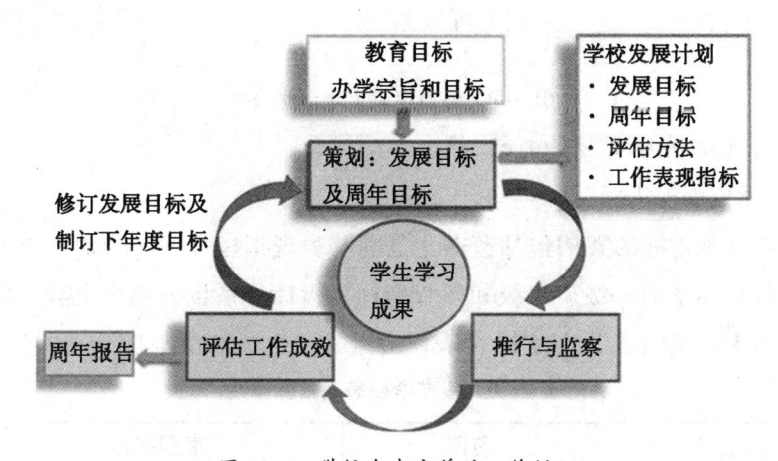

图4-5 学校自我完善的工作循环

学校能否有策略地规划工作和孕育反思文化,是促进学校持续发展和改善的关键。学校发展计划、学校周年计划和学校报告是学校发展策划周期的基本档,其制定应建基于学校如何自我评估目前的表现、优点及有待改善之处、发展优次,以及工作目标。学校发展计划、学校周年计划和学校报告须经过校董会或法团校董会审批,并上传学校网页。

3. 评价指标体系架构

学校表现指标架构由三层组成(如图4-6所示),包括范畴、范围及表现指标。架构内共有四个范畴,细分为八个范围,之下共有23个表现指标。在首三个范畴,各指标范围皆制定了表现例证,以作学校自我评估和检视学校发展及成效的依据。

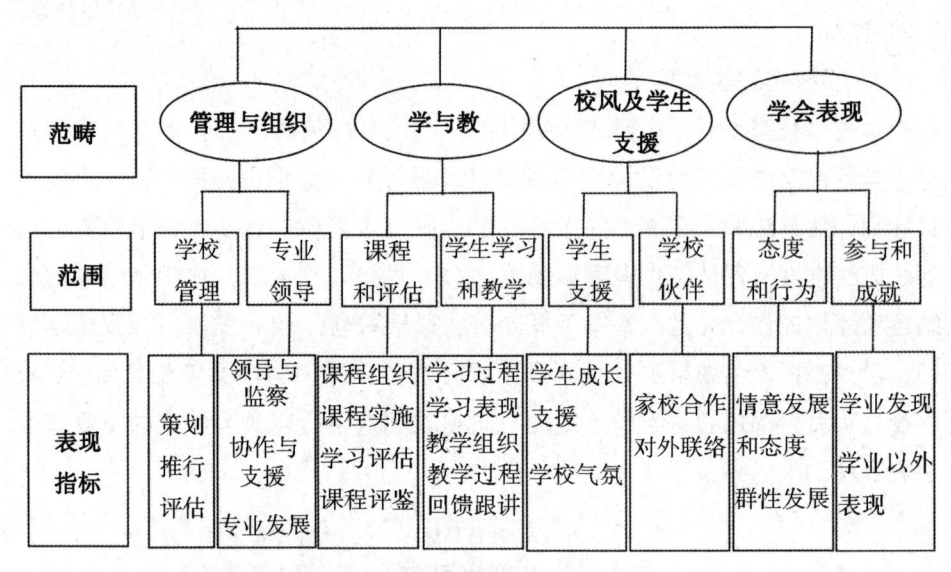

图 4-6 香港学校表现指标架构

范畴	范围	表现指标
管理与组织	管理与组织	1.1 策划
管理与组织	1. 学校管理	1.2 推行
管理与组织	1. 学校管理	1.3 评估
管理与组织	2. 专业领导	2.1 领导与监察
管理与组织	2. 专业领导	2.2 协作与支援
管理与组织	2. 专业领导	2.3 专业发展
学与教	3. 课程与评估	3.1 课程组织
学与教	3. 课程与评估	3.2 课程实施
学与教	3. 课程与评估	3.3 学习评估
学与教	3. 课程与评估	3.4 课程评鉴

(四) 评核指标体系的内容

1. 学校表现指标

学校表现指标的架构包括范畴、范围及表现指标等三个层面，类似于内地学校评价体系的一级、二级和三级指标，指标体系设有四个范畴，之下分为八个范围，范围之下共有 23 个表现指标（如表 4-9 所示）

表 4-9 香港学校表现指标体系

续表

	4. 学生学习和教学	4.1 学习过程
		4.2 学习表现
		4.3 教学组织
		4.4 教学过程
		4.5 回馈跟进
校风及学生支援	5. 学生支援	5.1 学生成长支援
		5.2 学校气氛
	6. 学校伙伴	6.1 家校合作
		6.2 对外联系
学生表现	7. 态度和行为	7.1 情感发展和态度
		7.2 群性发展
	8. 参与和成就	8.1 学业表现
		8.2 学业以外的表现

2. 表现指标的特点

教育局期望学校能从整体的角度去检视学校的重点工作，以提升评估工作的效能。表现指标有以下主要的特点：

一是自评理念，贯彻体现。强调"策划—推行—评估"这自评循环的理念。学校通过自我评估，以制定发展方向及策划未来，又通过付诸实践及评估，将所得的经验总结以回馈下一发展周期的策划，这个循环是不间断的、周而复始的过程，使学校能持续发展和自我完善。本版本在"学校管理"指标范围下明确列出"策划""推行"及"评估"三项表现指标，并在"课程和评估""学生学习和教学"及"学生支援"等指标范围将此理念贯彻体现，使学校将自评与学校的日常工作相结合。

二是要点问题，促进反思。在每个表现指标之下都设有一组"要点问题"，为学校人员提供检视该指标范围学校工作的方向。学校人员可将"要点问题"作为思考及探究的起点，引发反思及讨论。在思考"要点问题"时，学校需参考学校表现评量及持份者问卷调查所得的数据，以及其他校内数据一并使用，以能更清晰检视学校整体情况，帮助学校进行以实证为本的自评工作。然而，学校不应视"要点问题"为检算清单，不宜割裂地逐项评估，而忽略了学校的特色和整体表现。

三是表现例证，综合描述。在表现指标范围层面制定表现例证，整体描述学校在各个指标范围的情况，为学校提供较全面及综合性的示例，以助学校人员更易掌握该指标范围所描述"优异"及"尚可"两个层次的水平。学校人员参考"优异表现"及"尚可表现"的表现例证时，须留意表现例证所描述的内容仅是举例，而且只供学校参考。

3. 表现指标的理念

香港学校表现指标是评估学校表现的重要工具。如图4—7所示，透过综合四个指标范畴所涵盖的内容，描述表现指标的理念。整体而言，以"学生表现"的两个指标"态度和行为"和"参与和成就"范围为中心，外层包括"学与教"和"校风及学生支援"之下的四个指标范围，并再向外伸展，涵盖"管理与组织"的两个范围。图4—7指出学校在运用表现指标时，需要充分考虑学校的背景因素。

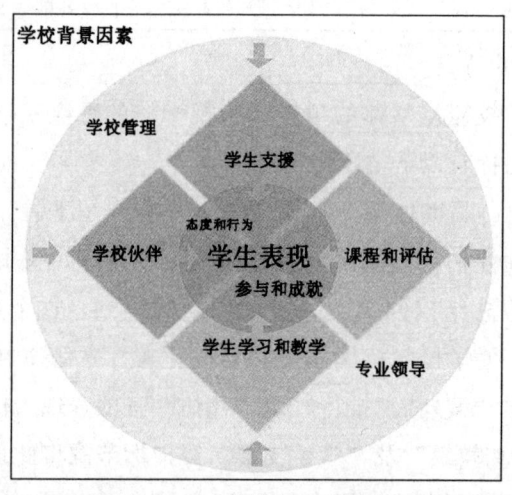

图4—7 表现指标的理念

如图4—7所示，为提升"学生表现"，学校须在"学与教"和"校风及学生支援"两个范畴有良好的配合，而优质的"管理与组织"能有效促进"学与教"和"校风及学生支援"相关计划的施行和评估，以达到自我完善。学校在四个范畴的表现相互关联，体现表现指标具有环环相扣，互为影响的性质。因此，学校人员应以整体的角度，重点评估学校的工作。此外，由于每所学校的发展步伐不同，学生的背景亦有差异，学校在运用指标进行评估时，应充分考虑本身的背景因素，以配合"校情为本，对焦评估"的原则。

第五章　我国教育督导创新路径探析

新时代、新思想、新矛盾对教育工作提出了新要求。人民群众对优质教育的需求更加强烈，个性化、多样化、终身化学习逐渐成为主流，教育发展不均衡不充分的问题仍较突出，这些都成为教育督导工作下一步需要破解的任务。2014年2月7日，国务院教育督导委员会办公室印发《深化教育督导改革转变教育管理方式的意见》，提出：深化教育督导改革是转变教育管理方式的重大举措。作为国家教育质量的重要保障——教育督导改革，有助于深化教育领域综合改革，推进教育治理现代化。其创新路向的探索需要根据治理理论、教育督导体系现代化标准，从创新督导生态、创新体制机制、创新机构设置、创新督学培养、创新方式方法、创新问责制度等方面，从传统样态变迁为"善治"形态。

一、创新督导生态，构建督导法规新体系

教育督导要得到良性发展，构建教育督导的新生态体系刻不容缓。作为教育管理的重要内容，教育督导是《教育法》规定的教育基本制度之一，理应得到完整建构，特别是，改革开放以来，教育督导在保障"两基"历史任务完成、推进义务教育均衡发展、推动重大教育政策项目落实、促进学校教育教学水平提高、督促教育热点难点问题解决、开展教育质量评估监测、科学服务教育决策等方面，发挥了不可替代的作用，做出了重要贡献。从法制上完善教育督导法规制度，从学科上建构教育督导专业，从影响力上扩大教育督导的社会声誉，已成为现代教育督导发展不得不面对的现实。实践证明，不断完善教育督导法规制度体系，细化完善针对各级各类教育的督导规章制度，努力营造良好的督导生态环境，才能使教育督导工作都有规可依、有章可循。

(一)完善教育督导法规基础

建立一套完备的督导法律法规是依法督导面临的重大课题。法律健全是民主与法治国家建设的重要保障，教育督导制度的形成与发展也不例外。纵观世界教育发达国家虽教育管理体制不同，无论是中央和地方双重督导体制并行的英国，中央集权制的法国，中央集权与学校分权管理的荷兰，还是地方分权制的日本，其督导制度的共同特征是：教育督导法制体系完备，督导职能得到充分保障。

1. 完善顶层法规制度设计

进一步完善法规制度顶层设计与探索，是促进教育督导体系制度创新的基础。利用国家推进治理体系与治理能力现代化的宏观环境，从顶层上对教育督导的外部环境、教育督导自身体系进行系统制度设计。同时，需要进一步完善协调有关监管机构、监管队伍建设等空白领域政策，为把教育督导机构的权威性转化为专业有效的监管实践提供保障。从制度演化的角度来看，我国教育督导在完善顶层设计时，需要遵循由行政管控向职能调适，再到合规监管的制度逻辑的转型过程。转变为合规监管制度的逻辑，就是要突出教育督导中教育治理的综合能力，既强调政府的监管和相关部门的协作能力，又凸显社会力量对教育督导过程的参与与弥补。

在实践中，要逐步完善从督导机构设置、督学任职条件和职责明确，到督导结果运用等方面的法规制度设计，并作出明确清晰的制度规定。如：加强督学的专业性和权威性，督导机构逐步独立于行政，不受行政影响；为了提高教育质量监测评价的科学性、系统性、和客观性，要完善教育督导评价指标体系，这对于不断提高督导效率是非常重要的。因此，这项顶层设计要以建成全面覆盖、运转高效、结果权威、问责有力的中国特色社会主义教育督导体制机制为目标，依据治理理论和政府内监管理论，从督政、督学、质量监测三个维度出发，关照到宏观与微观层面、全面与具体问题、系列与配套相结合的法规制度设计，在根本上清除制度壁垒，构建起多元主体参与协作的现代教育督导体系。

英国是世界上建立督导制度最早的国家之一，从1839年发展到今天已经非常完善和成熟。英国的教育督导制度在改革和发展中不断的完善，目前已经形成了一个相对稳定、成熟的中央和地方两级并行的教育督导网络，在英国教育事业中发挥着不可估量的监督、指导、评价和反馈作用。英国教育督导制度具有很强的独立性和专业性的特质，但就其本质特性而言，它是国家教育行政的重要组成部分，是代表政府，依据国家相关法律、教育政策、目标以及政府制定的督导评价标准对学校以及其他教育机构或活动，进行质量判断和评价的机构。在一系列督导机构中，教育标准局是以立法为基础的督导制度，具有自己的标准与程序，但都与政府部门制定的、融合在立法中的公共政策密切相关，对教师和学校的质量作出总结性评价。

2. 强化督导立法独立性

通常判断教育督导机构是否能够"独立行使"职能的核心要素在于，其监管职权是否来源于与监管对象无利益相关的机构或组织。行政法学有关行政监管的研究认为，赋予监管机构适度的立法、司法权限可以保障其监管职权的独立性。同理，通过实现监管职权来源"独立性"保证教育督导机构独立行使监管职能，而不受到其所隶属机构的干扰。

我们需要依据国家教育治理改革的实际，制定一系列旨在强化督导职权的相关政策法规，突破制度性壁垒，进一步明确规定：教育督导机构的层级与独立性、督学的任职条件与职责、督导程序、问责制度、体制外监督，甚至详细到督学的专业分工及待遇等，保证督导充分实施职权，建立完整的公共教育权力监督和制衡机制。从实施"督政"来看，要保证对违背教育法规、教育方针、教育规律的错误做法能够进行有效监督检查和制止。从"督学"实践来看，要保证教育督导能够深入教育管理实践、课堂教学实践，引导教育管理能力提升和推荐教学改革，能够促进教育督导职能的有效发挥。从"监测"的内容看，要能够确保学生的健康发展，做到既体现督导法规的原则性和规范性，又力求使法规条文具有较强的操作性。这就要既考虑到教育督导现实的需要，也要考虑到教育督导制度未来发展的需要。相比《教育督导暂行规定》中的行政监督，《教育督导条例》将重心指向教育事业的科学发展上，既关注国家的教育公平问题，又要求提高教育的质量。国家在教育领域的职能由以往单一的管理转向服务，是建设服务型政府在教育领域的一种体现。

英国的督导制度从建立到几次变革都有立法依据，这使英国教育督导工作的顺利开展有了法律保障。教育督导制度作为国家对学校的一种监督视察机制，伴随着社会的发展和教育制度的发展而变化着。从1944年《巴特勒法案》到《1988年教育改革法》《1992年（学校）教育法》《1996年学校督导法案》，再到《2005年教育法》以及《2006年教育与督导法案》，再加上一系列"学校督导框架"和其他法案或法规中有关学校教育督导规定的颁布实施。英国教育督导制度的专业性与权威性始终由其专业的教育法律保障并维护着。公正透明的督导过程、竞争促服务的理念、专业的督导队伍、权威的法定权利以及科学的评估体系，共同保障着英国教育督导制度对全国教育事业强有力的监控。

要做好修法工作，就要对《教育督导条例》相关条款进行充实和完善，重点对督导工作体制、执法主体责权、违法标准、处置方式等方面，用法律条文予以明确规定。要建立地方法律法规配套机制，省、市、县各级地方人大及地方政府要从本地督导实际出发，制定配套法规和规章，作为《条例》的有益补充，形成一个完整体系，弥补《条例》的先天不足。①

3. 加强督导的法律赋权

在立法环节中秉持监督法高于实施法的设计理念，通过法制建设，使教育、督导两类法律形成相互制约而不相互掣肘，各具特色又浑然一体，贯彻实施与监督、服务与评价相互融合的新型法律关系。

一是在督政方面，继续完善对地方政府履行教育方针政策情况、政府财政教育投入情况等日常工作的综合督导，并就义务教育均衡发展、乡村教师待遇保障等一些重点工作强化专项督导。同时，为了提高督政工作的权威性，可考虑在法律条文中赋予教育督导部分执法处置权和行政处罚权，例如教育监测评价的国家标准制定权、对教育行政执法的最终评判权和违法纠正权、紧急情况下采取应对措施权以及对违法责任人的弹劾权等。

---

① 曾昭荣. 教育督导法制化须跨过"五道槛"[EB/OL]. http://www.moe.edu.cn/s78/A11/s3077/moe_1571/201308/t20130828_156461.html.

二是在督学方面，针对学前教育资源不足、义务教育"择校""减负"、办学自主权、民办教育特色发展等一系列教育重点问题开展定期督导，及时针对学生食物中毒、校园踩踏事件、校车安全事故等重大突发事件以及师德师风问题、校园欺凌案件、学术不端事件等社会高度关注的重大舆情问题开展临时督导。

三是在评估监测方面，继续改革传统督导评价职能，创新监测方式方法，鼓励和支持有资质的第三方专业组织参与评估监测，① 逐步形成多种组合型的全方位、全过程、多视角的督导法律赋权。

（二）建立教育督导学科体系

随着我国教育督导改革的深入推进，督导的领域越发宽广，督导的内容越发丰富，教育分工越发细化，教育督导如果要适应新时代教育发展，就需要建立教育督导学科体系，形成与教育学匹配的一门专业，为现代教育督导体制培养和输送专业人才。

1. 建立学科的必要性和可行性

教育督导工作，在经过改革开放四十多年的探索中已经形成了一条遍布全国、贯通上下的教育督导体系。这个体系虽不尽完美，但庞大的全国专兼职督学队伍，繁杂的以督政、督学、评价监测为三大主要功能的教育督导工作实际，对专业人才和专业领域研究巨大的需求，足以支撑教育督导专业学科的建立和独立运行。

而目前教育督导的专业教育，都是以短期培训班的形式存在，缺乏系统的、长期的培养和训练，这已不能满足教育督导工作专业发展的需求。因此，适时在高等院校建立教育督导学科专业，有利于提升教育督导在教育系统里的地位、学术影响力、权威性和话语权，有助于我国教育督导的专业化发展，有助于我国专兼职督学的职业发展，最终有助于整个教育行业生态的健康良性发展。

2. 建构完整的教育督导专业学科

笔者建议，可以探索在一级学科教育学下增设教育督导二级学科，使之

---

① 曲铁华. 中国农村义务教育投入体制变迁及改革路径［J］. 社会科学战线，2017（2）：12.

与教育学原理、比较教育学、学前教育学等专业并列，成为教育学下的第 11 个二级学科。待教育督导二级学科开设顺利并取得一定专业成就后，再考虑将其发展为与教育学并列的一级学科。此时的教育督导学将是融合了教育学、管理学、统计学、经济学、行政学等学科特点于一体的崭新学科，该学科的诞生将改写教育学科的历史，从此形成教育学、心理学、体育学和教育督导学四位一体的教育类专业体系。

同时，基于教育督导学科的建立，教育督导理论的研究将会进一步加强，教育督导学的论著、论文的数量也将会增加，还可以增设教育督导的专业期刊，开辟教育督导学研究的新天地。那时，教育督导类的著作和论文将拥有自己的研究范畴和领域，教育督导人的话语权将有更多发声的阵地；那时，教育督导将不再是一门"隐学"，不再是一种"小众"职业，不再被边缘化，教育督导的专业性将会大大提升，得到社会更多地认可，变为教育领域里的一门"显学"。未来可期，当专业人员和学科研究有了充分的保障之后，教育督导水平、质量和效率将会大幅提升，教育督导事业也将会有更大的作为。

（三）提升教育督导社会影响力

影响力是指影响和改变他人心理与行为的能力，社会影响力指影响社会的认知和行为的能力。通常一个人或一个行业的社会影响力与该人或该行业的社会价值成正比。教育督导如果要充分发挥"管、办、评"中"评"的价值，就要形成对教育深入且持续的监督与指导，因而提升教育督导的社会影响力不仅必须，而且紧迫。

1. 加大教育督导行政力量

要以强化教育督导作用来加大其在体制内的行政力量。教育督导作为政府部门的一部分，在体制内担负着监督政府各部门履行教育职责，保障教育在党和中央政府领导下顺利在本地区实施的重任，如若不具备一定分量的行政力，则难以发挥应有的价值。以往行政管控逻辑的特点，是教育督导突出政府自身能力，强化政府对教育领域的控制；而目前教育督导在与外部环境互动中发生转变，突出对传统督导职能的调整，强调政府督导职能的优化。因此，重构教育督导的行政力量显得十分必要。

目前，各地已经组建了由教育部门和相关政府部门共同构成的教育督导委员会，形成政府部门的行政合力。借助教育督导委员会的平台，当涉及硬件投入和政策支持时，尤其是涉及教育重大问题时，教育督导委员会确实能发挥其重要作用，教育问题能以一种最直接有效的合力方式解决。因委员会的会议涉及多个政府部门，因而委员会的会议不宜过于频繁，所以就需要赋予教育督导部门拥有教育督导委员会的部分功能来开展日常的工作。一些重视教育督导的地方通过强有力的领导来开展协调，个别不重视教育督导的地方其督政功能则形同虚设。因此，把教育督导委员会办公室设在教育督导部门，赋予其部分教育督导委员会的行政权力，保证其能够完整开展督政、督学、评估监测功能，是强化教育督导在体制内行政力的一个重要举措。

2018年开始，广东省人民政府教育督导室对全省各市区开展了每年一次的政府履行教育职责的专项考核。该考核将各地区政府履行教育职责进行全面清点，并且一年一次，一定程度上监督地方政府更加重视教育。因该考核一般由地区教育督导部门来牵头，所以某种程度上强化了教育督导的价值和地位。

2. 提升教育督导影响力

要以加强教育督导的社会宣传力度来提升其在体制外的影响力。21世纪是一个信息社会，甚至是信息爆炸的时代。在各种热点新闻、消息层出不穷的时代里，教育督导不应缺席。但不鼓励教育督导通过炒作来刷社会存在感，毕竟教育督导的服务对象是教育，教育是需要宁静的，教育督导也是。但并不是说，教育督导就理应沉寂于社会话语体系中。一方面，教育督导要通过一定的社会宣传来增强自身对于教育的话语权。只有当教育督导成为一种人尽皆知的专业或职业时，教育督导才能真正拥有社会影响力，成为监督、指导和评价教育的真正履行者。应该说，责任督学挂牌督导是我国教育督导史上一次重要的尝试，要求督学信息上牌、挂于学校大门的做法，在很大程度上推动了督学在家长们中的知名度，加强了家长与督学的联系互动，但还不充分。这就需要充分发挥媒体的作用，加大对教育督导特别是督学的新闻报告和正面宣传。另一方面，需要形成政府合力，充分落实督导结果。例如，监督各地政府教育实施和保障情况，严格奖惩；纠正学校不良的办学行为，帮助学校解决办学中遇到的困难和问题；做好教育质量监测，为政府提供真实有效的决策参考信息；等等。这样才能凸显其在教育中的独特价值和重要职能，也才能真正提升教育督导的社会影响力。

深圳市宝安区基于学校学位紧张、校园建筑资源紧缺的实际，区教育督导室协调区公共物业管理局、各街道办事处落实了 14 处总面积达 2000 余平方米的校外公共物业给责任督学事务中心、督学责任区使用，设置了独立于校园之外的联络服务站。该举措进一步方便了群众，密切了群众与教育的关系，实现了教育督导工作重心下移、关口前置；责任督学可以在联络服务站与师生及家长无阻碍访谈，实现了督学服务零距离，提升了督学的影响力。

3. 扩大督学的社会认同

社会认同就是以利益为基点，以文化为纽带，以组织为归属，在多种社会关系网络中，个人和群体对其社会身份和社会角色的自我认定和他者认可。[1]法国哲学家米歇尔福柯说："知识就是权力"，即是说任何一种知识的建构最终都要形成一种专业乃至文化，这种专业或文化一旦形成，该知识本身就因为拥有了足够的话语权而获得名副其实的社会认同。

因我国教育督导学科专业尚未建立，督学也尚未成为一种专业技术职业，因而督学的社会知名度和认同感亟待提高。要提升教育督导的社会认同度，就要充分建构教育督导专业文化和组织文化来强化其在教育领域中的话语权，通过建立教育督导学科专业，对提升其在教育理论研究领域的地位具有重要的现实意义；通过建立一种督学的自我认同和社会认同相契合的教育督导专业文化，让从事督导的督学能够实现社会价值的同时也实现自我价值。同时，要想形成教育督导专业文化，还有赖于督学自身教育督导专业素养的大幅提升和学术界对教育督导问题的持续关注。只有督学能够依靠自身专业素养和权威，独立的解决教育的热点和难点问题时，才能真正扩大社会认同，才能充分发挥教育督导的应有价值。

---

[1] 郑杭生. 中国人民大学中国社会发展研究报告 2009：走向更有共识的社会：社会认同的挑战及其应对 [M]. 北京：中国人民大学出版社，2009：5.

二、创新体制机制，强化教育督导职能

为适应国际教育督导发展趋势，需要教育督导职能的及时跟进和转换。我国的教育督导需要不断创新体制机制，在兼顾传统督政、督学职能的同时，加大评估、监测和指导的功能。完善督政、督学、评估监测"三位一体"的现代化教育督导体系，并将社会教育与家庭教育纳入督导范畴。具体而言，可以从四个方面进行突破：

（一）健全现代教育督导体系

现代教育督导体系是从教育管理到教育治理的深刻变革。教育管理是从上而下、一元单向的，而教育治理理念下的现代教育督导体系则是多元利益主体围绕共同的目标协调与互动的过程，政府与民众、社会、企业、学校的关系也是平等的、双向的、互动的、协同的。

1. 建构现代教育督导体系

教育督导现代化不仅是教育现代化的必然要求，而且本身就是教育现代化的重要组成部分。现代化的教育督导不仅要适应教育的现代化，更应该成为教育现代化的强劲动力和有力杠杆。只有适应并推动教育现代化发展的教育督导才称得上是先进的现代化教育督导。

依据教育督导现代化的五个标准，建构教育督导现代化需要以下五个方面进行完善：

一是教育督导法治化。教育督导需依据国家宪法和教育法律法规框架开展，教育督导的权力运行、制度设计能够严格以现行法律法规为准则，进行科学的实践探索和创新。

二是教育督导权力运行的制度化与规范化。完善、规范的权力配置与运行制度安排，有助于教育督导责任的明确，以及权力合理、合法的使用。在教育督导实践中，政府、学校、社会组织以及家庭等所有治理主体，享有和使用的公共教育权力的范围、大小和发挥权力效用的程度，是教育督导体系是否实现现代化的决定因素。

三是教育督导体系结构一体化。教育督导体系结构应该是政府—市场—社会的"三位一体"，这三者之间的协调性关系决定着教育督导体系的现代化

水平。依据治理理论"三元结构"假设,"三位一体结构"是教育督导现代化的基本要求。

四是督导过程民主化。在教育督导过程中,要充分听取和采纳各级各类督导主体,尤其是学校和家庭的意见和建议。这一标准主要考察教育督导的制度制定、执行和评价,能否体现督导主体的意志和主张。

五是督导效率最大化。效率最大化是教育督导体系现代化内在要求和根本目标的体现。在教育督导实践中,教育督导服务能力,能否引导学校健康发展、有序运行,是衡量教育督导现代化水平的重要依据。[①]

因此,教育督导现代化就是教育督导促进或引领教育现代性不断增长和实现的过程,督导现代化程度亦体现为教育现代性不断增长和实现的程度,并呈现出人本性、自主性、多样性、专业性、民主性、法治性等基本特质。

2. 健全督导职能体系

教育督导的职能决定着教育督导的基本内容和功能定位,影响着教育督导发挥作用的领域和方向。[②] 对于教育督导的职责,世界各国的情况各具特色,不尽相同。各国早期教育督导通常偏重于视察和监督,多是一种纯行政性的、居高临下的督导,其目的主要在于检查和考核。而近年来,随着教育督导在教育管理中的地位和作用不断得到强化,教育督导的观念也在不断深化和拓展。各国教育督导的职能由视察、监督更多地转变为提供指导和服务,并逐渐转变为督政、督学、评估监测三位一体的"督、监、导"综合型职能,践行着一种具有监督、指导、评价、建议及帮助教师解决问题的督导职能定位,表现出柔性管理特征。

近年来,强调督政、督学、评估监测相互融合的综合型督导成为引领各国教育督导发展的重要潮流之一,这种类型的出现主要与近年来各国基于权力下移的教育管理体制改革有关。例如,俄罗斯通过许可证发放、教学评估和国家认证对办学条件、学生培养和办学水平进行督导和评估,督政、督学和评估监测三位一体,相互支撑。荷兰教育督导的重要任务之一是对学校教

---

① 王庆如. 治理理论视角下教育督导现代化的困境与路向[J]. 现代教育管理, 2016(12): 35—39.

② 周海涛,朱玉成. 教育督导的国际共性特征和吴国变革动向[J]. 社会科学战线, 2018(6): 227—236.

育质量进行评估和监测,通过有效地发挥督导的反馈和问责职能来推动学校改进教育工作。西班牙教育督导也在强化督政、督学功能体制的同时,日益开始关注对教育质量的评估和监测。

从这个意义上看,我国的教育督导观念需要在质量控制的督导观基础上叠加专业指导的服务观,在兼顾传统督政、督教、督学职能的同时,加大评估、监测和指导的功能。因而,健全和完善督政、督学、评估监测三位一体的教育督导体系,就是要将督导对象覆盖各级各类教育机构、各级政府及相关部门,督导内容涵盖各级政府履行教育职责和保障教育优先发展、各级各类教育机构全面实施素质教育和规范办学行为等各类教育发展状况和教育质量监测情况。

3. 完善"三位一体"督导保障制度

保障制度是外在于教育督导活动的规范,可以被定义为从外部保障教育督导机构运行,以及在监管实施中协调各方关系的成文性的制度依据。研制和完善"三位一体"保障制度要注意以下原则:

一是保障外部制度供给。这可以反映教育督导机构的活动获得了怎样的外部保障,其中上层政治官僚的要求是监管机构活动的原始动力。教育督导机构履行职能所需的这些条件需要外部拥有相关职权的机构进行制度供给,特别是用于对被监管者进行处罚和问责权力的授予。

二是保障督导体系基本运行条件,即保障"督政、督学、评估监测"三个职能协调一致的运行规则,保障督导机构独立的经费、人员等管理权利,保障建立多元主体参与的督导制度等。具体来看,我国《教育督导条例》《深化教育督导改革转变教育管理方式的意见》《关于深入推进教育"管、办、评"分离促进政府职能转变的若干意见》等文件已经从国家层面,对建立督政、督学、监测"三位一体"的督导新体系提出了指导性的意见和明确的要求。各地方政府则需根据各地的具体情况和教育需求,依据完善"三位一体"督导保障制度的原则,制定出台构建督政、督学、监测"三位一体"督导体系实施方案,明确落实"三位一体"教育督导新体系的主体、相关责任、运行机制和监测机制等问题。

同时,还要加强"三位一体"的各项配套制度研制,完善"三位一体"的政策体系。只有完善的教育督导保障政策配套,才能从根本上完善教育督导制度，提高教育督导工作的独立性和权威性。

(二) 强化教育督导职能

现代国家管理的一个显著特点，就是广泛地设置专家智囊机构（有的称为咨询机构），一切重大决策都必须通过科学论证，从中选取择一个最佳方案。教育督导机构就是政府和教育行政领导的智囊团和参谋部，要充分发挥督导机构的咨询、参谋作用，就需要完善和强化教育督导的各项职能。

1. 国际视野中的督导职能定位

发达国家的教育督导更强调专业性、独立性和服务性。英国的法律赋予督学的强制性权威属于行政性权威，但其自身则具备高水平的专业权威，[①] 这更是督学的立命之本。而注重服务职能是英国教育督导制度嬗变的新特征，[②] 凸显了督导以学校教育及教育活动的受益者为核心的服务原则。[③] 荷兰《教育督导法》明确规定：督导制度应在专业和独立的基础上运行，教育文化科学部不能对其进行任何干预；除此之外，督学还承担一定的咨询任务，解决家长与学校之间的争端。[④] 日本的相关法律强调：在督导应用上注重服务性，形成以指导教育教学为主要特征的地方督学体系。其教育督导机构不独立，但是督导职能独立发挥。[⑤] 法国的教育督导机构形成了相对独立的完整体系，督导队伍健全、专业素质较高，以督学为主，既具权威性又不失民主性。[⑥] 美国的教育督导机构具有较大的独立性和多样性，督导方式主要有行政性督导、服务性督导以及两者的综合。服务性督导是一项大量且经常性的督查工作。[⑦] 芬兰建立了单一的、第三方的"全国教育质量评价中心"，强调质量监测的独

[①] 王庆如. 中英督学权威性的比较与借鉴 [J]. 深圳市信息技术学院学报, 2014 (2): 21—24.

[②] 曹珊, 程晋宽. 嬗变与特征：英国教育督导制度的职能转变 [J]. 2013 (6): 47.

[③] 王璐. 英国教育督导与评价：制度、理念与发展 [M]. 北京：高等教育出版社, 2011: 65.

[④] Jahan c. van. Inspectorates of Education in Europe: some Comparative Remarks about their Tasks and Work, 2010. SICL31.

[⑤] 汪恒, 唐一鹏. 现代日本教育督导制度研究及启示——以东京都为例 [J]. 教育测量与评价, 2013 (9): 51—55.

[⑥] 李春生. 比较教育管理 [M]. 南京：江苏教育出版社, 2008: 73.

[⑦] 谢琴. 美国教育督导制度及其本土化启示 [J]. 当代教育科学, 2013 (7): 49.

立性、专业性、服务性，与传统督导机构不同的是弱化了监督管控功能。①

2. 强化教育督导各项职能

一是强化监督职能，是指强化上级对下级的监察和督促，这是教育督导机构最核心和最能体现这一机构本质属性的职能。其目的在于监督下级部门迅速有效、准确、积极主动地贯彻执行教育方针及各级政策，完成教育、教学和教育管理等方面的工作任务。

二是强化指导职能，是指加强上级对下级工作方面、工作内容和程序以及工作方式方法予以具体的指教和引导。行政监督历来可以凭借权威和法律的静态功能来实现，现代社会的发展趋势已逐步走向以指导、激励辅助等动态为主，十分重视发挥人的潜在积极性。教育督导机构及其成员对下级实行行政监督，不能仅仅凭借手中的权力和法纪，更重要的是通过对下属的积极热情的态度和有针对性的帮助指导，发挥其潜在的积极性和主观能动性。

三是强化评估职能，就是依据一定的教育目标，利用相应的、现代化的教育统计和教育测量手段，对教育对象进行价值判断的过程。从现代教育行政管理的观点和发展趋势来看，积极开展教育评价，对于提高教育管理质量、贯彻教育方针政策和推动教育事业的发展有着巨大的作用。教育评价的内容广泛，概括起来主要有：对教育行政部门管理水平的综合评价、对教学工作的评价、对学生的学习态度与学习质量的评价。科学的教育评估对于正确导向，端正教育思想，促进教育改革，加强科学管理，实现教育整体优化，提高教育质量和办学效益，充分调动广大教育管理干部和广大群众的积极性，都具有重要意义。

四是强化反馈功能。教育督导系统被视为教育管理的反馈系统，也就是说，教育督导机构人员通过反映下级教育部门、教育工作者的意见和要求，实现上级各项方针、政策、指令任务的执行情况以及方针政策本身问题的"反馈"。反馈是检查决策（包括方针、政策、指令、任务等）是否正确、执行是否有效的依据，与此相联系的是教育督导机构及人员在分析反馈信息的基础上，通过向教育行政部门、学校领导及教师提出意见和建议，实现其参谋职能。

---

① 丁瑞常，刘强. 芬兰为何没有教育督导制度 [J]. 辽宁教育，2015（9）：89.

以上的四种教育督导的主要职能，是一个统一的整体，要督导结合，既要督，也要导，并以正面指导为主，"监督、检查、评估"都是为了做指导工作，是"指导和服务"的前提和基础，"指导和服务"是"监督、检查、评估"的深化和集中体现，督导的最终目的就是指导被督导的单位把工作做好，把学校办好。由此，在教育督导过程中，只有充分发挥其整体功能，才能是好地发挥教育督导机构的效能，这四方面缺一不可。

3. 提升督导的服务意识

提升督导的服务意识和能力，是新时代教育督导改革发展的趋势和新要求。具体而言，是指督导要能够服务于国家、地区的教育改革发展要求，还要能够服务于学校教育、教师发展、学生成长需求。借鉴发达国家的经验，将服务性督导作为一项大量且经常性的督查工作，要强调教育督导的独立性、专业性、服务性，逐步弱化传统督导机构"高高在上"的监督管控。提升督导的服务意识至少体现在三个层面：一是引导，引导地方政府和社会关注和关心教育，实现基础教育优质均衡发展目标；二是指导，指导地方政府创新教育改革，指导教师开展高效教学；三是开导，开导地方政府和学校克服困难，保证投入，规范办学。"三导"原则互为整体，共同构成"导"的使命，不断提升督导的服务意识和能力。

(三) 迈向社会教育和家庭教育领域

教育体系是一个立体系统，学校是其中重要一环。在现代社会中，学生被影响和塑造的因素是多方面的，学校教育只是因素之一，我们不能忽视社会教育和家庭教育对学生的重要影响。然而现状是，我国的社会教育和家庭教育体系并不完善。教育部门包括学校，虽然对家庭教育和社会教育有一定的介入和引导，但力度、广度和深度上并未形成持续的影响。一些市场上的社会教育和家庭教育机构存在一定随意性、盲从性和差异性。凡教育存在的地方，须有教育督导。因而，教育督导不能仅停留在对学校和政府的督导上，也应尽早迈向社会教育和家庭教育领域。

1. 规范社会教育守住底线

社会教育涉及面较为广阔，主要包括社区教育、培训机构、网络教育、有偿家教等。社区教育不仅包含学生教育，也涉及成人教育、党政教育、卫生教育等，教育督导应立足于本职工作，联合各街道社区对涉及学生教育的部分进行规范化督导验收。培训机构种类繁多，但不外乎学科补习类、语言学习类、体育竞技类、艺术兴趣类、非学历考试辅导类等，教育督导的重点在于学科补习类。要联合培训机构的注册机构——工商管理部门开展专项督导，关注培训机构对义务教育阶段学生学科补习的内容与质量，树立社会正能量的学习氛围，严禁培训机构进行违背学生学习成长规律的恶性竞争。随着互联网技术的发展，网络教育成为培训机构在互联网上的延伸。教育督导工作需要联合网络主管部门对网络教育进行监管，引导网络教育为我国线上教育作贡献。有偿家教通常分为两种，一种是在职或在编教师对学生开展家教，另一种是大学生等群体对学生开展家教。因教育行政部门禁止在职在编教师开展有偿家教，所以教育督导可以针对教师有偿家教的问题进行定期的专项督导，而对于大学生的有偿家教做好引导工作，服务于大学生的兼职需要和学生家庭的实际需求。

疫情期间，各类网络教育盛行，既有学校"官方"网课，也有培训机构"非官方"网课。对于学校网课，各地教育局大都能有效监控，保证了网络教学的稳定性和规范性；但对于培训机构的各类网课，由于教育督导部门的权限尚未触及，其培训内容是否合规，是否利于学生身心健康，教育督导部门有心无力。因此，这就亟需加强社会教育的管理制度建设和实施督导。①

2. 服务提升家庭教育能力

当前，越来越多的人意识到家庭教育的重要性，不少地区都开展了较为系统的家庭教育服务工作，以家长委员会为主要载体的家校合作也正在全国蓬勃进行。然而，教育督导部门目前尚未进入家庭教育领域，即便一些地区组建了由教育行政部门牵头开展的区域家长委员会联合会，教育督导也并未能及时跟进。可以说，家庭和学校是培养学生的两个主阵地，教育督导充分重视学校督导的同时，不能缺少对于家庭教育的督导，因而拓展我国家庭教育的教育督导职能显得十分有必要。教育督导除了要督政、督学、评估监测，也要丰富其"督家庭"的功能。通过立法来赋予教育督导的"督家庭"职能，

---

① 访谈深圳市某督学。

是保障教育督导顺利对家庭教育进行督导的前提。家庭教育督导要以服务为主，要成为家长们开展家庭教育的引领者、指导者和帮扶者。同时，家庭教育督导也不能忽视少年儿童享有接受义务教育的权利，必要的时候需要联合教育行政部门和公安部门对个别存在重要教育问题的家庭展开专项督导活动，帮助家长正确认识义务教育的必要性。同时，对于留守儿童比较集中的地区，教育督导部门需要及时介入，联合教育行政部门、教研部门尽可能地减少隔代教育产生的家庭教育问题。

深圳市罗湖区早于2015年便成立了罗湖区家长委员会联合会，通过召开大会，选举产生了会长、副会长和秘书长。同时，罗湖区每所学校均成立了家委会，各学校均开展了多次家长学校培训课程，有效促进了家校合作共同育人的氛围。深圳市龙岗区于2015年成立了家庭教育指导中心，通过统筹家庭教育师资队伍培养及课程体系建设，探索更有效的家庭教育管理实施办法，致力于让更多的家长用更科学的家庭教育理念和方法帮助孩子健康成长。

三、创新机构设置，树立督导机构权威性

教育督导机构要真正发挥作用，就必须保持一定的独立性，这是由教育督导的性质所决定的。从国际经验看，多数国家选择了教育督导机构的相对独立设置，这是各国教育督导改革的主流趋势。在经济领域，我国的"证监会""银监会"和"保监会"之所以能有效发挥作用，一个重要原因就在于其机构设置的独立性。英国教育标准局独立于教育部，是一个能单独行使职权的国家教育督导机构，直接对议会负责，而不是对教育行政部门负责，因而可以加强中央政府对全国教育事业的监控。尽管教育标准局与其他部门工作联系紧密，但是其地位上和工作上的独立性能够促使督导工作更加专业化，督导结果更为客观、公正。

（一）探索建立准独立型教育督导机构

教育督导机构的独立性是有效开展工作的重要前提。对于督导机构的设置，国内主流的观点也是强调要保持教育督导机构的相对独立性，以尽可能

地发挥其监督职能。按照《教育规划纲要》中提出的"建立相对独立的教育督导机构，独立行使督导职能"的要求，2012年8月，国家层面的教育督导机构——"国家教育督导委员会"成立了，委员会下设办公室作为常设机构，由教育部代管，直接对国务院负责，体现"相对的独立性"。同时，科学设置其内部机构，分别承担各级各类教育督导评估的组织协调、政策制定以及评估指标体系研究等，保证其独立行使教育督导职能，有效促进教育事业科学发展。从这个意义上看，我国教育督导机构正走出"隶属教育督教育""依附教育评教育"的困境，从过去挂靠教育行政部门的模式中逐步剥离出来，形成一套相对独立的运作机制和工作模式。

1. 国际视野中的督导机构设置

纵观世界各国教育督导机构的设置类型，大多都受各自国家教育行政体制的直接影响，主要分为：完全独立型、准独立型和分散职能型机构设置。[①]

（1）完全独立型教育督导机构设置，是指完全独立于教育行政部门以外单独设置教育督导机构。英国、新西兰是其中最具代表性的国家。英国教育标准局只对议会负责，属于非政府组阁机构序列的独立部门。新西兰教育督导机构也是世界上为数不多的完全独立型机构，隶属于国会，完全独立于教育部之外。[②] 这种机构设置类型对独立开展教育督导工作是有利的，但缺点在于统筹联动不足，缺乏制度权威与资源支持。[③]

（2）准独立型教育督导机构设置，是指附设于教育行政部门的教育督导机构，受政府与教育行政部门的双重领导。日本和法国是典型代表。日本在文部省内独立设置督学局。法国在国民教育部内设相对独立的总督察局，内设国家教育总督学和教育行政总督学，分别负责教育教学和教育行政督导。即使采用准独立型机构设置的国家，其督导业务仍然独立于教育行政部门。这些国家的督导机构虽然在形式上隶属于教育行政部门，但教育督导的功能相对自主，不受教育行政部门干涉而独立开展工作。这类督导机构的教育行

[①] 周海涛，朱玉成. 教育督导的国际共性特征和吴国变革动向 [J]. 社会科学战线，2018（6）：227—236.

[②] 彭虹斌. 教育督导机构独立性的国际比较与启示 [J]. 外国中小学教育，2013（2）：1—5.

[③] 杨天平. 英法日美四国教育督导的比较 [J]. 比较教育研究，1995（4）：31—36.

政官员同时兼任教育督导,形成了一体化的教育督导机构,这种机构设置类型便于统筹管理和部门协调,其缺点是有违于行政学基本原理,权力来源不清,督导的自主性发挥有限。这类督导机构设置更符合中国国情,值得借鉴。

(3)分散职能型教育督导机构设置,是指将教育督导职能分散,由教育行政部门相应科室承担。典型代表有德国、加拿大、澳大利亚和美国部分州。但这种督导机构设置仅有少数国家采用。

2. 建立准独立型教育督导机构

2012年,国务院正式设立国家教育督导委员会,这是对许多地方进行试点的充分肯定和认同。中央层面教育督导机构的设置,推动了各地教育督导机构的探索与创新,全国各省(区、市)在此后相继成立人民政府教育督导委员会。

教育督导委员会是协调多个政府部门共同参与教育治理的重要机构,是保证教育督导机构的相对独立性的重要体现。各地需遵照国家教育督导委员会的设置,相应建立各地的教育督导委员会,主管教育的领导担任委员会主任,两办副主任、教育局局长、主任督学(原教育督导室主任)担任副主任,相关职能部门和基层分管领导作为委员会成员,教育督导委员会下设办公室,设在教育督导室。多部门联动从体制上保证督导工作的有效开展。教育督导委员会制度保障下相对独立的督导机构可以成为政府和学校之间的缓冲器,分担着教育的治理职能,在维护学校自治和国家公共利益之间的寻求平衡,保障了督导机构职能的权威性。各地可建立权威相对独立的教育督导机构(如图5-1所示),逐步改变以往教育督导机构由教育行政部门代管的体制,积极推行教育督导委派制,教育督导部门可直接对同级政府负责,同时接受上级教育行政部门的业务指导和监督,并与同级教育行政部门协同工作、互通情报。这样,在行政隶属关系上,教育督导机构作为人民政府的一级机构,直接受人民政府管辖,可以直接向人民政府或教育督导委员会汇报教育督导工作;在教育督导业务上,教育督导机构受上级教育督导部门的指导,与教育行政部门并列,教育行政部门以政策制定和实施为主,而教育督导部门以评价和监督为主。树立教育督导机构的权威,进而成为建立督学权威的基础。

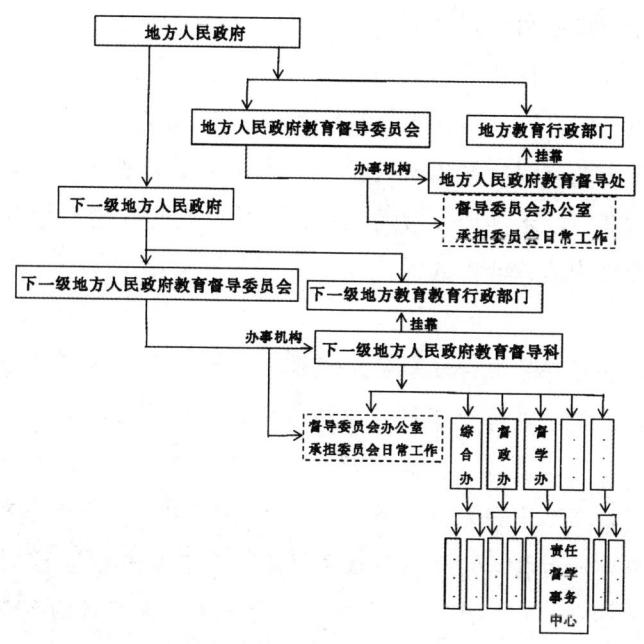

图 5—1　地方人民政府教育督导机构设置图

从实际出发，目前要设置完全独立的教育督导机构尚不具备充分的条件，更可行的选择是保持教育督导机构的相对独立性。一是因为从督导的功能看，教育督导机构若与行政部门完全脱离、各自为政，就会缺乏业务领导与权力支撑，不利于教育督导机构在履职过程中获得可靠的制度权威和资源支持；二是从我国国情看，保持教育督导机构的相对独立设置在中央和省级层面已经发展得比较成熟，有较为充分的现实基础。[①] 虽然总体上督导机构建设一直在有序推进，但在机构的设置与管理方面仍面临诸多深层问题，唯一出路是地方政府教育督导机构设置从依附走向独立。

探索成立相对独立的教育督导机构，一方面可加强教育行政督查的执行力，整合系统内部的执法力量，提高执法的效率，也使得教育督导和行政执法的专业化程度大为提升；另一方面，可强化教育行政部门的行政管理能力，弥补人民政府教育督导室在行政执法能力方面的不足。

3. 完善地方政府教育督导机构

督导机构隶属依附于教育行政主管部门的政府派出机构，其教育行政执

---

① 刘静. 教育督导：问题与辨析 [J]. 当代教育论坛，2014 (1)：23.

法中如何遵循合法性和合理性原则还是需要进一步探讨。面对国家决定大幅度减少市县两级政府执法队伍的情况，如何去条块分割之弊，实施督导的跨部门综合行政执法，需要地方政府统筹规划、制度创新。

上海市推出地方政府派出机构模式，成立了相对独立的教育督导事务中心；江苏、浙江、广东等地设置的教育评估院，则是在现行教育督导机构框架下成立中介机构的一种尝试。[①]

针对原有教育督导机构设置存在的不足，上海市 2008 年开始了机构设置改革的探索，启动了教育行政执法体制与机制创新项目，尝试区域内教育行政执法的体制和机制改革，内容包括成立事务中心、加强督导与行政执法两项行政职能、确立三大督查重点等。2008 年 3 月 18 日，上海市教育督导事务中心正式成立，同时挂牌"上海市教育行政执法事务中心"。这是教育督导机构设置改革的标志。"中心"的机构属性是获政府全额拨款的事业单位，并被赋予独立的人事和财务权；"中心"的职责是承担本市行政区域内依法教育督导的具体事务工作，确保国家和本市教育方针、政策及教育法律法规在各级各类学校、办学机构中的贯彻落实；协助市督导室，做好依法督政和督学整改措施的跟踪落实检查工作。而市督导室则统领教育督导工作，负责制订督导规划和督导评估标准等。两者各有分工，相互协调配合，共同完成教育督导活动。

强化地方各级政府教育督导职能，理顺管理体制，健全机构设置，创新工作机制，充实教育督导力量，确保教育督导机构独立行使职能。明确公务员督学编制人数和事业单位编制人数，按照教育督导职能进一步划分为综合科、督政科、督学科、质量监测科等内设科室，或按照机关事业单位分工下设事业单位：质量监测中心、责任督学事务中心、评估中心等部门，给予人员编制和财政保障，由教育督导部门直接领导。

---

① 乐毅. 地方政府教育督导机构改革应从依附走向独立［J］. 中国教育学刊，2015 (2)：32.

近年来，深圳市、区教育督导机构进一步理顺职能、充实力量。2012年，市督导室增设责任督学事务中心，增配专职工作人员2名。罗湖区、福田区、南山区、宝安区先后成立了区人民政府教育督导委员会，由分管教育的副区长任主任，单位成员由区发改局等有关部门和各街道办一名分管教育工作的领导出任。区政府教育督导委员会负责统筹规划全区教育督导工作。宝安区教育督导室推进督导机构改革，区编办核定行政编制7名，督导室主任作为独立法人代表行使法定职权，增设督政科、督学科。福田区等7个区设立了责任督学管理办公室。南山区督导室内设办公室和责任督学事务中心两个科室。福田区督导室下设教育督导办公室及督学管理办公室。罗湖区内设办公室、督学科、督政科等三个科室。这些举措不仅提升了教育督导的地位，而且有力地推动了教育督导工作开展。

（二）建构立体督导架构网络

架构决定系统功能，适宜、高效的架构能够最大限度地释放成员的能量，使组织更好发挥协同效应。实施责任督学挂牌督导，需要开展挂牌督导架构网络探索，形成纵横网络、全覆盖的立体督导架构系统，既能保证责任督学管理体系的集中统一，又能充分发挥各个责任督学的专业作用，同时还能确保责任督学之间的协作和配合。

1. 建立督导四级纵向网络

督导四级网络是指"督导室——责任督学——学校视导员——社区"的四级纵向督导网络（如图5—2所示），其中责任督学是沟通政府与学校的桥梁。为顺利架桥，实现责任督学意见及时上传下达，县（区）地方人民政府教育督导室每月召开1次责任督学工作会议，了解动态，研究工作，解决问题。各责任督学每个季度召开1次本责任区内校长及督学联席会议，点评各学校相关工作，听取各校长意见，开展专题研讨与经验分享。县（区）地方人民政府督导室每学年召开一次全区视导员会议，部署挂牌督导工作，明确视导员工作职责与要求。

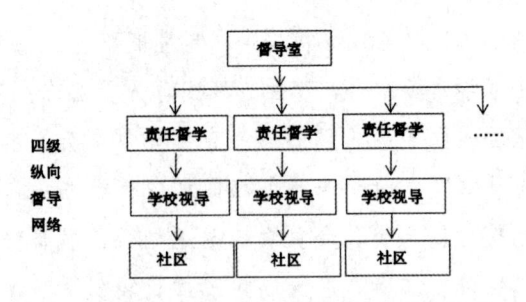

```
                    ┌─────────┐
                    │ 督导室  │
                    └────┬────┘
         ┌───────────┬───┴────┬──────────┐
四级   ┌──┴───┐   ┌──┴───┐  ┌──┴───┐
纵向   │责任督学│  │责任督学│ │责任督学│ ……
督导   └──┬───┘   └──┬───┘  └──┬───┘
网络   ┌──┴───┐   ┌──┴───┐  ┌──┴───┐
       │学校视导│  │学校视导│ │学校视导│
       └──┬───┘   └──┬───┘  └──┬───┘
       ┌──┴───┐   ┌──┴───┐  ┌──┴───┐
       │ 社区 │   │ 社区 │  │ 社区 │
       └──────┘   └──────┘  └──────┘
```

图 5-2 县（区）地方四级纵向督导网络图

2. 建立督学两翼横向网络

"两翼"是指责任督学挂牌督导与督学责任区建设，它们是督学工作的主要抓手，如同一双翅膀，引动整体督学工作稳步发展。县（区）督导室要坚持挂牌督导与督学责任区两手抓。一是大力进行督学责任区的团队建设。一名中小学专职责任督学配备 3－10 名相应数量的责任区督学，并且进行合理分工，积极探索基层督导的新办法。二是责任督学整体作战。本县（区）中小幼责任督学需要定期集中办公，每周召开一次例会，共同研讨督导的重点和每个月的工作内容，研发督导评估量表，针对督导中发现的亮点，相互交流经验；对于督导中发现的问题，及时研判与解决，加强督导的针对性和有效性。

3. 建立全面统筹工作机制

由于责任督学挂牌督导是教育督导的主要工作机制，因此在落实国家、省市和上级教育督导部门的要求方面，需要在责任督学挂牌督导顶层设计上，建立全面统筹机制，用责任督学挂牌督导统领教育督导工作。结合本地区的工作实际，编制《教育督导工作结构图》《督导工作协作流程》等，采取科学规划和柔性管理，把督导室开展的"经常性督导""综合督导""专项督导"等各项督导工作，与责任督学挂牌督导工作进行全面统筹，夯实督导工作的基础，拓展督导工作的网络，强化督导工作的职能，不断提升基层督导工作的效率和权威性。

(三) 建立财政独立核算制度

我国《教育督导条例》第五条明确规定："县级以上人民政府应当将教育督导经费列入财政预算。"而财政独立核算的事业单位需要符合经济上、行政上独立的事业单位的基本条件，具备行政上独立的组织形式：独立核算盈亏，独立编制资金平衡表或会计预算决算表；有权与其他单位签订合同；在银行设有独立的户头；等等。可以说，这一规定是对教育督导机构独立性的进一步推进。在实践中，深圳市宝安区迈出了跨越式的一步，不仅督导机构独立性加强，而且督导经费充足，为提升全区教育质量作出了积极贡献。

深圳市宝安区教育督导室经区财政局核准，区教育督导室从2015年开始作为区一级预算单位，部门预算独立编制，经费使用独立核算，财务管理独立运作，依法接受审计部门的财务审计。经区人大审议通过，区教育督导室2015年部门预算达2600万元，2016年部门预算达2883万元，2017年部门预算达3105万元，其中督学责任区经费达658万元。全区在人、财、物和机构等责任督学相对独立性方面都取得了新突破，为建立教育督导长效机制奠定了坚实基础，形成了切合本地实际，具有本地特色的责任督学挂牌督导模式。

充足的经费预算是开展教育督导工作的有力保障。

深圳市、区政府对教育督导工作的经费投入充足。一是将各类评估的创建奖励经费、办公经费列入教育经费年度预算。2015年，深圳市奖补南山区义务教育均衡评估专项经费1140万元，并全额用于创建奖励。南山区安排民办学校创建省义务教育标准化学校专项经费1000万元、等级幼儿园和民办中小学评估奖励经费660万元、督导室办公经费22万元。2016年安排922万元，用于等级评估奖励。二是设立了责任督学挂牌督导专项经费，列入区政府财政预算，用于责任（区）督学的工作津贴、培训学习、日常办公、表彰奖励等，确保责任督学挂牌督导的有序运行。经区督导委研究决定，南山区责任督学挂牌督导工作经费每年不少于220万元，2016年已增加至330万元。

四、创新督学培养，实现督导队伍专业精干

建设一支数量足够、结构合理、经验丰富、能充分适应现代教育督导工作的高水平队伍，是保障教育督导工作顺利开展的关键所在。我国自恢复教

育督导制度以来，教育督导队伍迅速扩大，整体素质不断提高。截至2017年，我国的责任督学、挂牌督导已经覆盖全国近30万所中小学校，13.8万名国家、省、市、县四级专兼职督导人员有效保障了教育政策的落实和学校的规范办学，在促进和保障"两基"目标的实现、推进素质教育的实施过程中发挥了重要作用。[①] 但随着教育改革进入深水区，新的教育形势对督导队伍提出了新的要求。[②] 督导人员的专业权威与工作威信是政府督导机构赖以生存的基础。教育督导是一项高门槛和高技术性的工作，因为这项工作要求教育督导人员对教育现状和问题作出判断，在某些定性评价的层面依赖教育督导人员的专业知识和日常经验，而不可能完全依赖量化。从这个意义上看，在教育改革不断深化，人民对教育的要求越来越高的情况下，要有效发挥教育督导的功能，就需要借鉴发达国家督学队伍建设的成功经验，结合我国实际，通过建立督学职级制、优化分工、创新培训模式等措施，使教育督导成为一个不可替代的高准入、高技术性职业。

（一）构建督学职级制，实现督学队伍专职化

在教育治理改革的背景下，实现督导向善治的形态变迁的重要前提，就是要将实施督导人员——督学的现代化。我国的教育行政管理体制是中央统一领导下的分级管理，由于国情不同因而不能照搬他国的教育督导制度，但在强化督学职权方面则可以汲取经验、寻求突破口。这需要依据我国教育治理改革的实际，制定一系列旨在强化督学职权的相关政策法规，突破制度性壁垒。

1. 国际视野中的督学选聘

法国各级督学都要经过严格的选拔和考试方可被录用。法国总督学是由总统以法令形式对国民教育总督学进行正式任命，由于具有最高等级的公务员地位，因此其培训亦受到国家的高度重视。[③] 德国督导人员的选拔采用的是

---

① 柯进，刘博智. 为人民开创更美好的未来——党的十八大以来党中央关心教育改革发展纪实 [N]. 中国教育报，2017—10—18（3）.

② 朱玉成. 政府职能转变视角下的高等教育供给侧改革 [J]. 高等教育研究，2016（8）：12—17.

③ 吴声远. 简析法国教育督导制度的主要特点 [J]. 外国中小学教育，2004（8）：24—26.

招聘的方式，要求具备较高的知识水平、品德和组织能力，属于国家公职人员，终身不受解聘，工资由政府发放，待遇优厚、社会地位高。[①] 荷兰督学的任职条件中教育教学能力与管理和沟通能力并重，具备担任学校领导、顾问或培训师的经历。[②] 就督导人员的任命程序而言，加拿大的省教育督学必须经过"严格的省级考试"，除了要求具有"硕士学位或具有同等学历的实际水平"，还必须具备很高的专业素质。[③] 英国是用立法形式规定：各级督学上岗前和在岗期间都要接受严格的培训。[④] 由于美国是一个高度分权制国家，因而各州选拔督学的标准不尽相同，但都遵循着选拔精通教育理论和具有丰富实践经验专业人员的任用原则，同时定期培训是保障督学队伍高水平的重要手段。[⑤] 芬兰质量检测人员由教育质评专家担任，并且与相关的科学研究紧密联系，充分保障其专业性和科学性。[⑥]

2. 严格把关督学遴选和聘用

一是建立督导人员资格准入标准。督导人员必须具备分析教学形式和利用一定程度的专业知识找到工作效果差异原因的能力；必须具备运用各种监管与督导自身领域所特有的各种资料搜集设备的能力；必须具备开发新教学手段、方法和资料的建设性技能；必须了解教师们是如何学习教学的；必须具有评估指导教师教学的能力。简而言之，他们必须掌握教育学生和教育教师两方面的知识技能。[⑦] 同时，参照美、英政府的教育督导制度，建立督学专业素质和行政素质综合考察制度、任期制度和督导评估任务招标制度，在年龄结构、职业结构和专业结构方面严格遴选，保证督学的高素质、高水平。

---

① 顾明远. 外国教育督导 [M]. 2版. 北京：人民教育出版社，1993：97.

② 王黎. 荷兰教育督导制度及其督导模式最新发展 [J]. 比较教育研究，2013 (10)：42.

③ Report to UNECE and UNESCO on Indicators of Education for Sustainable Development Report for Canada[EB/OL]. http://www.cmec.ca/Publications/Lists/Publications/Attachments/104/Canada-Report-ESD-2007-10.en.pdf.

④ 朱坚，张苏. 监督与保障：英国教育法律对教育督导制度的影响 [J]. 教育科学研究，2010 (11)：72.

⑤ 陈世瑶. 中美教育督导制度的比较研究 [J]. 教育观察，2012 (7)：35.

⑥ 丁瑞常，刘强. 芬兰为何没有教育督导制度 [J]. 辽宁教育，2015 (9)：89.

⑦ [美] 苏珊·沙利文，杰佛里·格兰仕. 美国教学质量监管与督导 [M]. 翟帆，译. 哈尔滨：黑龙江教育出版社，2016：17.

从职业性的角度规范教育督导人员从业资格，实行严格准入、择优聘任、强化考核、注册管理"四统一"，真正把那些热爱教育督导、具备专业素养、能督善导的人遴选、充实到教育督导队伍中来。逐步树立督学的专业权威，进而实现教育督导工作的规范化、制度化、高效化。

英国督学类型多样，选拔聘任具有严格性和专业性。在教育标准局时代，英国督学种类多样，如女王总督学、女王督学、注册督学、助理督学、外行督学等，其招聘任职条件及日常管理也有一整套严格制度。督学的招聘过程是公开透明的，选拔条件严格、规范、专业，一般都必须经过本人申请、答辩、培训和见习几个步骤。此外，要求督学与时俱进，持续不断地进行专业发展和督导技能训练。督学的社会威望和待遇较高，女王督学的工资相当于大学校长，而督学的工资也相当于中小学校长和副校长。

二是真正落实督学选聘机制。按照《教育督导条例》中"县级以上人民政府根据教育督导工作需要，为教育督导机构配备专职督学，教育督导机构可以根据教育督导工作需要聘任兼职督学"的规定，落实专兼职督学的配备和选聘，从行政上提高督学的威信，增强督学的使命感和荣誉感。

2018年8月17日，上海市人民政府教育督导室关于印发《上海市督学聘任实施办法（试行）》的通知，根据国务院《教育督导条例》《上海市教育督导条例》及教育部《督学管理暂行办法》精神，为更好适应教育督导工作的新形势，进一步加强上海市督学队伍建设，提高教育督导工作水平，对2007年制定的《上海市督学聘任实施办法（暂行）》进行了修订，以进一步规范和加强上海市督学的聘任管理工作。对任职条件和聘任程序做了进一步规定。

三是施行督学资格证制度。施行督学资格证制度，借鉴在这方面执行最为严格的英国和法国的做法，我国需要出台更为细化的督学标准和遴选程序的相关规定，将督学资格证与教师资格证的效力相对等，严格规定各级、各类督学的年龄、学历、专业、资历等，通过考核、测试、试用和专业培训等程序，获得相应的资格证书者才能成为一名合格的督学。

天津市为进一步加强教育督导队伍建设，建立兼职督学专业化发展机制，完善资格认定制度。由教督委组织实施认定工作，明确督学资格的基本条件，通过资料审查、考查考试、综合评估、资格确认4个评估环节，分综合督政、学校管理、学科教学等3个专业类别分类评估。通过督学资格认定的人员在市政府教育督导室登记注册，归入督学人才资源库分类储备。教督委定期从取得督学资格并经过登记注册的人员中聘任兼职督学。①

四是单独核算督学编制。根据教育督导部门兼具行政与专业的特点，由政府自上而下建立督学职业体系，独立核算督学编制。考虑到我国现有的公务员行政体系和教育类事业体系并行特点，可以采用公务员和事业单位混合的编制系统。公务员编制的专职督学走行政路线，担任同级别行政类专职督学，如国家督学、省督学、市督学、区县督学四个层次中的行政类督学；再根据四个层次进行细分，确立跟现有公务员行政体系中对等的督学行政体系，享有现有公务员的职级，不影响行政类专职督学与同级别公务员之间的转岗交流和晋升提拔。职员编制的专职督学走专业路线，但在职务和职级上参照学校校级领导的职务和职级，通过教育督导部门下设事业单位，单独核算职员类的专职督学编制，实现与学校校级领导的转岗交流与晋升提拔。

3. 完善督学考核晋升机制

一是完善督学管理制度设计。根据督学工作内容和要求，创新工作制度，明晰指引，使责任督学工作与学习有章可循，规范有序。制定工作运行制度，指引和规范责任督学工作过程，有效促进责任督学工作的规范运行。要创新工作管理制度，对责任督学的会议、培训、工作要求、考核和奖励等提出具体要求和明确规定，实现量化管理，对责任督学的每项工作，由督管员一周一统计，一月一结清，每月公布量化管理情况。

二是建立健全责任督学挂牌督导考核激励机制。既考核责任督学和责任区督学，又考核责任区校（园）长。开发设计《责任督学考核量表》《责任区

---

① 教育部. 天津市创新四项体制机制完善教育督导制度［EB/OL］. http://www.moe.gov.cn/jyb_xwfb/s5989/s6635/201112/t20111221_139278.html.

督学考核量表》《学校校（园）长考核量表》，制定《责任督学挂牌督导工作奖励方案》等。每学年进行一次考核，考核结果作为校（园）长年度奖励、评优评先、交流任用的重要依据。

深圳市宝安区教育督导室制定了《宝安区责任督学考核管理暂行办法》，对责任督学参加培训、履行职责、开展工作和完成任务情况进行量化考核，考核结果作为督学聘任、年度评优、职务晋升的主要依据。

三是完善督学的人事流转渠道，保证督学队伍合理的流动性，拓展教育督导人员的职业发展空间。要打通教育督导人员的职级和职称晋升通道，使教育督导人员可以按照相应的专业技术职务管理办法晋升，安于自己的专业发展空间，不断提高专业化水平。从近年来我国教育督导所取得的成效看，我国教育督导的机制无疑是成功的。但从实践中存在的一些问题以及提升教育督导质量的期望来看，调整那些已经开始制约督导质量提升产生的负效应是非常必要的，所以施行督学职级制就显得尤为重要。

天津市在督学队建设方面，进行了一系列的制度创新。一是首席督学制度。教督委设4名首席督学，由资深专家担任，总督学聘任。分别负责对市政府有关部门履行教育职责情况、区县政府教育工作及其学校的办学水平、职业教育主办单位履行相关职责情况及其所属职业院校的办学水平、市属普通高等学校的教学水平，进行督导检查的专业指导。二是督学职级制度。设置一级督学、二级督学、三级督学和见习督学四个职级，由教督委聘任。一般行政编制的督学按照国家编制和职位任命，聘任相应的督学职级；事业编制的督学参照原有职称和实际水平，聘任相应的督学职级。兼职督学也参照此执行。[①]

（二）优化分工结构，增强学科教学督导

推进教育督导的专门化、精细化、服务化发展。随着教育督导形式的发

---

① 教育部. 天津市创新四项体制机制完善教育督导制度［EB/OL］. http://www.moe.gov.cn/jyb_xwfb/s5989/s6635/201112/t20111221_139278.html.

展，未来的教育督导人员将日益趋于细分化、专门化和精细化，如细化为教学督导、课程督导，或区分为小学督导、中学督导等，而不是经验式参与的、各方面都参与的一般督导。

1. 国际视野中的督学分工

法国督导工作的分工最为明晰，分为"督政"和"督学"，且重在督学工作。① 从专业角度划分，督学细分为"分科督导"和"专门督导"。② 总督学则按照所督导的学科和专长分为 12 个学科组和 2 个专门组，学科组以学科为重点开展工作，专门组往往横跨多个学科。③ 而以督导对象划分，分为"学区督导""学校督导""校长督导"和"教师督导"④，各自的工作又有不同侧重。加拿大则力求督学的专业结构多元化，包括评价、心理学、教育学、管理学等诸多领域，整体教育督导的队伍结构合理、分工明确，同时公众参与已成为各省和地区的有效督导实践。⑤ 德国督导人员的督导权限概括分三个方面：业务督导、工作督导、权利督导。⑥ 在实际工作中，三者虽难以截然分开，但分工明确，注重与多方机构协同合作。⑦ 在荷兰，为适应教育治理的分权化趋势，教育督导局越来越重视利益相关者的参与。⑧ 芬兰虽由第三方教育评价机构负责教育质量监测，但鼓励多方主体参与。⑨

美国的教学督导是全部督导工作的重点。现代美国的教学督导，虽然是各州教育政策不同，但概括起来有几个共同点：一是强调教学视导在教育组织系统中是与教学行政管理、学生的学习、教师的教学并列的一个非常重要的子系统，其任务是通过影响教师的教学行为来实现提高学生学习水平的目

---

① 刘华蓉. 中法国家督学对话教育督导 [N]. 中国教育报，2010-11-23 (3).
② 苏君阳. 教育督导学 [M]. 北京：北京师范大学出版社，2012：59—60.
③ 唐一鹏. 法国教育督导制度现状与特点研究 [J]. 比较教育研究，2013 (10)：44.
④ 刘华蓉. 中法国家督学对话教育督导 [N]. 中国教育报，2010-11-23 (3).
⑤ 赵凤波. 加拿大的教育督导及相关评价研究 [J]. 上海教育研究，2011 (4)：34—35.
⑥ 李春生. 比较教育管理 [J]. 南京：江苏教育出版社，2008：73.
⑦ 李文婧. 德国的教育督导制度探析 [J]. 郑州师范教育，2013 (5)：17.
⑧ 王黎. 荷兰教育督导制度及其督导模式最新发展 [J]. 比较教育研究，2013 (10)：42.
⑨ 丁瑞常，刘强. 芬兰为何没有教育督导制度 [J]. 辽宁教育，2015 (9)：89.

的。二是教学督导员注重深入课堂，为教师提供课程和教学方面的咨询与服务。三是教育组织机构非常注重给教师充分的自由，但同时也注意加强质量的管理和控制，教学质量管理是教学督导的一个重要任务。四是教学督导的任务不是维持现状，而是要力图改革。教学督导员应成为教改的先锋和领导力量，但教学督导员的威信不是来自行政的权威，而是来自他们自身业务工作能力。① 另外，美国有许多独立性的全国性教育督导组织是脱离政府管辖的中介机构。②

2. 探索我国督学分工办法

亚当·斯密认为分工可以使劳动力效率得到最大的增进，③ 因而督学分工明确是提高督导工作效力的最佳途径。督学分工最为细致的有法国、加拿大和德国。集他国所长，我国可根据督学的专业特长将督学细分为：学科教学督学、行政办学督学、校内督学、社会督学以及第三方评估机构。严格督学遴选，尽量做到去行政化。督学除了掌握国家政策、教育理论和丰富教育实践经验外，还要强调督学必须是某个学段、学科和某一教育领域或问题的专家。

3. 赋予教研员督导职权

事实上，我国拥有一支庞大的、被认为是中国教育创新的支点的教研员队伍。④ 因此，在学科教学督学队伍建设方面可以尝试改革和突破，赋予现有的教研员监督和评价的行政职权，将督导工作与他们自身具备学科专业背景进行整合，这样就可以形成行政权威和专业权威兼具的专职督学队伍。从而既能优化督学的专业分工，又能提高督导的专业水平，还能快速壮大我国专职督学队伍。可以说，我国正致力于将公共教育权力向多元主体开放的结构性变迁，这种变迁趋势强调教育管理中的多元主体民主参与，尤其是引进体制外专业的第三方评估机构参与，从而建立起高效、民主、服务性强的新型

---

① 深圳市督学赴美国考察报告。
② 谢琴. 美国教育督导制度及其本土化启示 [J]. 当代教育科学，2013（7）：49.
③ [美] 亚当·斯密. 国富论 [M]. 富强，译. 北京：北京联合出版公司，2014：3.
④ 崔允漷. 中国教育创新的支点——提升教研员课程领导力 [EB/OL]. http://www.kcs.ecnu.edu.cn/CN/show.aspx?info_lb=8&info_id=3235&flag=132.

教育督导善治体系。①

在与"香港特别行政区政府教育局质素保证及校本支援分部"领导和成员交流时得知,香港的"学校教育质素保证"的基本原则是:为配合学校的自我评估和加强学校对提供优质教育的问责,帮助学校找出自身的优点和尚待改善的地方,促使学校自我完善。质素保证人员在督导时,运用评估数据和工具,以校情为本、对焦评估,遵循"策划—推行—评估"循环的理念帮助学校发展及改善。在评估时,评估工作更侧重关注学与教以及学生的全人发展,注重帮助和指导教师日常教学工作的改进。实际上,香港的质素评估人员更多的工作是承担了我们所说的教研工作,因而他们具备教研和评估双重职能。这样的做法值得我们借鉴。②

(三) 创新培训模式,提升督学专业化水平

教育督导行为者作为教育治理体系现代化的核心要素,在教育督导专业化发展的同时,"人的现代化"尤为重要。督学是教育督导工作的具体组织者和实施者,其组成结构和素质水平直接影响督导工作的效能。因而,要不断提高教育督导督学的专业化水平,不断创新督学的培养机制。

一是完善和优化教育督导培训体系,创新教育督导培训形式,引导教育督导人员职后成长。教育督导人员理应成为一个学段和一个领域的专家,并通过针对性的、专业化的职后培训,不断提升和优化自身的业务知识、督导技能和眼界视野。

天津市教督委建立督学培训制度,采取每年制定督学队伍培训计划,由市政府教育督导室聘请专家,定期开展时事政策、法律法规、教育理论、教育统计、教育测量、教育评价、教育督导、课程改革、学校建设、督导规则、督学纪律等方面的专题讲座。在执行督导检查任务之前,适时组织兼职督学

---

① 王庆如. 国际比较视野下我国督学队伍建设策略探析[J]. 教学与管理,2018 (9):30.

② 笔者访谈香港特区政府教育局学校质素保证高级主任。

现场实习、专题研讨，保证督导检查的质量。

二是针对教育发展中出现的新问题、新情况，加强职后继续教育培训，提高教育督导工作的时效性。完善激励制度，吸纳优秀人才加入督学队伍。我国督学人员数量目前严重不足，可尝试提高督学福利待遇的方式，大力鼓励那些符合督学资格的优秀人才报考督学，真正把理论功底厚、实践经验足的教育教学和管理专家选吸纳到督学队伍中来。

为加强各地教育质量监测人才队伍建设，促进教育质量监测工作的质量提升，2019年12月24日至28日，北京师范大学中国基础教育质量监测协同创新中心（以下简称中心）在北京举办了第一期国家义务教育质量监测骨干高级研修班，共有来自北京、黑龙江、内蒙古、宁夏、新疆、河南、安徽、贵州、云南、广东、海南等11个省市自治区的97名监测骨干工作人员参加了本期研修班。培训紧密围绕教育质量监测政策分析、工具研发、监测实施、数据分析、报告撰写、报告解读和结果应用等环节，邀请中心相关部门负责人和专家进行深度讲解，并结合体验式学习方式，让参研人员做到明方向、明问题、明方法，从而提升各地区教育质量监测工作的整体质量。①

三是打破传统教育督导培训的封闭性。搭建区域教育督导协作的互助平台以促进区域间资源共享与经验交流，同时推动青年教育督导人员到基层学校挂职锻炼、实地培养，在实践、交流和互动中不断锻炼自身的能力。通过以上途径，快速提升督学的专业能力。

深圳市福田区教育督导室为提高全区责任督学挂牌督导的履职水平，促进责任督学挂牌督导常规工作的全面展开和特色亮点的逐步形成，制定了《福田区责任督学三年培训计划》，通过专家讲座、异地取经、督学沙龙、头脑风暴、经验共享、观摩研讨、同侪提升、工作室引领等多种形式开展督学

---

① 教育部基础教育质量监测中心. 第一期国家义务教育质量监测骨干高级研修班顺利举行［EB/OL］. http://www.eachina.org.cn/shtml/4/news/202001/1863.shtml.

培训，构建督学与学校间的学习共同体，着力打造以"监督、指导、评价、服务"为核心内涵的福田教育督导文化。宝安区则采取跟岗学习的方式，派一名督学培养对象，实地跟岗一名督学的督导评估全过程，在实际工作中熟悉督导工作、学习督导方法。通过这一培训方式，为本区储备了一批合格后备督学。

总之，建设一支与当前艰巨的教育督导任务相匹配的督学队伍，对于促进我国教育督导事业的发展、提升教育质量有着极其深远的影响。

五、创新方式方法，实现科学高效的教育督导

提高教育督导的效率有赖于教育督导方式的创新和调整，有赖于高新技术的支持。教育督导工作是一个复杂和高权变性的系统，只有不断提升自身督导方式的多样性、灵活性、适切性和有效性，才能实现督导工作的高质量和高效率，实现综合督导、专项督导和经常性督导有机结合，督导过程实现规范化、科学化和专业化。教育督导形式需要更加贴近学校、贴近课堂、贴近师生。在这样一种关系转变的基础上，教育督导人员不再只是外在于督导对象的异己，也不再是高高在上的管控式、考核式督查，而转变为合作、服务以及指导与改进的"同伴"。

（一）运用大数据和区块链，提升督导的效度和信度

教育督导之所以能够发挥督导功能，是因为其依照标准借助有信度的各种督导工具来开展督导工作。随着社会的日益进步，教育系统涉及的内容与领域日渐繁多，教育督导的评估标准往往难以第一时间跟上教育新形势，教育督导采集的数据和研发的督导工具也难以充分保障信度和效度，这不但给督导者带来了一些麻烦，也对被督导的学校造成了较大的负担，导致教育督导的价值大打折扣。如何立足督导使命，紧跟时代步伐，牢抓教育领域里的督导话语权，已成为督导人不得不面对的共同难题。借助大数据平台和区块链技术，是提升目前教育督导效度和信度，树立教育督导威信的一条科学、高效的途径，具体而言，可以采用如下方式：

1. 运用大数据平台提升督导效度

积极运用大数据平台丰富教育督导的功能，提升教育督导的效度。教育督导要实现有效甚至高效督导，建立基于教育质量监测的大数据平台是十分有必要的。

一是完善评估指标体系。督导评估指标体系就是督学开展督导工作的生命线。科学的教育督导评估体系，就是从评估目的的给定、评估指标的建立、评估模型的选择到权重系数的确定，都要符合法律法规、国家政策，符合教育规律，符合社会对教育、对学生成长的要求，涵盖行政、教育诸方面，并具可行性。

建立科学的教育督导评估指标体系是教育督导重要工作之一，是教育督导评估的基础性工程，是教育督导依法保障功能的具体体现。教育督导评估指标体系的建设决定了督导工作的目标和方法，决定了督导工作的实效性，并在极大程度上影响着教育事业的发展质量。因而，在研制和完善评估指标体系时，要充分利用大数据平台，遵循三个原则，即"因时制宜、因地制宜、因校制宜"。就是说，评估指标体系不是"一劳永逸"的，而是要根据国家教育改革的方向、时间和时代的变迁，不断的更新修订；评估指标体系不是"万能的"，要根据不同的地域、不同的文化背景、不同的社会经济发展水平等制定与之相匹配的评价标准；评估指标体系不是"一把尺子"，要根据学校不同的类型、性质、定位、特色等，制定多种多样、能够促进学校多样态发展的评价指标。

二是可以运用大数据平台做好督导前准备工作。实施督导的督学可以及时发布督导通知，在线即时公布督导标准、生成督导结果，大大提高督导效率。被督导的学校可以及时接受督导通知，在线填报督导材料，即时回应督导讯息，有效减轻被督导的负担。

三是可以通过大数据平台做好督导中的统计工作。督学可以运用平台实现移动办公，在线督导，线上选课，直接填写电子督导表格，当场上传督导照片，做到督导留痕。学校可以运用平台即时掌握督导动态和督导达成情况，在线填报数据，编辑新闻，保存督导印记。

四是通过大数据平台做好督导后工作。督学可以在督导后依据在线统计督导数据，生成督导报告及整改建议清单，第一时间发布给学校，实现督导结果反馈的及时性。学校可以在督导后直接生成督导新闻，接受督导报告及整改建议清单后可以在线回应，根据在线模板制作整改方案，最后上传整改结果，在低负担下实现高效督导。

2. 运用区块链技术提升督导的信度

习近平总书记在中央政治局第十八次集体学习时强调，把区块链作为核心技术自主创新重要突破口。教育督导则应充分运用区块链技术，提升教育督导的信度。运用区块链技术可保障教育督导的真实性，可以有效提升教育督导的信度。教育督导要维护其专业的权威性，须有技术上的保障，才能够保证督导结果与督导过程的一致性和相对客观性，不会发生人为篡改督导结果或报告的情况，才能真正让人信服。区块链因为其可追溯性、不可逆转性、分布式等特征正在世界范围内引发一场"区块链革命"。教育督导工作可以在以下几方面进行区块链技术的应用：

一是运用区块链技术确保督导对象的一致性。一旦将督导对象信息上链，督导对象原始信息就无法再被更改，有效保证督导的对象或数据的原始性与真实性。二是运用区块链技术保证督导过程的完整性。无论是督导照片还是督导数据，无论是听课记录还是评课过程，无论是资料查询还是评分情况都一一上链，既保证了被督导对象重视真实的数据及其来源，又有效约束了督学从事督导过程的行为。三是运用区块链技术维护督导结果的权威性。因为督导结果及生成的报告与整改建议都会上链，从而在技术层面最大化地维护了督导结果的完整性与权威性，保证了督导对象数据的一致性和督导过程的客观性，大大提升了督导结果的可信度。而且，一旦督导报告生成并上链后，没有任何人或组织能够改动，教育督导的独立性也在技术层面上得到了实现。

区块链技术在教育系统的运用前景非常广泛。除了可以维护教育督导报告的独立性，也可以运用于师生档案管理、学历学位证书防伪、食堂样品信息留存、学生评价改革、学校资产管理、工资发放、税收缴纳、党费收取、教职工代表大会选举、校史留存等。教育督导要形成对教育监督与指导的有效话语权，应在区块链技术的应用上先行一步。

3. 优化督导方法延伸督导触角

为提升督导效率，教育督导手段应进一步走向合作、走向多元、走向灵活。可通过定期督导、日常督导建立督导常规，又可采取无预定日程表的临时督导以防止情况失真；可通过全面督导、集体督导掌握教育的整体情况，又可通过选择督导、专题督导将问题的研究引向深入。在教育督导方式方面，要在以往注重总结性评估的基础上，加强对教育改革与发展的形成性评估。既要关注被督导对象的现实表现，也要注意其历史形成过程和发展趋势；既要较好地反映教育发展的状况，又要更好地明确教育发展的方向。教育督导需要针对不同区域、不同学校、不同阶段的督导对象，根据不同的实际情况采取更多元的评估方式方法：

一是以常规督导为基础，以专项督导为重点，以评估监测信息为支撑，健全自查自评、实地督导、评估监测、反馈整改、信息发布、第三方居间评价等督导环节，完善结果公告和限期整改、评估监测与复查、约谈及奖惩问责等督导程度，形成地方自查、国家抽查、部门联动、交叉互查有机结合的督导体系。

二是加强对教育督导与评价工作的统筹协调，对区县政府及有关部门、学校的综合性督导与评价，由市区级教育督导部门综合管理和组织实施；不能纳入综合性督导与评价相关检查、监测评价等工作，由市区级督导部门牵头，会同教育行政部门及有关部门统筹安排，协调开展落实。

深圳罗湖区一个评估组积极借助第三方力量进行联合督导。2017年10月9日，责任督学收到《关于人民小学"上天入地"建设需求的情况报告》，经与学校协商，将此报告提升为人大议案，提交到罗湖区人大教科文卫侨务组。11月20日，区人大常委会谭会茹副主任等十几位市区人大代表到人民小学，与相关部门举行现场协商研讨会，达成支持学校将"上天入地"与"美丽校园"合二为一建设需求的决议。[①]

三是完善督学责任区制度，实现督导工作全面覆盖。督学责任区建设是教育督导制度建设的重要组成部分，是对我国教育督导制度是自我完善，也是我国教育督导领域的一项制度创新。加强督学责任区建设，是落实教育规划纲要"坚持督政与督学并重"要求，推动"督学"工作制度化、常态化，加强对中小学校工作监督与指导的重要措施，有利于及时了解和掌握中小学

---

① 访谈深圳市罗湖区某督学。

校的工作状况，发现存在的问题和不足，指导和督促中小学校规范办学行为，提高教育教学质量。由于责任区的性质不同于履行行政职能的督导机构，它只是教育督导机构某些职能的延伸和代理。那些需要高度依赖行政职能才能发挥的功能，责任区就难以实现。因而责任区在兼有一般性监督、检查、评估功能的同时，更主要的还是指导功能。要将指导功能作为督学责任区的出发点、归宿地，作为其重心所在、价值所在和生命力所在。只有指导功能到位，责任区"激励和约束"学校的核心功能才能达成。我们还需要完善责任区督学制度相关的文件政策，如《工作制度》《工作考核办法》《工作流程》《反馈机制》等，探索新的工作方式方法。由于责任区督学挂牌督导工作没有现成的模式可供学习与借鉴，必须依靠在实践中不断地丰富与完善，努力探索出最佳的、科学的、务实的工作模式，为责任督学挂牌督导工作提供强有力的支撑与保障。

四是完善挂牌督学制度。实行挂牌督导是转变政府管理职能、加强对学校监督指导的重要举措，也是加强与学校和社会联系、办人民满意教育的有效方式。实施挂牌督学制度有利于搭建政府与教育利益相关者之间的沟通"桥梁"，有利于延伸教育督导的"触角"，有利于督导工作透明化，有利于细化问题后责任到人，及时发现学校改革发展中出现的问题，及时指导帮助学校端正办学思想，规范办学行为，实施素质教育，推进学校内涵发展，提高教育质量。颁布地方政府《中小学校责任督学挂牌督导实施办法》，明确要求各级地方政府开展挂牌督导工作，从机制上保障责任督学工作的顺利开展。

深圳市南山区人民政府教育督导委员会自成立以来，区政府教育督导委员会印发了《关于全面推进责任督学挂牌督导工作的意见》《南山区责任督学挂牌督导工作规程》等制度规定，这对南山区责任督学挂牌督导工作的全面开展和深入推进提供了政策依据和条件保障。其主要做法归纳起来就是实现"六化"，即：政府授权制度化、挂牌督导常态化、督学发展专业化、管理服务精细化、工作手段现代化、宣传交流社会化。2017年3月20日，国务院教育督导委员会公布了首批全国中小学校责任督学挂牌督导创新县（市、区）名单，共有11个省29个区入选。广东有四个区上榜，其中就有深圳市南山区。南山区在不断探索中，形成了"南山模式"；且在这个基础上，创造性地提出责任督学专职为主、专兼结合的"3+X"组团模式,分别覆盖学校管理、课程教学、综合视角、社会角度,能够多角度全方位地对学校工作进行监督和指导,把挂牌督导工作推向了新的高度。

(二) 强化自我督评,调动学校发展内动力

自评事实上是一种提高学校自主管理能力的问责模式,是提高学校效能和校本管理的一种发展机制。近些年,学校自评呈现出广泛参与、与学校发展目标和计划紧密相连、将自评融入到学校日常管理中去的特点。这反映了学校评价的模式将从单一走向多元、由重外部督导轻学校自评到内外评价兼顾,是时代要求的一种必然发展趋势,是对督导评价内涵更全面、更深入认识的结果。

1. 调动学校自我发展的内动力

要激发学校自评自诊的自觉性,就要教育督导部门放下身段,走进学校,由管理者变为参与者、指导者,与学校亲密合作,指导和帮助学校诊断办学过程中存在的问题以及产生的根源,通过广泛搜集资料,听取各方对学校的意见,与学校共同研究、协力合作,制定出科学的、合理的、重点突出的、切实可行的学校发展规划。

一是学校自我评估的关注点要从外部机制的管理,转向重视整体学校质量的提升,并把学校设计为学习型组织。要将教师、学生、政府作为学习型组织的成员,将专家诊断、提供依据、建立信任及在自我评估中持续不断的学习作为督导评估的要点。

二是学校在接受教育督导团及社会各方意见的同时,需要制定学校未来改进计划,建立起政府、督导团、学校领导、师生、家长、社区等共同承担教育质量责任的氛围,而不再只是强调惩罚。因此,要充分发挥学校自我评估在整个督导评价中的作用,促进学校形成一种严格的自我评价和改进的文化,使学校自身成为评价、改进与发展的原动力。同时,教育督导也要将督导评价的工作重心转向发展性督导评价,使学校自评在督导评估发挥更大的作用。

2009年4月,英国教育标准局颁布的学校督导新框架"每个孩子都重要"

的"学校内部评估"部分中,强调了教育标准局对学校自评的重视:学校自评是对外部督导进行有力补充的一个动态机制,它使得督导能覆盖到学校所有的焦点和重点问题。英国教育标准局通过近年来的实践证明,强化学校自评有利于增强学校对评价的自主性,加强学校自主管理。因而英国愈来愈重视发挥学校自我评估的潜力,外部督导愈来愈倾向于定位在对学校自评的监督和再评上。英国的学校自评得以推行,不仅源于国家政策层面的极力支持,同时也是学校自身优化自主管理和长远发展的必然要求。

三是需要将教育督导的自评自诊与学校及校长考核"松绑",减少学校主观上对督导评估"挑毛病"的抵触心理,以期提供真实详尽的办学资料。督导帮助学校树立和培养自我反思的意识和能力,指导和帮助学校诊断问题、制定改进方案。引导和帮助学校构建自我评估机制,大力宣传学校自我评估的意义,组建自评工作小组,完善自评制度和方案,组织开展学校自评工作。同时,设立自评自诊奖励标准,对于认真开展自评自诊的学校给予物质奖励和政策支持。

2. 提升学校自评效能

学校针对自身的各个方面进行自我评价,找出自身发展的优势和缺点、改进方向和具体行动计划,进行持续的改进,这是一个学校自主评价、分析、实施、再评价的过程。学校要做到有效的自评自诊,教育督导需要实现四个转变:一是构成职能转变,使教育督导由行政管理者转变为学校发展的指导者;二是督导内容转变,使教育督导由督导学校管理向督导学科专业发展倾斜;三是主体多元转变,使教育督导的信息采集面更广泛,掌握大量第一手资料,对学校办学作出更科学、更理性的评价;四是评估结果应用渠道转变,由考核转变为扶持,助力学校特色发展。

在督导评估反馈会上,一位小学校长说,"督导评估组的专家们真是火眼金睛,发现了我们自己没有发现的问题,更发现了我们自己都忽略了的优点。我们学校非常重视这次督导评估,学校把这次评估作为检验学校自身发展的一次契机。我们在评估进驻之前,用了为一年的时间进行自查自诊,在这个的过程中,每个岗位的每个人都对照评估指标进行自查和反思,大家认认真真地找问题、找差距。说实话，就在这个自查自诊过程中，我们已经在很多方面根据自查的结果和大家提出的解决建议进行了改进，我们自己能够看到感觉到学校近一年来各方面发生的积极变化。今天，听了评估组的反馈意见后，让我们受益匪浅，让我们更加明晰未来发展之路……"

强化学校自我评价，使学校自主评价成为其发展与改进的动力。实现教师能够从学校的自主评价过程中获得评价技能和相应的评价训练，也能通过学校自评获得职业发展。要提升学校自评效能，还需要学生、家长和其他社会相关群体参与到学校管理中来，广泛听取他们的意见和建议。

深圳市自 2010 年开始实施的办学水平评估，在评估程序上非常强调学校自评。被评估的学校需要在评估组进驻学校评估之前，对照评估指标，完成一次对学校全面的自我评价。这不仅有助于学校自主发展，还促进了全市义务教育阶段学校办学水平的整体提升。深圳市在办学水平评估中，积极推进学校深入开展自评自诊，增强了学校自主发展能力。

3. 为学校自评提供支持

要给学校提供自评的支持和指导，地方教育主管部门的职能需要从对学校的直接管理与控制转变为服务、协调、支持、规划与发展，与学校形成一种良好的工作关系，更有利于学校自评的开展。要将以往的诊断性评估，向发展性教育督导评估转变，要树立"为学校发展提供专业支持和有效服务，促进学校自主发展"的督导评估理念。创造性地开展"需求督导"，就是以满足回应学校提出的督导需求为主线的发展性教育督导评估模式，具体有六个步骤，如图 5—3 所示：

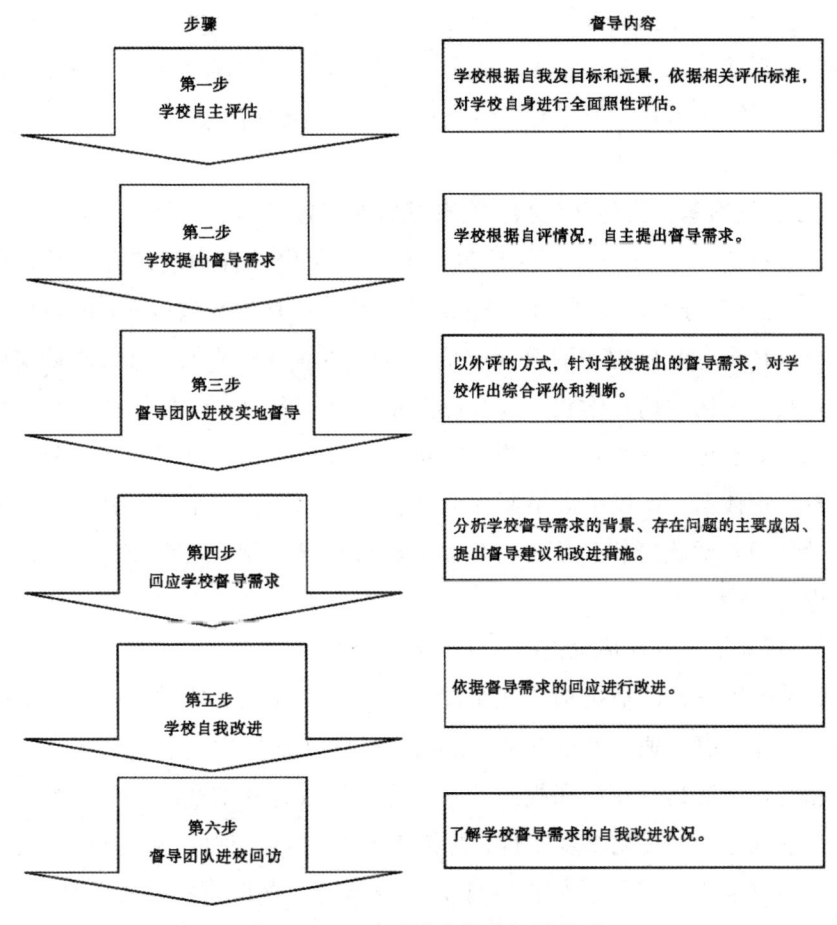

步骤	督导内容
第一步 学校自主评估	学校根据自我发展目标和远景，依据相关评估标准，对学校自身进行全面照性评估。
第二步 学校提出督导需求	学校根据自评情况，自主提出督导需求。
第三步 督导团队进校实地督导	以外评的方式，针对学校提出的督导需求，对学校作出综合评价和判断。
第四步 回应学校督导需求	分析学校督导需求的背景、存在问题的主要成因、提出督导建议和改进措施。
第五步 学校自我改进	依据督导需求的回应进行改进。
第六步 督导团队进校回访	了解学校督导需求的自我改进状况。

图 5—3 六步"需求督导"模式图

其中，督导需求是"需求督导"模式的关键点和核心内容，学校通过自评提出督导需求，督导团队针对督导需求进行回应，这个环节是"需求督导"模式的重中之重。对学校而言，在自评过程中提出适切的督导需求至关重要；对督导人员而言，为学校提供帮助支持，回应和满足学校的督导需求，给出合理化建议是必要任务。

深圳市以办学水平评估为平台，帮助学校厘清办学思路，丰富学校办学内涵。很多校长通过办学水平评估对学校的"体检"，找到了学校发展之路。督导评估因校制宜，有力强化了学校办学特色，实现了学校的个性化发展。罗湖区湖贝小学是其中一个案例。评估组深入了解校情、评估后，充分肯定了该校校长"无差生教育"办学理念,还对学校因校制宜、后来居上的成效及其经验做了入木三分的挖掘,更是以"湖贝模式""湖贝路径"高水平的建议让这个异军突起的"城中村"学校看到了个性化发展的美好前景。

(三)培育第三方评估机构,提升督导专业效率

积极推进第三方教育评估监测,是我国深化教育领域综合改革,推进"管、办、评"分离,转变政府职能的重要举措。有效实施第三方教育评估监测,引入社会专业机构评测教育质量,检验办学质量效果,监督政策实施过程,有利于重构政府、学校、社会的关系,重塑政府、学校、社会在教育质量保障中的角色,逐步建立起决策、执行、监督既相对分开又相互制约的现代教育治理体系,不仅可以不断提升教育治理能力和水平,也有利于提升教育督导部门乃至政府的公信力,是促进教育督导法制化、专业化、现代化发展的重要举措。

1. 建立第三方评估机构准入法规制度

健全的第三方评估机构法规制度,是保障其规范发展的基础。这就需要针对这些非政府、独立于教育主管部门之外的评估机构建立健全法律基础和规章制度,保证其专业性和权威性。尽快推进教育评估立法,明确第三方评估机构准入标准,优化制度安排,加速对现有具备条件的第三方评估机构的认证,尽可能提供公平、公正的外部竞争环境,真正落实与实施教育"管、办、评"分离,推动第三方教育评估的发展。

国际上已有的对教育评估机构、认证机构的一些管理经验值得我们参考。如美国通过政府和民间两条渠道对所有的评估机构、认证机构进行规范。在美国,第三方评估机构必须将其认证及决策程序和认证标准向公众公布,邀请公众代表参与认证活动,通过设立热线、决策听证、网站听取及举报与监督意见等措施,主动接受公众和媒体监督。另外,最后的认证报告在撰写完成之后,官方必须予以公布。而我国第三方教育评估市场虽已初具规模,但尚未形成完善的市场准入和监督机制,这对于第三方的发展是非常不利的。

2. 积极培育和扶持一批专业评估机构

积极培育和扶持一批专业评估机构，引导社会力量参与教育质量评估监测。由于督导相关事务的复杂性以及政府督导机构职能的有限理性，单凭教育督导机构一方的力量很难做到面面俱到和保证督导活动的科学性，因此有必要引入专业评估机构。

一是建立行政、财政独立的法定评估机构。须具有独立性、专业性、权威性的特征，接受政府委托，开展与评估相关的业务，评估结果可以报告的形式递交至政府，并为学校提供切实的支援。借鉴香港考试及评核局的发展经验，我国内地第三方评估机构要想在教育质量监测中发挥主导作用，可以科学研究为先导、以标准建设为依托、以专业队伍为保证、以信息技术为支撑，着力提升自身的核心竞争力。[1]

二是充分吸收社会机构，通过政府购买服务的方式，培养扶植一批专业的教育督导机构，充分利用各种有资质的高等学校、教育科研机构、教育学术团体和其他具有教育评估、监测职能的社会中介机构，向社会分离教育督导中的一部分高专业性、高技术性的职能，如学业数据监测、教育满意度调查等，但不宜包括那些强监督性与强制性的职能，如行政监督、教学指导等。逐步形成教育督导的社会力量，体现现代教育督导的多元参与和谐发展。

三是探索引进国际化的教育评估组织。国外教育发达国家的非政府组织的教育质量监测水平很高，而且作为政府治理教育的有力补充，不断深入地介入到教育政策、教育规划、教育制度和教育方案的制定与评估中去，发挥其应有的"补偿性功能"。

香港考试及评核局（HongKong Examinations and Assessment Authority，以下简称"香港考评局"或"考评局"）前称香港考试局，成立于1977年5月，是一所行政、财政独立的法定机构，主要筹办小学、中学及大学入学程度的考试及评核，同时也举办多项国际专业资格考试。考评局自负盈亏，它坚持专业、创新、高效的服务理念，致力于提供能够满足社会发展需要的一系列高信度、高效度的评核服务，是全港最核心、最重要的第三方教育评

---

[1] 王璐，王琳琳. 社会第三方评估机构如何服务基础教育质量监测——来自香港考试及评核局的经验[J]. 教育测量与评价，2019（4）：26.

估机构。它具备第三方评估机构的三大基本特征：第一，具有独立性。香港考评局是一个独立于香港教育行政部门的法定机构，它财政独立、自负盈亏，能够独立承担民事责任。第二，具有专业性。专业性之一体现在人员构成上，香港考评局委员会的成员不仅有来自中小学和高等院校的一线教师，还有来自社会各界的专业人士，人员任命具有相当严格的选拔与考核制度。其中包括经验丰富和训练有素的考试行政人员、开发考评及各种测试服务的专家，以及研究和发展评核工作的专业人员。专业性之二体现在科学化、人性化的测评工具上。为了使评估结果更加准确有效、具有说服力，香港考评局开发了一系列专业性的评估软件和数据平台。第三，具有权威性。香港考评局具有健全的内部管理规范机制，委员会辖下设有各事务委员会，按照既定职权范围履行职责，并成立专门的工作小组负责处理重要事务。

3. 政府管理部门的职能和角色"回归本位"

在教育管理和评价工作中，我国的教育行政管理部门的身份既是"运动员"又是"裁判员"，这样的评价模式已经不能适应教育治理现代化的要求。因此，"宏观引导、监管及提供服务"成为教育行政管理部门的新角色。教育督导作为一项公共事务，教育行政部门的管理是不可或缺的，根据治理理论框架，可以由教育行政部门负责制定相关的政策和审核标准，将具体的工作交由市场的第三方专业评价机构来执行。政府与评价机构各司其职，使得教育督导工作不断朝健康、良性的方向持续发展。同时，独立性教育督导的改革，也体现在有效吸引社会组织参与教育督导工作。通过引入有资质的第三方组织，教育督导机构可将自身承担的部分职能分离给社会组织，以购买服务的方式发挥第三方机构的专业优势，把自己从部分具体性的事务中解放出来。

（四）吸纳社会公众参与，实现督导过程民主化

科恩认为："民主是一种社会管理体制，在该体制中社会成员能直接或者间接地参与或可以参与影响全体成员的决策。"[①] 民主与参与紧密联系在一起，教育督导也毫不例外。教育督导也必须朝民主化方向发展，而民主化的重要

---

① ［美］科恩. 论民主［M］. 聂崇信，朱秀贤，译. 北京：商务印书馆，1988：10.

体现就在于公众参与。公众参与的重要贡献就在于通过让公众参与其中，增强公众对教育督导的认同感，提升督导的透明化，实现教育共治。

1. 完善社会公众参与机制

在《教育督导条例》中，督导工作的主体由教育督导机构和被督导单位扩大到社会公众，充分吸收社会力量，发挥新闻媒体、企业、社区、学校、教师、学生、家长和专家学者参与教育决策和监督的作用，形成教育督导的社会力量，体现现代教育督导的多元参与和谐发展。这就需要建立健全社会公众参与的机制，明确参与条件、办法、程序和考核等制度，才能保证参与活动的主体由两方发展到多方，参与主体开始多元化。也意味着，各活动主体由行动上的相对孤立走向合作与参与。信息透明度越高，多元治理主体就越能有效地参与治理并监督治理过程。①

2015年10月9日，上海市人民政府教育督导室发布《关于对本市各级各类学校实施教育督导的意见》，其中第五条"督导方式"第二款明确规定："支持社会参与。教育督导部门要为家长和社会公众参与对各级各类学校的教育督导提供保障条件。其中，对普通高等学校、职业院校实施教育督导，可以邀请用人单位代表、行业协会、企业参与，充分听取各方对人才培养质量的意见。"

2. 增强教育督导的民主化

缺少民主化的督导活动是处于一种封闭的环境。在这种封闭的状态下，仅仅体现教育督导机构与被督导单位之间的互动，外界的信息很难进入到决策系统中，因而对外部环境的变化很难作出迅速反应。而《教育督导条例》要求教育督导机构应当征求公众的意见，并引入了学生及其家长和教师参与其中，增强了教育督导的民主化，从而构建了一个开放的环境。随着各方的参与，更多信息输入决策系统，并使其对不断变化的外部环境迅速作出反应。同时，将输入转化为输出，并与各方形成互动。因此，活动的环境由封闭转向开放，教育督导也由"单一管理"走向民主化的"协同治理"。

---

① 褚宏启. 教育治理与教育善治 [J]. 中国教育学刊，2014（12）：8—9.

一是在与教育督导相关的决策活动中，适当增加体制外的参与人数，通过意见输入方式影响教育督导单位，并与教育督导单位结成"合作联盟"，针对相关问题献计献策，在某种程度上可避免少数人的知识局限，不仅有利于共同推动教育管理决策的科学化，还能推动教育督导向民主化方向发展。

二是在教育督导的实施过程中引入公众参与，实现督导过程的透明化。这样不仅有利于减少执行的阻碍，并得到教育利益相关者的理解与支持，保障督导工作执行的顺畅；还有利于相关部门得到来自群众最直接的信息反馈以及建设性意见，为教育督导的改进创造条件。在教育督导中引入公众参与不仅是教育督导透明化的表现，更是教育督导科学化的保障。

近年来，在深圳市开展的办学水评估工作中，逐步完善了教育督导公众参与机制。在评估学校过程中越来越重视学校教育利益相关者的共同参与，设有：学生问卷、学生座谈，教师问卷、教师座谈，家长问卷、家长访谈，责任督学访谈、街道办访谈、社区访谈、当地公安系统访谈、人大代表访谈等，广泛听取各方评价意见，全方位评估办学成果和存在问题。有的区还邀请当地媒体参与评估工作，做到整个评估过程公开、民主、透明，并接受媒体监督。这不仅增强了办学水平评估的民主化，也提升了办学水平评估的影响力和社会认可度。

六、创新问责制度，确保督导结果掷地有声

教育督导制度被认为是一种专业性问责制度，是督导实施者向上级行政管理部门负责、向家长和社会负责，是三者之间的专业性问责环节。因而，创新问责制度，强化结果运用，是保障督导工作掷地有声和强化督导权威重要手段。

（一）优化问责主体权责结构

要完善教育督导结果应用，需要明确问责职能和优化责权结构，强化督导上报制度和督导报告社会发布制度。前者解决的是督导结果的内部重视问题，后者解决的是督导结果的外部关注问题。

1. 明确问责职能和责权结构

一是准确定位督导问责的职能，注重问责主体与责任主体双向互动，通过监督、惩罚达到教育从而预防问题出现的目的。二是优化教育督导主体权责结构。建立教育督导问责权力监督机制，提高督导问责权力运行的透明度，同时努力拓宽民主监督的渠道，依托人大、司法机构、新闻媒体等，把行政监督、法律监督、组织监督、社会监督等有机结合起来，保证各个监督系统的整体协调和依法进行；完善督导问责工作监督举报制度、信息公开制度等，把教育督导问责的发起、执行等过程全都纳入到监督机制中来。三是规范教育督导法律法规建设。在国家法律法规层面上，对问责的相关问题作出详细解释和明确规定；制定全面而有特色的教育督导地方性法规与规章，要保证既符合国家最新督导法规要求，又符合本地实际的教育督导问题。

2. 健全督导问责的相关制度

健全督导问责制度，才能不断增强教育督导的严肃性、协同性、有效性。教育督导问责要落到实处，需要在制度层面形成精准、及时、深入的联动监测，建立问题、预警机制，为合理调整相关政策或设计新政策以及引导学校改革创新提供科学依据。

一是健全教育督导问责制度，包括督导结果的及时反馈、限期整改和复查制度，督导与监测评估结果的通报、报告和公布制度，将督导结果纳入对各级政府及相关部门、各级各类教育机构及主要领导年度考核范围，健全考核奖励机制。

上海市人民政府教育督导委员会办公室为规范本市教育督导结果的发布与使用，保障社会公众和组织依法获取教育督导信息，推动教育督导广泛接受社会监督。根据国务院《教育督导条例》和《上海市教育督导条例》及《教育督导报告发布暂行办法》的有关规定，研究制定了《上海市教育督导结果发布与使用暂行办法》，于2018年1月12日印发。其中，第五章"督导结果"的内容，针对"作为对被督导单位及其主要负责人进行考核、奖惩、任免的重要依据，并将教育评估监测结果作为教育资源配置、院校评估和专业评估的重要依据""及时解决学校办学过程中的主要困难和问题等"作出了明确规定。

二是完善整改流程，提高实效，向社会公布督导整改意见，接受公众监督。进一步明晰督学在落实督导结果运用工作的职权，明确教育督导问责的公示、公告、约谈、奖惩、限期整改和复查等的实操流程，从制度上保证督导结果的有效运用，不断强化督学的权威。

深圳市宝安区各督学责任区发现和提出的需要协调解决的问题，由区责任督学事务中心提交给区教育局、区教育督导室研究解决。区教育督导室根据各责任区经常性督导报告制发整改通知书，提出了明确的整改要求和整改时限，责任督学负责督促学校在期限内认真落实整改要求。重视督导结果和责任督学的建议，出台了校长考核评价试行办法，将教育督导评估监测和经常性督导结果作为学校负责人考核评价、职务任免的重要依据。区教育督导室根据督导评估结果，下发整改通知书 800 余份，提交督导报告 600 余份，约谈学校领导 200 余人次。宝安区除了通过问责倒逼学校依法办学规范管理之外，还通过奖金激励学校提升教育质量，对于通过各级各类督导评估的中小学、幼儿园，根据评估结果给予 3 万至 130 万数额不等的奖金。通过政府小奖金撬动社会大投入，近三年来社会资金累计投入约 3 亿元支持学校办学。

三是严格落实责任追究，坚持问题导向，把好督导评估关口，对明显违反教育政策、法规，并且整改不力的单位及个人，按照规定严格问责制度，强化教育督导权威，提升教育督导实效。

2020 年中共中央办公厅、国务院办公厅印发的《关于深化新时代教育督导体制机制改革的意见》指出，要进一步深化教育督导问责机制改革，从完善报告制度、规范反馈制度、强化整改制度、健全复查制度、落实激励制度、严肃约谈制度、建立通报制度和压实问责制度等方面加大督导的权威。通过让督导"长牙齿"，相信很大程度上会改变督学问责机制羸弱的现状，这让督导人看到了新的希望。

3. 强化教育督导报告上报制度

《教育督导条例》第二十三条中明确提出："专项督导或者综合督导结束，教育督导机构应当向本级人民政府提交督导报告；县级以上地方人民政府负责教育督导的机构还应当将督导报告报上一级人民政府教育督导机构备案"，即督导报告上报制度。规定虽在，但执行情况并不理想。为破解规定无法被执行的难题，敦促各级政府重视教育督导报告，需要进一步强化督导报告上报制度：

一是通过制度规定政府必须接受教育督导部门的汇报。只有明确的制度规定，才能保证繁忙的政府部门有时间审阅来自人民政府教育督导室的教育督导报告。广东省施行的《对区县政府履行教育职责的专项督导》标准中，对教育督导报告（目前仅有义务教育质量监测报告）必须向区县政府汇报，并得到区县领导审阅、研究和部署的要求，做出了具体说明并赋了分值。这就促使区县政府不得不正视教育督导报告，不但强化了区县领导对本区域教育发展情况的重视，也增强了教育督导部门的话语权。

深圳市宝中（集团）外国语学校办学地址在原宝安中学旧址，所用的教学楼是危房，需要改造。2018年学校在接受办学水平评估时，被家长多次举报，所反馈的主要问题是学校处于一个"大工地"中——后面是宝安人民医院扩建工程、下面是地铁十二号线在施工，加上学校自身体育馆、科学楼、运动场改造，学生的人身安全和健康都受到威胁。教育局多次协调区职业能力开发局，希望能借其办公场所给学校办学。但因为该局也是几个月前刚刚装修完毕搬进去，协调一直没有结果。办学水平评估后，我们将报告递交给教育局，教育局即将报告连同请示上递给区政府。"那年暑假，我接到区政府的电话，问办学水平评估报告有没有法律效应。我说，根据教育督导条例的规定，评估报告具有法律效应。所以，一个月后，区政府就责令区职业能力开发局让出了校园，国庆节后，宝中外国语学校的师生搬进了新址，一直到现在。"[1]

二是通过制度规定上级教育督导部门必须接受下级教育督导部门督导报

---

[1] 访谈深圳市宝安区曾昭曙督学。

告的备案。上级教育督导部门对下级教育督导部门具有指导性和监督性的权利，下级教育督导部门的督导报告在上级督导部门备案，既有利于上级部门对下级部门的指导与监督，也有助于下级部门对教育督导工作的规范和发展。

2018年广东省对各地市政府履行教育职责的专项督导中要求，深圳市政府同样需要接受广东省政府的督导，而深圳市政府的履行教育职责的诸多证明材料均来自于各区，尤其是义务教育质量监测结果应用的材料。通过这种的专项督导审查机制，上级教育督导部门对下级教育督导部门的报告备案需求程度就得到大大提高，这便是制度的实效所在。[①]

三是赋予教育督导部门独立上报权利。除去专项督导规定的上报要求外，赋予教育督导部门独立上报督导报告权利的做法，才是真正强化教育督导公信力和威信的有效途径。只有教育督导部门独立上报督导报告，而不再需要得到教育行政部门的审查与认可，即教育督导部门的负责人可以不请示教育行政部门负责人而直接向上级政府领导汇报，教育督导对于教育行政的监督意义才能得到真正发挥，否则便是变相的教育督导、是弱势的教育督导、是没有震慑力的教育督导。当然，并不是说教育督导报告一定要绕开教育行政，有时候教育督导发现的问题完全可以在教育行政里得到良好解决，而是说，当教育督导部门发现教育行政无力解决某些教育难题时，教育督导部门就有权利和义务去直接跟人民政府汇报，直接得到政府的指导和指示，从而达成教育行政与教育督导相互平衡的关系，利于区域教育更好更全面更均衡的发展。

N地区学位紧张，教育行政部门坚持要求学校通过增加班额，拆除功能室等方式来扩班，顶住招生压力。教育督导部门明知做法不对，不符合国家相关标准，但因无权独立向政府汇报，所以在此时往往处于失声状态，任由教育行政部门提倡扩班，而这个责任最终还是由教育行政部门买单。倘若教育督导部门能独立向政府汇报，政府在第一时间得知学位压力，采取应对措

---

① 访谈深圳市某督学。

施，既可以帮助教育行政部门作出更好地决策，又能实现教育督导部门发挥其应有的作用。①

（二）将教育督导结果纳入各级绩效考核

教育督导结果应用是教育督导发挥教育监督与指导功能的核心，没有教育督导结果应用，就不能体现教育督导的价值，教育督导也就没有存在的意义。因此，创新和完善我国督导结果运用机制和程序，改变这一重要的弱势环节的职能发挥，是我国教育督导的当务之急。

1. 将督导结果纳入地方政府年度绩效考核

对于督政职能而言，将教育督导主要结果纳入地方政府年度绩效考核是抓住了督政的"牛鼻子"。唯有将教育督导结果应用情况纳入地方政府年度绩效考核，甚至是地方主要领导业绩考核，教育督导才能真正被重视起来，才能真正拥有本属于自己的在人民政府中的作用，正当行使国家赋予的教育督导职能与职责。

近五年来，深圳累计动用督学超过2万人次，开展对学前教育、义务教育、高中与职业教育、社区教育全覆盖、规范化、高质量、经常性的督导，有力推动了深圳教育优质均衡发展。"十三五"期间，深圳需新增小学学位23万（其中含高中2.8万），如按照2000人的规模标准计算，深圳要新建中小学校100所才能满足需求。除此以外，伴随二孩政策的开放，学前教育需求越来越大，深圳按任务要增建100所幼儿园。而伴随各高校纷纷落户深圳，深圳的高等教育也在快速发展，可以说，"十三五"期间，深圳的教育进入高速发展时期。"请全体督学充分发挥督查、监督、检查、评估、指导和建言献策的重要作用。而从2017年开始，义务教育公办学位的建设情况将纳入区委区政府的年度绩效考核，且权重会加大"。时任深圳市教育局张基宏局长表示，深圳的教育需要大家共同要努力，形成合力，保障教育事业又好又快发

---

① 访谈深圳市某督学。

展。①

2. 将督导结果纳入学校及人事考评体系

赋予责任督学对全区中小学校校（园）长进行年度工作考核的职权，参与全区中小学校党支部书记的换届选举工作，使责任督学成为政府管理部门的"好参谋"。授予责任督学对责任区学校表彰奖励、干部任用、教职工职称评聘等方面的建议权，和对责任区校（园）长年度综合考核的赋分权。新的机制可以极大促进和调动责任督学挂牌督导工作的深入开展。

深圳市宝安区高度重视教育督导评估监测及经常性督导结果应用，建立了预警通报、约谈整改、公开公示等问责制度，将教育督导评估监测和经常性督导结果作为学校负责人考核评价、职务任免的重要依据。出台了校长考核评价试行办法，将教育督导评估监测和经常性督导结果作为学校负责人考核评价、职务任免的重要依据，在学校评优评先、干部任免、教师考核等方面，也充分听取责任督学的意见。近三年累计有10余名校长因此调整了工作岗位。

3. 加强督导报告定期向社会公布制度

2015年，国务院教育督导委员会办公室印发了《教育督导报告发布暂行办法》，旨在进一步规范教育督导报告发布工作，推动各级教育督导部门有序开展教育督导工作，为督导报告社会发布制度提供了政策依据。然而，大多数地方政府在向公众发布区域教育督导报告时有所顾忌，存在不发布或者选择性发布的情况，报喜不报忧是一种常态。为真正落实《教育督导条例》第二十三条"督导报告应当向社会公布"的规定，为提高教育督导工作的透明度，树立教育督导的公信力和存在感，亟待将国家《教育督导报告发布暂行办法》发展为国家《教育督导报告发布办法》，自上而下，以法律法规的形式加以推行。在这方面，上海浦东新区先行一步探索，实现了督导报告向社会

---

① 余俐洁. 深圳义务教育公办学位建设将纳入各区委政府年度考核 [EB/OL]. http://www.sznews.com/news/content/2017—03/20/content_15704150.htm.

公布的制度，有力的保障了督导的权威性和实效性。

上海市浦东新区实现了教育督导报告向社会公开。浦东新区人民政府教育督导室依据2006年颁布的《中华人民共和国义务教育法》第八条、2012年国务院颁布的《教育督导条例》第二十三条，和2015年颁布实施的《上海市教育督导条例》第二十四条的相关规定，按照浦东新区第四轮学校发展性教育督导评估方案的实施要求，将2018学年第二学期接受督导的28所中小幼学校的发展性教育督导意见书向社会进行公告。公告期自2019年12月31日至2020年8月30日。①

加大督导报告公开力度，主动接受社会各方监督，确保教育督导报告事实清楚、依据充分、结论可靠。推动建立督导限期整改制度，充分运用约谈、整改复查等举措，进一步找准问题，落实责任。制定和完善督导报告向社会公布制度，需要从督导内容、要求、保障方面进一步明确和完善。

在内容方面，督导报告社会发布制度的建立应至少分为四种：一是建立年度教育督导报告社会公布制度，即地方政府教育督导机构对一个年度内实施专项督导和综合督导的情况进行社会发布。二是建立专项督导报告社会公布制度，即教育督导机构实施专项督导后形成的督导报告进行社会发布。三是建立综合督导报告社会公布制度，即教育督导机构实施综合督导后形成的督导报告进行社会发布。四是建立义务教育质量监测社会公布制度，即对地方政府的义务教育质量监测报告结果进行社会发布。

在要求方面，督导报告社会发布制度应至少明确三个基本条件：一是明确教育督导报告社会发布的内容和侧重点，即应把完整的督导报告进行分类整理，确立可以且必须面向社会发布的内容，针对督导中的重难点以及社会密切关注的内容有所侧重，从而做好督导报告社会发布的针对性。二是明确教育督导报告发布的时限要求，依照《教育督导报告发布暂行办法》规定，7

---

① 上海浦东教育局. 2018学年第二学期学校发展性教育督导评估公告［EB/OL］. http://www.pudong.gov.cn/shpd/department/20191231/019020002_ffef8c43-033e-4d24-a71c-943a80ae3ecd.htm.

日内发布专项督导报告，15日内发布综合督导报告，每年1月底之前发布上一年年度督导报告，每年12月底之前发布当年国家义务教育质量监测报告。

在保障方面，督导报告社会发布制度应至少包含以下三种保障方式：一是统一报告发布格式，确立督导报告发布的基本范式，并固定下来。二是加强社会发布制度的督导监督，由上级教育督导部门定期对下级教育督导部门报告发布开展专项督导，督促各级政府按照规定进行督导报告的社会发布。三是充分发挥社会监督作用，既采用人民监督和媒体督促相结合的方法，保障督导报告能够及时向社会发布。

（三）整合政府力量推进问责整改

为落实教育督导结果，需要整合多部门政府力量，加大力度推进落实整改意见，不断提高教育督导的权威性和实效性。在完善督导问责整改制度方面：

1. 建立多部门、多渠道协作机制

教育督导结果运用要落到实处，离不开相关部门协同配合。教育督导工作者要迅速跟进，牢牢把握主导权，创新工作方式方法。要着力健全长期、可靠、稳定的协同配合机制，加强成员单位之间的信息互通、监督互动，形成督导活力，汇聚督导合力，使教育督导结果高效运用，营造充满生机活力的教育改革发展新局面。一些重大督导活动评估活动，教育监督部门还要争取相关职能部门配合，明确分工、各司其职、各负其责、互相支持，加强部门之间互相配合和协作，增强督导的科学性和权威性，保证督导公开、公正、公平。为保证督导常态化，还需要通过公开投诉信箱、接听投诉电话、网络互动交流等多种渠道，翔实掌握公众满意度，协同有关部门重点开展对群众满意度低地区的督导检查，实行督导奖惩、问责机制，从而更好落实教育督导结果。

2012年8月31日，国务院教育督导委员会成立，主要职责是研究制定国家教育督导的重大方针、政策，审议国家教育督导总体规划和重大事项，统筹指导全国教育督导工作，聘任国家督学，发布国家教育督导报告。委员会主任是由国务院副总理担任，副主任由教育部部长、国务院副秘书长担任，委员由国家发展改革委、教育部、科技部、工业和信息化部、国家民委、公安部、财政部、人力资源社会保障部、自然资源部、住房城乡建设部、农业农村部、卫生健康委、应急部、市场监管总局等相关部门副职领导担任，办公室设在教育部，承担委员会日常工作。这就为加强政府部门之间的协作和提升教育督导工作效率奠定了基础。各地也先后成立了相应的督导委员会，形成了分层分级的教育督导机构和工作协作机制。

2. 建立督导整改联席会议制度

由当地政府牵头，建立政府相关职能部门定期议事的联席会议制度，共同协商和解决办学中遇到的问题和困难。例如，要解决办学用地、改扩建、师资配置等问题，就需要联合政府的规土委（局）、发展改革委（局）、人力资源社会保障委（局）、财政局等相关政府部门联合解决。

深圳市宝安区官田学校位于石岩街道。由于生态控制线的原因，该街道各类建设受到严格控制，学位极为紧张，学生活动场地不足。官田学校由村办小学升级为九年一贯制学校后，问题更为突出。2016 年 4 月，深圳市人民政府教育督导室对该校开展了办学水平评估，对政府有关部门提出了四个建议，其中一个建议为"支持学校与社区共建共享后山资源"，希望"在政府指导下，共同开发管理学校的后山公园，白天由学校使用，晚上和节假日由社区居民使用"。评估组总结反馈会邀请了市人大代表刘文灿参加。在他的多次呼吁下，石岩街道办事处 4 次到学校和后山调研，最后决定将一万余平米的后山由市政管理，划归给学校在白天使用，进一步扩大了学生体育运动场地面积。[①] 这成为教育督导结果落实的经典案例，大大提高了教育督导的权威性和影响力。

3. 完善问责整改的法律赋权

教育督导问责法律赋权旨在规范和落实教育督导的结果，从外部保障教育督导职能机构运行，以及在监管实施中协调各方关系。可以说，在外部制度环境的保障中，上层政治官僚的要求是监管机构活动的原始动力。英国学

---

① 访谈深圳市宝安区曾昭曙督学。

者胡德的研究表明,"整体化"意味着实施政府内监管的机构将信息收集、标准设定和行为矫正等要件"融入到同一单位中"。① 教育督导机构履行职能所需的法律赋权的条件,需要外部更高位阶的、拥有相关职权的机构进行法规制度供给,特别是用于对被监管者进行处罚和问责权力的授予,这样可更好地解决原有教育督导机构决策层级较低的局限。②

根据《行政处罚法》第十九条、《行政强制法》第十二条及《教育行政处罚暂行办法》第四条规定,要进一步完善地方立法,在法律条文中明确赋予督导部门的执法处置权,这有别于教育行政部门的行政处罚权。或者可授权督导部门行使部分行政处罚权,具体包括:一是紧急情况下采取应对措施权,二是对违法责任人的弹劾权,三是拥有教育质量监测评价的国家标准制定权,四是对教育行政部门的行政执法行使最终评判权及违法纠正权。③ 督导部门只有真正实现法律上的嬗变与赋权,才能真正提高教育督导部门的权威,真正发挥教育督导的职能作用。

---

① [英]克里斯托弗·胡德,科林·斯科特,奥利弗·詹姆斯,等. 监管政府:节俭、优质与廉政体制设置[M]. 高伟,译. 北京:生活·读书·新知三联书店,2009:69.

② 骈茂林. 中央政府教育督导改革的经验研究:2010—2017[J]. 中国人民大学教育学刊,2018(1):34.

③ 周海涛,朱玉成. 教育督导的国际共性特征和我国变革动向[J]. 社会科学战线,2018(6):235.

第六章 深圳市教育督导创新实践经验[①]

当前,我国从中央到地方各级教育督导工作已逐步向正规化、法制化、专业化迈进,特别是在教育督导的机构建设、制度建设以及职能发挥方面取得了重大进步,保障和促进了我国教育事业的改革与发展。由于我国地域辽阔,各地在推进和落实教育督导工作的进展和成效不同,因而各具特色。作为改革开放窗口的深圳,自成立经济特区以来的短短40年间,已从仅有寥寥数所学校的边陲小镇,一跃发展成为蜚声国内外的现代化都市,创造了经济社会发展的"深圳速度"和"深圳效益","深圳质量"正成为新时期的追求目标。近年来,在国家、省教育督导部门的大力指导下,深圳市深入学习领会新形势下党和国家对教育督导改革发展的要求,与时俱进更新教育督导理念,努力构建具有鲜明时代特征与深圳特色的义务教育阶段现代教育督导体系,助推深圳教育现代化进程。本章提炼总结了深圳市教育督导多年的创新探索和实践经验,以期为地方教育督导工作有所裨益。

一、深圳市教育督导基本情况

以深圳为教育督导改革先行城市为案例,分析研究其在教育督导改革方面的成功经验。经过多年实践,在义务教育阶段已建立了较为完善的内部评估和外部督导评估机制。

(一)深圳教育基本情况

截至2018年底,深圳市各级各类学校(含幼儿园)2551所,比2017年增加114所,增长4.68%。其中:公办学校(园)579所,比2017年增加23所,增长4.13%;民办学校(园)1972所,比2017年增加91所,增长

[①] 资料数据来源:深圳市教育督导室。

4.84%。各级各类在校学生总数 220.92 万人，比 2017 年增加 12.65 万人，增长 6.07%。毕业生 50.02 万人，比 2017 年增加 4.25 万人，增长 9.29%。招生 63.63 万人，比 2017 年增加 3.55 万人，增长 5.91%。教职工 20.72 万人，比 2017 年增加 1.66 万人，增长 8.69%。

现有高校单位 14 个，在校学生 13.18 万人；普通中小学 734 所，在校学生 147.60 万人；中等职业学校（含技工学校）25 所，在校生 7.60 万人；幼儿园 1771 所，在园儿童 52.42 万人；特殊教育学校 6 所，在校学生 1187 人；工读学校 1 所，在校学生 32 人。深圳市教育实现了跨越式发展，也为推动城市发展做出了重要贡献。

深圳在短短 40 年间，实现了从农村教育向城市教育进而向现代化教育迈进的跨越式发展。1989 年基本普及了九年义务教育，1994 年基本普及高中教育，2004 年建成广东省第一个教育强市……2013 年率先成为广东省首批推进现代化先进市，2014 年全市 10 个区一次性通过全国义务教育发展基本均衡区督导验收，基础教育形成了优质均衡发展的良好态势。

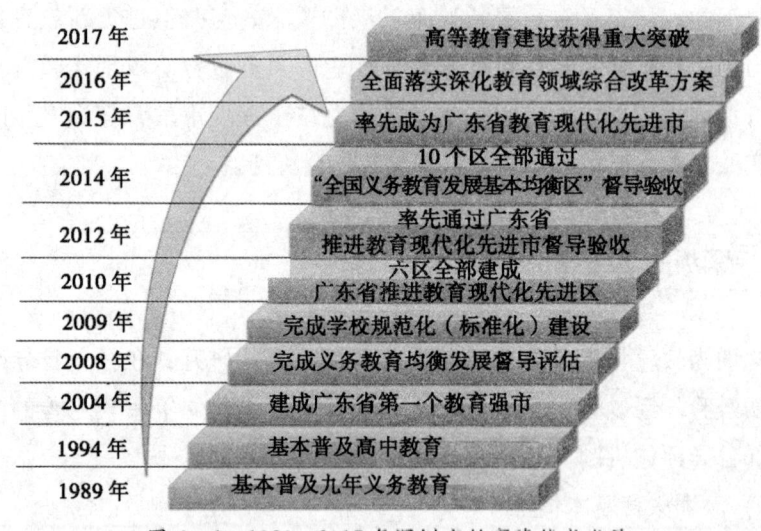

图 6-1　1989—2017 年深圳市教育跨越式发展

（二）教育督导基本情况

1996 年通过人大立法，深圳市颁布实施了我国第一部地方教育督导法规《深圳经济特区教育督导条例》，并于 1988 年在全国率先设立了较高规格的教育督导建制，在机构设置、编制、经费等方面充分保障教育督导工作的开展。

1. 机构编制

市、区人民政府均设立教育督导室。深圳市政府教育督导室为局级建制，编制8名，设主任（副主任）1名，处级督学职数4名。8个行政区均设立政府教育督导室，为处级建制，编制3至10人。2个功能区均设立了教育督导机构。市、区督导室在人事关系与经费方面由教育行政部门代管，在业务上相对独立行使教育督导职权。

根据国家有关文件要求，深圳市于2017年3月成立市人民政府教育督导委员会并召开大会，由分管副市长任主任，市政府副秘书长、市教育局局长任副主任，市政府教育督导室主任担任执行副主任，市编办、发展改革委、财政局、人力资源社会保障局等14个市直职能部门领导任委员。委员会首次会议制定了工作规程，拟订了相关成员单位的教育工作职责。后续每年至少召开一次会议进行教育统筹协调和督政问责，有力推动了教育工作跨部门协调，提高督导实效。

近年来，市、区教育督导机构进一步理顺职能、充实力量。2012年，市督导室增设责任督学事务中心，增配专职工作人员2名。宝安区教育督导室推进督导机构改革，区编办核定行政编制7名，督导室主任作为独立法人代表行使法定职权，增设督政科、督学科。福田区等7个区设立了责任督学管理办公室。南山区督导室内设办公室和责任督学事务中心两个科室。福田区督导室下设教育督导办公室及督学管理办公室。罗湖区内设办公室、督学科、督政科等三个科室。

2. 督学队伍

2017年3月完成新一届督学聘任。采用"1+1"并行模式，优选一批综合素质高、业内威望高的市督学，同时选聘一批学科专家作为督导评估人员的补充来源。目前，全市共有专职督学86名，市兼职督学202名，特约督学26人，市督导评估专家库成员227人。全市中小学、幼儿园实现责任督学挂牌督导全覆盖，责任督学共计437人，形成一支专兼结合、专业水平较高的督学队伍，为加强教育督导科学研究、深入督教督学提供了人才保障。

3. 经费保障

市、区两级政府每年均将教育督导经费纳入预算，经费主要用于教育督导室日常办公、开展各类督导评估、奖励受评单位、课题研究、督学培训、信息化建设等方面。市本级方面，2014—2017年，市财政每年核拨市督导室组织的各类督导评估专项经费500万元至800万元不等，其中2014年核拨广东省教育现代化先进区奖励金6000万元、全国义务教育均衡发展区奖励金7800万元。2012—2016年，核拨办学水平评估国家级课题研究专项经费120万元。

各区教育督导经费均得到充分保障。宝安区教育督导室从2015年列为区一级预算单位，部门预算独立编制，经费使用独立核算，财务管理独立运作，依法独立接受财务审计。2017年，宝安、福田、龙岗、南山各区教育督导室部门预算分别达3003万元、876万元、550万元、380万元，罗湖、盐田等其他各区每年教育督导经费均在100万元左右。

（三）办学水平评估的探索之路

站在教育现代化的新起点，在步入质量提升、内涵发展的新阶段，如何实现督导转型升级，构建适应教育现代化需要、具有时代特征与深圳特色的督导评估新体系，成为深圳教育督导亟需破解的重大问题。深圳市义务教育阶段学校办学水平评估自2011年开展以来，在市、区教育局和督导室的共同推动下，通过督学专家们的精心工作和学校的共同努力，收到了以评促改、以评促建的良好成效，为提高深圳义务教育的整体水平发挥了独特作用。

1. 基本情况

办学水平评估是近年来深圳市诸多评估项目中覆盖面最广、指标体系最完备、持续时间最长的系统工程。截至2017年底，全市共计选派督学2700人次，工作时长776天，完成对222所公办义务教育阶段学校（校区）、34所民办中小学的办学水平现场评估，其中，市直属6所、福田区36所、罗湖区29所、南山区31所、盐田区11所、宝安区39所、龙岗区39所、光明新区8所、坪山新区7所、龙华新区10所、大鹏新区6所，评估报告总计300余万字。

2. 主要特点

在新形势下，深圳市教育局、市人民政府教育督导室组织深入调研、研发创新和试点探索，2011年正式推出了全市义务教育阶段学校办学水平评估，在制度设计上呈现四大鲜明特点：

一是全覆盖、周期化、强制性的制度设计。以"办好每一所学校"为指向，以全体学校为评估对象，由学校自愿申报评估转向强制性评估，由评优评先转向促优扶弱，促进义务教育优质均衡发展。

二是体现学校和政府双重需求导向的诊断性、发展性服务功能。办学水平评估不是鉴定性、达标性的评估验收，不是为了评定分数和等级，而是聚焦内涵发展，促进和指导不同办学基础、不同发展阶段的学校总结办学经验和特色，查找和分析存在的问题，明确今后发展的目标和改进策略，并为政府部门提出工作建议，达到"服务学校发展、服务政府决策"的双重目的。

三是"评估—科研—培训"三位一体的运作机制。2011年办学水平评估立项为教育部"十二五规划"课题。坚持以科研引领评估，在研究状态下推进评估；寓科研于培训，在评估中培训，以培训提升督学专业素养，科研、评估、培训互相融合、相得益彰。

四是多方参与、合作多赢、共促发展的整体推进。建立了"学校每年自评自诊＋周期化办学水平评估""专家综合性评估诊断＋责任区督学全程指导""学校整改＋督导部门复查"以及行政与督导联动等有效机制，形成了教育行政、督导、教研等各部门及督学、师生、家长等各方面助推学校发展的合力，使办学水平评估成为市、区共同推进学校内涵发展的平台，提高了评估的实效性。

（四）督导评估取得成效

通过办学水平评估实施，促进了全市义务教育阶段学校办学水平的整体提升，学校发展取得了显著成效。

1. 进一步厘清了办学思路，丰富了办学内涵

很多校长将办学水平评估比喻为对学校的"体检"，正如一位校长所言："我们非常欢迎此次评估，它帮助学校找到发展差距，为学校提供了针对性、科学化的发展远景和策略建议。"对学生素养的全方位观察和评估，对学校内涵发展各关键领域的评估与指导，促进学校理念更新、思路清晰、师生面貌提振，提高了学校规划的科学性、可行性，促进了学校课程与各项育人措施的丰富化、优质化和特色化，加强了校长和教师对学校文化的深入思索、系统建设和自觉践行。比如深圳中学初中部研读评估组建议后，全盘考虑、大处着眼，组织研制了《学校品质提升五年计划》，评估为该校新一轮发展注入了推进动力和智慧支持。光明新区田寮小学深入剖析存在问题，制定整改措施，对办学理念、发展目标进行了重新审订，实施"文化立校"战略，围绕总目标，构建层进式、系列化的目标体系，并建立了与之配套的管理制度。

2. 推进学校深入开展自评自诊，增强了学校自主发展能力

通过办学水平评估的培训宣讲和督学的深入指导，学校普遍树立了自我规划、自我诊断、自我改进的意识，建立自评自诊的有效机制。罗湖区罗芳小学是深入自评自诊一个典型代表。该校自评报告，共计达七万多字，有实证调研，有数据支撑，有问题分析，"沉甸甸的自评报告凸显自我反思，自我促改，充满前进动力"。事实上，在评估前，学校已按照评估方案要求，动员组织全员参与、自下而上、从内到外的自评工作，开展学校领导、部门中层与教师三个层面的自评与互评，主动以问卷、访谈、听课等方式自我检视，以坦诚的心态、科学的手段查析问题并自觉整改，提升了自主发展的能力。

3. 学校自觉整改问题，评估后续改进效果明显

办学水平评估是诊断性评估，指出问题是评估报告的重要内容。可喜的是，各受评学校已能认识到"没有问题，就没有发展"，均能针对评估组提出的问题，逐一反思并认真制订整改措施。许多学校以整改工作为契机，着力破难题、补"短板"、强优势，真抓实干，取得了可喜变化。比如，大鹏中心小学仔细研读评估报告，制定实施整改总方案和10个子方案，具体措施多达100余条，评估后续改进成效可观；福强小学、莲花中学等多个学校，针对评估组关于发挥名师引领作用的建议，建立校内名师工作室；景秀中学、翠北小学，针对评估组提出的提升管理精细化水平的建议，从领导班子和中层团队开始改变，加强学习和反思，每件工作有计划、有落实、有检查；学校整改案例不断涌现，是办学水平评估成效的生动体现。

4. 因校制宜强化了办学特色，实现了个性化发展

办学水平评估不以"一把尺子"衡量学校，本着"从起点看变化、从过程看结果、从现在看未来"的原则，尊重学校个性特色，关注纵向发展，引导不同办学基础、不同发展阶段的学校持续发展、特色发展。

二、深圳市教育督导发展历程

1996年3月，全国第一个地方性教育督导条例——《深圳经济特区教育督导条例》颁布实施，为深圳市教育督导机构建制、人员编制、经费、职能提供了法律依据和保障。市、区成立了与教育行政部门对称的政府教育督导室。2004年以前，深圳市教育督导工作主要以督政为主。2005—2010年，虽仍以督政为主，但逐步转向督学与督政并重。自2011年起，深圳市以创建国家教育综合改革试点城市为契机，以义务教育阶段学校办学水平评估为依托，以督学为重心，经过近十年教育督导现代化的探索和实践，收获了丰富的鲜活经验和理性思考。

（一）建章立制，持续推进办学水平评估（2011—2013年）

2011—2013年，可以说是深圳教育督导制度不断完善和大胆创新的几年。在这期间，市教育督导室坚持以课题科研为引领，以建章立制为抓手，组织研制了办学水平评估体系，并完成试点、调试和推广实施工作，为深圳市教育质量提升注入新的动力。

1. 出台评估方案，开展首批办学水平评估（2011年）

一是修订印发评估方案。为进一步修订和完善办学水平评估方案，上半年组织对3所学校开展了试点评估。同时，对于试评发现的问题，制定了专门的方案修订和完善计划，在每所学校试评都确定修订的主要内容和方向，每次重点解决方案存在的一个或者若干个问题。在此基础上，组织有关专家、督学、受评学校校长和教育行政部门领导召开方案研讨会，进一步研究并明确了评估相关事项。经市教育局局长办公会议审议通过，办学水平评估实施方案正式印发。

二是积极推进首批评估。首批参评学校以抽签方式产生，包括市直属和各区属学校。同时，精心组织工作培训，修订编印2本评估用书，邀请有关专家对义务教育阶段的300余名督学举办11个专题讲座，详细解读了办学水平评估的具体开展方式和操作方法；组织各区校长学习评估方案、组织督学走访受评学校，宣讲评估理念，加强学校自评指导，为评估顺利开展做好了准备。12月，共组织督学252人次，对全市随机抽选的21所学校进行评估。新的评估理念、新的评估方式受到各方的强烈反响和好评。此项评估不仅为教育督导注入新的活力，也成为各区教育局推进基础教育内涵发展的重要工作平台。

三是加强理论研究。加强督导工作的理论和科学研究，进一步增强督导工作的科学性、权威性和实效性，是深圳市督导工作重点努力的方向。为此，市督导室在总结办学水平试点评估相关工作经验的基础上，进一步加强理论研究和提升经验成果，并以高分通过专家评审，成功立项为全国教育科学"十二五"规划课题，填补了国家级科研课题研究空白。

2. 课题研究引领，持续推进办学水平评估（2012年）

一是成功举办第四届中法教育督导研讨会，为提升深圳教育国际知名度再添新章。中法两国国家督学及我国各省市专家代表共计200人与会研讨。法方专家还现场观摩了深圳市督学对中小学的现场模拟评估并进行深入交流。会议的成功举办，有力宣传了深圳教育成就及教育督导工作经验，促进了教育督导国际合作与交流，受到国家、省督导部门领导高度好评。

二是召开国家级课题研究开题报告会，建立并实施"在科研状态下开展评估"的工作机制。办学水平评估研究获教育部"十二五"教育科研规划课题立项，开题报告会上邀请前来指导的陶西平、辛涛、朱超华等专家，对深圳此项课题研究予以充分肯定。而后成立了5个子课题组分项推进研究，研究人员全程介入评估工作，为评估方法技术的研发与完善提供智力支持。

三是精心组织69所学校进行办学水平评估，进一步凸显"常态化、诊断性、发展性"的评估特点。建立"评训结合、以评代训"的工作机制，组织培训受评学校代表共计500人次，宣讲先进教育理念和办学方法。注重"实践—反思—改进"，多次召开受评校长和骨干督学座谈会，多方征集意见建议，不断完善评估方式方法，形成了《评估工作手册》《学校自评自诊案例》等初步研究成果，以及一批内容详实、对学校发展参考价值高的评估报告，受到各区教育局和基层学校好评。国务院教育督导办编印的《教育督导决策参考》（〔2019〕第20期）全文刊发了深圳市办学水平评估工作经验。

四是拓展督导评估新领域，启动学习型社区督导评估试点。此项工作列入深圳教育年度公共服务白皮书项目，是深圳市完善终身教育体系、建设学习型城市的重要抓手。针对指标体系及评估流程方法的设计进行大量调研，组织研制《深圳市学习型社区督导评估方案》，并在龙岗区、宝安区的4个社区开展试点评估，增聘的37名成教督学任职培训同时在评估现场进行。

五是建立并实施"评估—科研—培训"三位一体的督学专业成长机制，大力加强督学队伍建设。增聘市督学109名。全年共组织分类培训和主题培训近10场次，培训督学和受评学校代表600余人次，努力为督学提供专业学习、研究探讨、合作交流的平台。组织幼教督学20人次赴香港与学前教育同行交流。充分发挥来自人大、政协和各民主党派的特约督学作用，组织多名特约督学通过办学水平评估深入学校，了解教育实情，为教育及督导评估工作献计献策。高校的5名市督学也全部参加办学水评估相关工作。

六是加强教育督导宣传与交流。定期编印《深圳教育督导通讯》，联系《深圳教育》等多家媒体，及时报道市、区教育督导工作动态和工作经验成果，促进信息交流，促进形成良好的工作氛围。经精心策划，《深圳特区报》以"不一样的办学水平评估促进学校不一样的精彩"为题，整版专题、多角度、大篇幅报道了办学水平评估工作，起到了正面宣传的良好效果。

七是推进教育督导信息化建设，应用智能化问卷系统。与深圳市教育测评科技公司合作开发了办学水平评估教师问卷、学生问卷信息化系统，扩大了问卷数量，实现了问卷统计的智能化、高效化。

3. 完善法规制度，着力推进督导条例修订（2013年）

一是完善教育督导法规制度。深圳市于1996年制定颁布了国内首部地方性教育督导法规，在全国产生了积极影响。根据2012年国务院颁布的《教育督导条例》的新要求，深圳市督导室会同市人大相关部门启动修订《深圳经济特区教育督导条例》，组织开展了专项、深入的多方调研。5月、8月，深圳市人大常委会副主任蒋宇扬率市、区教育督导室领导一行，先后赴教育部督导办和北京、天津、香港等地调研，获得了全国各地教育督导立法的最新情况。在国内调研的基础上，组织就深圳市条例修订充分讨论，形成了立法评估报告等相关材料，力求修订出台一部符合教育规律、体现深圳特质、具有先进性、前瞻性的教育督导条例，健全完善教育督导制度，确保教育督导工作规范与科学发展。

二是持续推进义务教育阶段学校办学水平评估。精心组织58所学校办学水平评估，服务学校发展与教育决策。进一步凸显"常态化、诊断性、发展性"的评估特点，全年共计组织督学专家760人次对58所学校现场评估230个工作日，对学校进行全面、深入、专业的评价、诊断和指导，得到受评学校的普遍好评。进一步健全评估配套政策和机制，加大以评促建力度：通过实施教育督导责任区制度、开展学校评估后续整改专项抽查、制订受评学校专项资助办法、撰写办学水平评估总报告、推介办学水平评估优秀经验等措施，力求达到"评估一所，辐射一片""评估数天，影响长远"和"督政督学，双重效应"的效果。督导室检查发现，各区教育主管部门和受评学校高度重视办学水平评估结果，根据评估意见建议认真整改，加强对学校内涵发展的研究、规划和落实，以评促建、以评促改成效显著。办学水平评估成效受到教育部督导办的充分肯定。

三是课题研究取得新进展。召开5个子课题开题报告会，分层次、多角度地有序地推进研究。深入推进教育部"十二五"规划课题"构建发达城市义务教育学校办学水平评估体系研究"，选聘深圳市专家学者、专兼职督学和基层校长等共计100余人组成总课题组和5个子课题组，并于3月召开子课题开题报告会，形成近5万字的开题报告，省教科院、省督导室有关专家出席指导。子课题组从评估理论、评估指标、评估政策、评估方法技术、学校自评自诊等方面分项推进研究，研究人员全程介入评估工作，为评估方法技术的研发与完善提供智力支持。同时，科研过程培养了督学队伍，促进了督学队伍的专业化发展。

四是推进学习型社区督导评估。此项工作列入深圳教育年度公共服务白皮书项目，是深圳市完善终身教育体系、建设学习型城市的重要抓手。督导室充分发动、精心组织开展学习型社区评估，全年共受理64个社区申报资料，组织督学200余人次完成对50个社区的学习型社区督导评估。此项评估有力推动了社区教育发展，成为"学习型城市"建设的重要抓手，促进了全民学习环境的建设和完善。

五是建立市区两级政府分层管理、学区督学"分片挂点、及时随访"的督学责任区制度。在认真调研和各区试点的基础上，6月制订颁布《深圳市督导责任区实施意见》，6个市辖区和4个新区分别据此制定实施细则，形成"1+10"系列文件，建立全覆盖、常态化的责任区督导制度，要求责任区督学"依法监督、科学指导、及时反馈、合理建议"，成为综合性学校督导评估的有力支撑，做到评估前介入指导学校自评、评估中介入与评估组信息交流、评估后介入跟进学校整改。组织研究落实国务院教育督导委员会办公室《关于印发〈中小学责任区督学挂牌督导办法〉的通知》要求，推进各区建立责任区督学挂牌履职的机制，加大对学校（园）的日常督导力度，利于及时、全面掌握基层教育情况，为政府决策提供参考。

六是大力加强督学队伍建设。首先，强化督学培训。全年共组织各类督导评估培训近 10 场次，培训督学和受评学校代表 600 余人次。与浙江大学教育学院合作举办深圳市学前教育和义务教育阶段骨干督学培训班，邀请浙江、上海等地教育专家授课，为督学提供专业学习和研探交流的平台。其次，组织开展全市教育督导论文评选活动。组织广大督学探讨教育督导评价工作规律，总结提炼深圳市教育督导工作实践经验，共收到参评论文 109 篇，评选出获奖论文 40 篇，其中若干篇高质量论文在《中国教育报》等刊物发表，营造了督导评估专业化、学术化的良好氛围。组织评选全市优秀兼职督学。建立督学激励机制，加强对督学履职考勤和工作考核，根据工作实绩评选全市优秀兼职督学 104 名并予以通报表彰，进一步调动兼职督学履职的荣誉感和责任感。再次，探索建立首席督学工作室。研究制定"首席督学工作室"方案，聘任一批专业水平高、学术权威高的督学为首席督学，建设若干个集培训、科研、督导评估功能于一体的首席督学工作室，发挥首席督学的导师引领、专家咨询作用，构建骨干督学快速成才平台，促进教育督导评价专业发展。最后，发挥特约督学作用。组织多名来自人大、政协和各民主党派的特约督学实地观摩办学水平评估，深入学校解教育实情，为教育及督导评估工作献计献策。

（二）创新体制机制，完善"三位一体"督导体系（2014—2016 年）

2014—2016 年，随着办学水平评估制度不断成熟，深圳市又开始了体制机制的创新，在全面实行责任督学挂牌制度、设立督学事务中心、建立"三位一体"督导体系方面进行了探索，使深圳市教育督导工作迈上一个新的台阶。

1. 创新管理机制，成立责任督学事务中心（2014 年）

一是全面实行责任督学挂牌督导制度。全市先后建立中小学校、幼儿园督导责任区 152 个，共聘请和安排责任督学 255 名，实现 1900 多所中小学校（园）挂牌督导全覆盖。落实市属学校（园）责任督学办公场所和挂牌督导工作专项经费，开发相关督导工具和量表，制定和上墙有关管理制度。市属学校、幼儿园督导责任区，聘任中小学责任督学 4 名、幼儿园责任督学 3 名，并召开聘任大会，统一颁发聘书。

二是成立深圳市责任督学事务中心，设立市督学管理办公室、市属中小学、幼儿园责任督学工作室，聘任工作人员 2 名，同时开发教育督导和责任督学管理平台。

三是承办全国中小学责任督学挂牌督导工作现场会。11 月 27 日至 28 日，全国中小学责任督学挂牌督导工作现场会在深圳南山区成功召开。本次会议规格高、规模大，影响广泛，成效显著。会议由国务院教育督导办主任何秀超主持，教育部副部长刘利民出席会议并讲话。全国31个省、市教育部门分管领导、督导室主任以及有关专家共350人参加会议。深圳市、北京市、湖南省、重庆市、大连市等省市代表分别介绍了挂牌督导工作经验。中央电视台、人民网、东方网、中国教育报等媒体对会议进行了跟踪报道，报道稿共30多篇。教育部领导和各地代表对深圳地区的经验给予高度肯定，何秀超主任在总结讲话时认为，深圳市的探索达到了国家督导办预期的"先行先试，开拓创新，示范一方，影响全国"的目标。

四是认真做好五项常规性工作。全年计划完成39所义务教育学校办学水平评估。组织修订《深圳市义务教育办学水平评估指标体系》，并将我局《关于中小学生综合素养培养的实施意见》有关内容纳入该指标体系。全年完成并通过31个学习型社区的评估，经审核确认后正式发文。上半年16所市一级民办学校通过评估，下半年完成了18所新申报学校的专访工作。编印和发放《深圳市中小学幼儿园责任督学挂牌督导文件汇编》《深圳市中小学幼儿园责任督学挂牌督导工作手册》和《深圳市教育督导论文集》，供全市督学学习使用。承担国家级总课题"义务教育办学水平评估理论与实践研究"，组织有关专家修订《深圳经济特区教育督导条例》。

2. 创新督导机制，启动质量检测评估（2015年）

一是责任督学挂牌督导工作取得新进展。召开全市"全国中小学责任督学挂牌督导工作创新县（区）"创建动员会，对创建和申报工作进行全面部署，鼓励和支持各区从实际出发，创新管理体制和工作机制，争创全国挂牌督导工作创新县（区）。10月，深圳市南山、龙岗、罗湖3个区率先申报挂牌督导创新区评估认定，并通过了省督导室组织的前置验收，获得国务院教育督导办的认定。受国家教育督导办的委托，深圳市承接了"全国县域挂牌督导信息化管理平台"设计开发、《全国督学培训大纲》的编写任务。信息化管理平台系统通过专家初审，并在深圳市各区先行安装和试用；《全国督学培训大纲》完成初稿，并进入专家评审阶段。组织市责任督学，对市直属学校（园）在师德师风、课程教学、综合素养培养和幼儿园安全管理等方面的工作进行专项督导，并形成了专项督导报告。

二是教育质量监测工作有了良好开端。上半年，配合教育部和国务院教育督导办开展义务教育质量监测，协调和指导宝安区顺利完成国家义务教育质量抽检工作。探索引入第三方评价，委托专业机构开展了全市义务教育满意度调查。调查采取定量评价与定性评价相结合的方式，共抽取样本学校70所，收回学生、家长、教师有效问卷34117份，形成了完整规范的调查报告，并在深圳各大主要媒体发布调查结果。调查工作促进了市民群众对教育工作的了解，产生了良好的社会反响。

三是学校（社区）评估工作扎实推进。全年共组织督学2190人次，完成义务教育公办学校办学水平评估40所、民办中小学等级评估29所、幼儿园督导评估181所（省、市级幼儿园复评82所，市一级幼儿园评估73所，规范化幼儿园验收26所）、学习型社区评估40个，形成督导评估报告近150万字，有效促进了学校教育教学条件的改善和教育管理水平的提高。

四是督学队伍建设进一步加强。为充实督导力量，加强对中小学实施综合素养教育的督导评估，在局领导班子的关心和重视下，增聘了具有体育、艺术、科学、英语等学科背景的市兼职督学58名。与兰州大学、湖南师大、陕西师大等知名高校合作，组织开展面向职成教督学、幼教督学和中小学责任督学的高端培训研修。邀请国内专家学者来深开展督导评估讲座，对深圳市督学进行全员培训。结合学校评估实践，对兼职督学进行分类分专题培训。这些培训对拓宽督学视野、提高综合素质起到了促进作用。

3. 强化督政、督学和质量检测三大职能（2016年）

一是全年共组织督学约2500人次，完成中小学、幼儿园及学习型社区督导评估399所，以每月平均40所受评单位、250名督学参与的体量推进。二是指导、推动全市6区顺利通过国家义务教育发展基本均衡县复查、准备迎接省教育现代化先进区复评。三是深入推进责任督学挂牌督导工作。6区全部通过省级创新区验收，南山区在全省首批通过"国检"，得分第一，龙岗、罗湖区也向教育部督导局申报。四是全国教育科学"十二五"规划课题深圳市办学水平评估体系研究圆满结题，课题成果受到专家组高度好评。五是组织各区顺利完成2016年国家和省级义务教育质量监测任务，共计113所义务教育阶段公、民办学校受测。六是开展学校美育及体育三年行动计划实施情况、中小学有偿补课、校园欺凌治理情况等专项督导，组织各区普查和市级复查。

七是配合做好2016年春季开学专项督导检查工作。深圳市代表广东省，接受时任教育部副部长杜玉波率队的督导组检查。八是加强督学队伍建设，启动市督学换届工作。组织督学网络远程培训、专题研修4批次740人次。九是组织采编计约23万字的《深圳教育创争先工作纪实》书册和制作相关宣传片，总结"十二五"推进教育现代化成就。十是组织开展教育督导援疆，受到喀什教育局和各受评学校好评。

（三）强化问责职能，让督导"长牙齿"（2017年至今）

经过前期的实践探索，2017年至今深圳市教育督导工作开展地卓有成效，不仅获得市政府奖项，还在全省、乃至全国引起高度关注和认可。近年来，深圳教育督导更聚焦督导教育难点热点问题，不仅进一步强化了教育督导的问责职能，而且让督导长出"牙齿"，助推了深圳教育迈向优质发展。

1. 充分发挥督导职能，取得显著成效（2017年）

一是"四大"专项督导聚焦教育热难点问题。实施公办学校义务教育学位建设、学前教育"三年行动计划"、特殊教育提升计划和薄弱民办学校教学质量监测四个专项督导，推动落实教育重点工程、重点任务，薄弱民办学校教学质量专项监测工作获评"2017年深圳市质量强市十件大事"之一。二是责任督学挂牌督导工作再创佳绩。福田、罗湖、南山、盐田、宝安、龙岗等5个区高分通过国家级创新区验收。三是汇编丛书彰显教育督导建设成果。组织汇编《挺进现代化的深圳教育督导》系列丛书4本共计80万字，梳理各类督导评估指标体系与工具、督导程序与方法、督导论文与报告等，提炼深圳市教育督导的专业研究成果。四是教育督导队伍汇聚新鲜力量。先后成立市人民政府教育督导委员会、市督学工作室、市督导评估专家库，并完成第五届市督学聘任工作。五是督学管理办法制定工作圆满完成。按照规范性文件制定的程序要求，经征求各区督导室、社会公众意见，并组织听证会，顺利完成《深圳市督学管理办法》制定工作。六是义务教育质量监测顺利实施。顺利召开2016年义务教育质量监测结果反馈会。组织各区及新区参加2017年国家、省义务教育质量监测，全市共计188所义务教育阶段学校，5640名中小学生接受测查。七是督导评估全覆盖、规范化、高质量、经常性开展。全年共组织完成学习型社区、学校（幼儿园）等级评估、办学水平评估任务313个，并配合省督导组开展春季秋季开学工作、德体艺课程开设情况、中小学校安全工作、办学条件"全面改薄"、教师队伍建设等多项专项督导。

2. 坚持问题导向、质量导向和服务决策导向（2018年）

一是全力做好政府履行教育职责评价工作。2月起，根据广东省政府办公厅、省人民政府教育督导室关于开展市县级人民政府履行教育职责评价试点的有关文件要求，以及深圳市领导关于迎评工作的批示，市教育督导室作为迎评工作主要牵头处室，多次协调召开全市、全局及各区等不同层级的迎评动员协调会。在各职能部门和局各处室（部门）的共同努力下，完成了2017年度市政府履行教育职责自评自查工作，并协助省教育督导室组织开展了公众满意度调查，于10月份接受了省督导室的实地核查。评价工作的开展，强化了市直各有关部门及各区政府优先发展教育的意识，进一步总结了深圳市教育的发展成效和存在的主要不足，明晰了改进方向和思路。同时根据核查组的要求就有关评价工作提出意见建议，推动省教育督导室进一步研究完善评价指标体系。

二是组织全市首次义务教育公办学位建设专项督导。为督促区级政府切实履行中小学学位建设责任，促进解决教育热难点问题，回应市民群众关切，2018年1—2月，市教育督导室组织对全市各区开展学位建设专项督导。创新督导机制，10个区（含新区）"一把手"集中向市政府教育督导委员会作自评报告，各区晒成绩单。深圳各主流媒体对督导及学位建设成效予以报道，社会反响良好。4月7日，《中国教育报》予以头版头条报道。5月23日，学位建设专项督导报告在市政府常务会议上通报。市领导高度重视，同意将2016年和2017年督导结果予以公布。此项督导，有力促进了相关职能部门和各区政府加大学位建设和供给力度，取得了较好的督政成效。

三是召开市人民政府教育督导委员会全体会议暨专项督导反馈会。为加强教育督导领导组织，经市政府研究同意，3月29日，深圳市召开2018年市人民政府教育督导委员会全体会议暨专项督导报告反馈会。时任副市长、督导委员会主任高自民出席；教育督导委员会全体成员，包括市政府14个相关职能部门的领导同志参会；各区政府主要领导参加视频会议。会议通报了学前教育三年行动计划专项督导、民办义务教育质量监测、特殊教育专项督导等重要专项督导报告，宝安区政府副区长代表作了整改表态发言。市政府印发副市长在本次会议上的讲话，要求各区落实督导意见、整改存在不足。督导委员会全体会议的召开，强化了教育督导权威，加强了教育工作跨部门协调，对于做好督导结果应用、督促区级政府教育履责，具有重要促进作用。

四是持续推进责任督学挂牌督导工作。加大"全国中小学责任督学挂牌督导创新区"创建力度，继南山等6区通过国家级验收后，督导室重点推进龙华区、坪山区申报"全国中小学责任督学挂牌督导创新区"。对照新出台的《全国中小学校责任督学挂牌督导创新县（市、区）评分标准》，组织责任督学到2区开展专访，围绕责任督学制度建设、工作规范、迎检资料整理等工作予以指导。10月底，2区接受了省级评估验收，创建工作得到专家组的充分肯定。认真开展市属学校责任督学开展挂牌督导工作，召开市属学校责任督学工作总结会，就督学日常督导过程中发现的如"裸高"招生受各区地方生源保护主义限制、新高中课程方案带来的教师学科结构变化等问题，向分管基础教育副局长进行汇报，为行政决策提供参考。

五是认真组织开展国家义务教育质量监测，推动监测结果应用。根据广东省教育厅统一部署，市教育督导室严格落实国家义务教育质量监测的流程和要求，多次召开专题会议研究有关工作，组织全市各区全部参加国家和省级义务教育数学、体育质量监测，多次组织到校检查，及时发现和解决工作中的问题。其中宝安区135所学校测试"全覆盖"，其余各区每区抽样20所学校。全市共计357个校区、约2.2万名学生参测。5月22日至25日，教育部基础教育监测中心委派来深圳视导的专家，对深圳市全面细致的准备工作予以好评。5月24日测试当天，深圳市各样本学校组织有序、操作规范，克服高温天气等种种困难，顺利完成了义务教育质量监测工作。积极推动质量监测结果应用工作，推荐福田区、宝安区申报并成为国家义务教育质量监测结果应用实验区，与国家义务教育质量监测中心、区政府签订三方协议，启动实验区质量监测结果应用工作，并多次组织人员赴北京参加培训会，提高报告解读及结果应用能力。

六是配合省督导室组织开展多项专项督导检查。根据广东省教育厅、省督导室工作部署，深圳市配合省督导组，针对教育热难点问题，开展春季秋季开学工作、中小学校安全工作、办学条件"全面改薄"、城乡义务教育一体化等多项专项督导。组织各区对照督导指标体系做好自评自查和整改工作，要求各区督导室将相关工作纳入责任督学日常督导重点内容。3月，教育部督导局副局长林仕梁带队到深圳检查春季开学工作，实地抽查了各区及基层学校,对深圳市相关工作予以好评。

七是不断加强督学队伍建设。加强制度建设,以规范性文件的形式在市政府公告正式发布《深圳市督学管理办法》,为进一步规范督学聘任、管理、考核提供依据。面向深圳市职成教、幼教、责任督学、中小学骨干督学和专家库成员,与武汉大学、厦门大学、东北师范大学、北京师范大学合作,分类组织开展督学高端研修培训,开拓了督学工作视野,提升了督学专业能力。

八是推进首批深圳市督学工作室建设。根据《深圳市督学工作室实施方案》,首批 6 个督学工作室分别开展工作,主持人充分发挥专家型督学的引领作用,组织工作室成员开展了课题研究、组队督导、学习研修、研讨会等专业提升活动,并通过微信公众号等渠道发布工作室进展和成果,促进学习交流,发挥了教育督导科研、培训、督导评估等多方面作用。

九是评优评先。根据《深圳市教育发展基金会关于评选 2018 年深圳市教育先进单位和先进个人的通知》文件,组织各区推选 2018 年深圳市优秀督学 17 名,激发督学职业荣誉感,积极调动督学参与督导评估、课题研究和专题培训等工作的积极性。

3. 强化教育质量监测,推进督导结果应用(2019 年)

一是切实做好政府履行教育职责迎评工作。作为迎评工作主要牵头单位的市教育督导室,制定 2018 年度市区政府履行教育职责评价迎评工作方案,协调各职能部门和局各处室(部门)开展自评自查和整改,及时报送自评材料,组织样本校参与公众满意度调查,对各区自评情况进行初审,配合省核查组做好实地核查,并作为被抽查地市接受国家督查组的实地督查。

二是积极推动义务教育优质均衡发展区评估申报工作。开展国家义务教育优质均衡发展区创建情况调研,了解指标达成情况及下一步工作思路,并结合上级部门有关通报结果,督促各区认真整改。

三是开展公办中小学学位建设及公办幼儿园建设专项督导。为督促各区(新区)政府切实履行教育职责,根据《深圳市中小学学位建设实施方案(2018—2022 年)》《深圳市人民政府办公厅关于进一步深化改革促进学前教育普惠优质发展的意见》等有关文件工作部署,研发相关督导指标体系,开展公办中小学学位建设及公办幼儿园建设专项督导,加快各区公办中小学及公办幼儿园建设进程。

四是扎实开展各类常规性督导评估工作。组织实施各级各类达标性督导评估工作。全年完成"广东省义务教育标准化学校"市级复查 25 所；完成 151 个"深圳市学习型社区"督导评估；专访市一级幼儿园 60 所，复评省、市一级幼儿园 108 所；完成 420 所幼儿园办园行为督导评估。认真开展责任督学挂牌督导工作。指导开展挂牌督导工作，增聘市属学校（幼儿园）责任督学，定期召开会议，研究工作重点，听取意见建议，推动解决相关问题。指导各区持续做好责任督学挂牌督导工作。

五是认真组织开展国家义务教育质量监测，推动监测结果应用。按照上级规定的流程和要求，指导各区做好监测各项工作，多次组织到校检查，及时发现和解决工作中的问题。我市 388 个样本校组织有序、操作规范，约 2.5 万名学生、5000 名教师顺利完成测试任务。制定《深圳市教育局推进语文等 4 学科义务教育质量监测结果应用工作方案》，明确工作目标、工作举措和责任分工等。邀请专家来深解读监测报告、指导开展质性调研。参加教育部基础教育质量中心组织的监测结果应用实验区交流会，作为市级代表在大会分享我市经验做法。指导福田区筹备"国家义务教育质量监测结果应用福田区现场会"，推动福田区在义务教育质量监测结果应用先行示范。

六是不断加强督学队伍建设。根据上级工作安排，推荐国家督学人选 2 名、特约督导员人选 3 名、省督学人选 35 名。按计划分类组织督学赴高校培训，全年共组织 4 批次近 250 人次赴北京师范大学开展专题培训，提升专业能力和履职水平。以幼教、中小学、职成教、责任督学等 6 个工作室为平台，开展教育督导课题研究、研讨、交流、评估实践等活动，发挥专家型督学的引领作用，培育骨干督学队伍。根据工作需要，增设义务教育质量监测督学工作室。

三、教育评估指标体系的深圳特色

国内外办学水平评估的理论研究和实践经验，为构建具有深圳特色办学水平评估指标体系提供了借鉴。

（一）教育督导指标体系构建

1. 指标体系构建的基本设想

（1）指标体系要体现全面的教育质量观。办学水平评估指标体系所体现出的教育质量是素质教育的要求：一是面向全体学生，关注全体学生的发展，二是面向学生的各个方面，关注学生的全面发展，突出学生终身发展的基础性；三是关注发展的过程性，关注教育过程与教育结果的协调。也就说，要把全体学生的发展、学生的全面发展，以及学生的全程发展作为构建办学水平评估指标体系的中心。要努力避免三种片面的质量观：一是以学生考试成绩为惟一标准的片面质量观；二是以少数优秀学生代替全体学生的片面质量观；三是只关注结果，不关注过程的片面质量观，其典型表现如应试教育。

（2）指标体系要激励不同起点学校努力提高质量。因各种各样的原因，不同学校起点是不一样的，办学水平评估指标体系要为不同起点学校确定合适位置。因此，指标体系要"从入口看出口"，要引导不同起点的学校都关注过程，通过改进过程、优化过程以提升学校办学水平。

（3）指标体系要具有诊断功能。办学水平评估指标体系，不但要能够衡量出学校办学水平的阶段性，同时要具有诊断功能，能够说明办学水平高低的原因，要能够为学校进行自我改进提供依据。因为，在指标体系构建过程中，要系统分析与学校办学水平密切相关的核心要素，特别要重视对学校办学水平具有决定性影响的关键要素，要把关键性的影响要素纳入指标体系之中。

2. 办学水平评估指标体系说明

（1）评价指标包括一级指标5个，二级指标15个，三级指标38个；三级指标为基本评价要素（见表6—1）。

（2）评价方案重点关注学校内涵发展、自主发展、持续发展的效能；因办学硬件配置为政府责任，督导部门另行通过义务教育均衡发展专项督导等督政工作促进政府履责，本方案未就办学条件列指标。

（3）为贯彻落实《义务教育法》的法定要求，推动素质教育实施，促进解决近年来深圳市教育发展过程中出现的热点难点问题，本方案设定十条指标，学校近三年存在一项及以上如下行为或现象的，由教育行政部门负责查处并督促整改，办学水平评估暂缓通过：①发生重大安全责任事故的；②迫使学生转、退学或提前毕业的；③违规开设重点班的；④不按规定开齐、开足国家课程的；⑤征订或使用未经审定的教科书或教辅资料；⑥师生存在违法犯罪现象的；⑦存在体罚或变相体罚学生等严重侵害学生合法权益行为的；⑧学生每天校园体育活动时间不足1小时的；⑨违反国家规定收取费用，向学生推销或者变相推销商品、服务以谋取利益的；⑩违反有偿家教"五不准"相关规定的。

（4）本方案三级指标按 A（优良）、B（尚可）、C（有待加强）三个档次评价。评价要素全部达成，某方面工作成效显著，且创造了可资推广的先进示范经验的，评为 A；评价要素基本达成，无重大问题或急需整改的薄弱环节，评为 B；个别评价要素未达成，存在相对薄弱的工作环节，评为 C。如果三级指标评级有 10 个及以上 C 的，暂缓通过评估，按督导部门《整改通知书》要求限期整改。

3. 办学水平评估指标体系

表 6—1 深圳市义务教育阶段办学水平评估指标体系

一级指标	二级指标	三级指标	评价内容描述	评价等级
一、领导与管理	1. 领导团队	1. 领导力，专业能力；人格素养；公众威信	校长具有较强的领导力和专业能力，有效领导学校管理和课程教学；具有较强的亲和力和人格魅力，以人为本，以身作则，服务意识强；在师生员工中威信高。	
		2. 社会责任感；改革创新；自身建设	领导班子富有教育理想与追求，职业道德高尚，社会责任感强；勇于改革创新，善于反思进取；思想活跃、视野开阔，形成学习型团队。	
		3. 执行力；团结协作，工作效能	管理团队作风务实，执行力强；部门沟通协作良好，运转效能显著；师生员工满意度高。	
	2. 理念规划	4. 办学理念及其价值取向与认可度	办学理念鲜明凝练；适应现代教育要求，符合学校发展愿景，对学校工作具有统领性；师生知晓度、认可度高。	
		5. 发展规划的规范性；适切度；有效性	学校发展规划文本规范，目标明确，措施得力，操作性强；体现素质教育思想，符合学校发展实际；贯穿并落实于学校学年度与部门工作。	

续表

				评价等级
	3. 制度机制	6. 机构设置；决策机制；制度建设；档案管理	内设机构设置合理，职责明确；坚持校务公开，畅通民主渠道，议事决策高效；管理制度健全，符合现代管理，体现办学理念，执行规范有效；档案收存齐全，查阅便利。	
		7. 依法办学；安全管理；财务管理；后勤服务	坚持依法治校，自觉执行法律法规、政策规定；建立健全安全责任制和应急机制；勤俭办学，讲究节约，理财规范有效能。后勤工作服务高效，师生满意度高。	
		8. 自诊自评；社区联系；对外交流	每学年度对发展规划执行情况开展师生调研、自诊自评，并应用于决策及改进；加强家长、社区、相关部门互动合作；加强校际交流、促进教育国际化。	
		9. 设施设备和信息资源的管理使用	学校实验室、功能室、图书馆、体育场馆等设施设备维护良好，开放充分，使用率高；校园信息网络顺畅，教育资源丰富，满足师生课程教学的需求。	

一级指标	二级指标	三级指标	评价内容描述	评价等级
二、课程与教学	4. 课程建设	10. 课程观；课程计划；课程开设	课程观体现新课程理念，符合素质教育要求；课程设置与课时安排符合国家、省、市课程计划要求；课程开设体现校本特色，并能创造性地实施。	
		11. 德育课程、活动课程及其与学科课程的融合	德育课程、综合实践活动课程有明确的课程目标、序列计划及评价方案；深化德育课程、活动课程与学科课程的有机融合，探究性学习、文体活动和社团活动丰富，育人效果显著。	
		12. 课程资源的挖掘利用；校本课程的开发；课程特色与成效	充分挖掘、有效利用课程教学资源，创造性地开发适应学生发展需要的校本课程；校本课程的目标、内容及实施方案完整规范；课程育人形成自身的特色与优势，学生认可度高。利用各种校内外教育资源，开展德育工作。	

续表

二、课程与教学	5. 教学实施	13. 教学理念；教学计划；教学常规管理；德育工作机制	切实面向每一个学生，确立与新课程理念和办学理念相一致的教学理念，并在本校有效实施；能按照课程标准、结合学生心智能力落实教学计划；严格执行教学常规管理制度，保障教学有序实施；建立健全"全员、全程、全方位"的德育工作机制，形成学校、家庭、社会融合互动的德育教育网络。	
		14. 课堂教学；作业设计；课业负担	构建有效课堂，落实有效教学，优化学与教的方式，实施"以学定教"的教学机制，实现新课程的三维目标；精心设计和批改作业，强化作业诊断对教学的反馈；监测学生课业负担，强化"减负提质"的策略研究，保障学生愉快学习。	
		15. 教学环境；个性化教学；学困生帮扶	教学环境和谐，师生关系融洽；实施适合不同学生的教学策略，学生个性化学习渠道畅通；关注学困生学习行为与能力，帮扶学困生进步取得明显成效。	
	6. 质量保障	16. 教学监控；质量检测与诊断；教学质量效果；德育成效	有序监控教学过程；有效检测教学质量，有据形成测量报告，对存在问题及时调研、分析、诊断、改进；各学科教学质量显著提升。德育内容（课程）、途径、方法、活动、研究等方面成效好，有突破。	
		17. 教学评价体系及其制度与机制	树立全课程评价观，构建课程教学评价体系；完善教学评价制度，建立评价激励机制，促进师生持续发展；提高教学评价效能，拓宽教学评价领域，有效提高教学质量。	

续表

一级指标	二级指标	三级指标	评价内容描述	评价等级
三、教师发展	7. 团队建设	18. 教师职业操守、团队精神和教育修养	教师团队具有良好的职业操守和道德品质，无违法、违纪、犯罪等现象；教师团队崇尚正义、乐于奉献，凝聚力强；教师具有良好的教育修养，精心教书，潜心育人；深受学生尊重和爱戴。	
		19. 团队发展机制和工作机制	教师团队形成老中青梯度发展机制，学科带头人与骨干教师引领作用凸显；德育处、团队会、班主任、心理教师等德育队伍齐全；构建以年级组为管理实体、学科组为教研主体的分工合作机制；构建以班主任为核心，科任教师为主体的共同育人机制。	
	8. 专业水平	20. 把握课程理念、课程标准和三维目标的能力	各科教师能把握新课程教学，自觉落实课程理念、课程标准和三维目标，切实提高教学水平和教学质量；各学科均能承担区级以上公开课、观摩课、研讨课等。	
		21. 组织活动，管理班级，转变学生等育人能力	教师具有较强的组织活动、管理班级、辅导学困生、转变问题生、开展家访等方面的能力，且能适时对学生进行思想品德教育、心理健康教育和安全教育。	
		22. 专业研修与校本培训	教师有专业研修的目标和规划；能在日常教育教学中积极参与教科研活动，应用教科研成果；有较高质量的论文、研究报告等；校本培训体现全员性、针对性、实效性；德育培训完整系统；教师队伍专业水平进步显著。	

续表

一级指标	二级指标	三级指标	评价内容描述	评价等级
	9. 评价	23. 教师考评制度与实施效果	学校评优评先、聘用选用、绩效工资、职称评聘等制度办法科学合理，实施过程公开公正；各类考评能促进教师个体发展、促进教师团队合作，教师满意度较高。	
		24. 教师发展性评价机制	建立教师发展性评价制度，坚持诊断改进与促进提高相结合的原则，形成促进教师专业发展的激励机制；教师队伍整体专业水平进步显著。	

一级指标	二级指标	三级指标	评价内容描述	评价等级
四、学生发展	10. 全面发展	25. 学生行为习惯、社会公德与德育成效	学生具有良好的行为习惯、社会公德、心理素质、安全意识和社会适应力；积极参与学校活动、社会实践与公益活动；德育成效显著。	
		26. 学习能力、学业成绩与智育成效	学生具有较强的学习兴趣和钻研精神，学习能力和学业成绩达到新课标要求，学困生进步率高；智育成效显著。	
		27. 健康习惯、运动技能、体质状况与体育成效	学生养成良好的卫生习惯和锻炼习惯，具有健康的体质和较好的运动技能；体质健康达标率高；常见病得到有效控制，无重大传染病发生；学生具有较强的自救、自护能力；体育成效显著。	
		28. 文艺技能、审美情趣能力与美育成效	学生能以音乐、舞蹈或美术等方式呈现基本技能，具有健康的艺术情趣和一定的欣赏能力；学校文艺活动在社区具有较大的影响；美育成效显著。	
	11. 可持	29. 自主发展意识与能力以及精神状态	学生具有较强的学习愿望和兴趣，具有自我管理的能力和主动发展的意识，综合体现出健康、活泼、积极向上的精神面貌。	

续表

一级指标	二级指标	一级指标	评价内容描述	评价等级
	续发展	30. 实践能力；团队合作	学生积极参加各种实践活动，能运用团队合作、社会实践、信息技术等各种方式方法，提高学习能力和水平。	
		31. 反思、质疑、探究的能力；创新精神	学生具有反思、质疑和探究的思维品质，具有创新精神与初步的研究能力，具有良好的基础性、发展性和创造性学力。	
	12. 评价	32. 学生评价制度与激励机制；家长、社会与高一级学校的评价	建立健全学生发展性评价制度，坚持面向全体、全面发展的方针，摒弃以学业成绩为标准的评价制度，实施激励性、多元性评价机制；学生身心健康，德智体美全面发展和可持续发展，深得家长、社区居民、社会各界的广泛赞誉，深受高一级学校好评。	

一级指标	二级指标	一级指标	评价内容描述	评价等级
五、学校发展	13. 学校文化	33. 文化核心价值，学校精神，群体风貌	学校实施文化立校战略，践行办学理念倡导的核心价值观和学校精神，成为师生员工共同行为；并以丰富的表现形式，展示出具有本校群体风貌和文化特质的鲜活事例、人物典型。	
		34. 文化活动，凝聚力与归属感	学校文化活动主题鲜明、内容丰富、形式多样、序列性强；师生员工参与面广，体现出较强的凝聚力和归属感，形成优良的"三风"和学习型组织。	
		35. 环境建设，文化气息，绿化率	学校环境建设充分体现办学理念；校园文化气息浓郁，环境舒适优美，绿化覆盖率高，育人功能明显，有利于师生身心健康。	
	14. 办学特色	36. 特色建设与认同感	学校特色建设有规划、目标、策略，切合办学理念与校情；特色建设持续推进，保障有力，赢得师生员工广泛认同和大力支持。	
		37. 特色建设的成效	特色建设促进了学生发展、教师发展和学校发展，成果显著；形成了可推广的先进经验，社会认可度高，广泛赞誉。	

续表

15.业绩与评价	38. 学校办学成果，荣誉和奖项；社会评价及其影响力	学校在原有基础上取得明显进步与发展，获得多方面的荣誉和奖项；办学成果影响面广，先进经验在区、市内外交流、推广，可持续发展强劲，具有示范作用；社会声誉好，家长、社区、校友和教育行政部门一致好评。

(二) 评估指标之间的逻辑关系

1. 一级指标之间的逻辑关系

（1）领导与管理：班子建设是学校核心；理念规划是目标价值；制度机制是管理之本；资源使用决定效益效率。领导力是领导的核心，执行力是管理的核心。

（2）课程与教学：课程建设是教学核心；教学实施是课程任务，教学质量是课程目标；课程领导力是课程实施的保障，课程执行力是教学实施的保障。课程教学是学校领导与管理的中心工作。

（3）学生发展、教师发展、学校发展是学校领导与管理的目标；学生发展是学校发展的根本，教师发展是学生发展的保障，师生发展是学校发展的推动力，而学校发展也为师生发展提供了有效平台和工作效率。

2. 相关概念之间的逻辑联系

（1）突出了领导力。领导力是创设愿景、制定战略、凝聚人才资源，实现共同价值，为执行力明确方位与导向的一种核心力量。校长的领导力重点表现在理念规划领导力、课程教学领导力、学校发展领导力、机制创新领导力。领导力需要拥有人格魅力和公众威信才得以实施，同时又是在实施中不断得以提升。

（2）强调了执行力。执行力是依法依规、组织分工、实施计划、掌控学校资源，谋求团队福利，促进共同发展，实现规划目标。执行力的强弱直接关系到管理的效能、效率、效果、效益。执行力直接反映领导力的核心作用。课程执行力就直接反映课程领导力的作用，规划执行力就直接反映规划的领导力的作用，制度执行力就反映制度领导力的作用。

（3）关注了机制创新。机制是指一个工作系统的组织或部分之间相互作用的过程和方式。在教育体制相一致的条件下，学校办学质量的优劣、办学水平的高低，取决于机制创新。本评估体系中多次涉及机制创新，如学校内部工作机制、教师发展的激励机制、学生发展的可持续机制、教学质量监控机制和评价机制等等。一个好的制度，由于运作的机制出了问题，必然导致制度执行的不良结果，反之则产生良好的效果。

（4）设定了学生发展、教师发展、学校发展三个一级指标。三个一级指标就是三个概念，明确指出，学校发展的落脚点就是人的发展，以人为本的可持续发展，才是学校得以发展的根本所在；学校一切工作的出发点，教书育人的本质，就是促进人的发展。发展概念的提出，就是要求学校以全面发展的眼光、发展性的诊断、多元发展的评价机制，实施教书育人，践行素质教育，促进人的可持续发展。

三、办学水平评估保障机制的深圳创新

（一）研制一系列自评和外评工具

1. 制定办学水平评估工作手册

该手册对督学角色分工、技术指引、量表工具、文本规范、运作机制等提出了明确具体的要求，包括三大部分内容：第一部分为评估方案，包括办学水平评估的实施意见、评估指标体系和评估指标解读；第二部分工作指南，包括工作指引、工作职责、评估工具；第三部分学校迎评指引，包括评估申报表、学校自评自诊工作指引、学校自评报告格式、评估组需受评学校配合做好的工作、办学水平评估工作意见反馈表。

2. 设计适用于学校自评和督学外评的量表和问卷

研究制定的督学外评工具包括：学校办学水平评估申报表，教师问卷、学生问卷、家长问卷、校长问卷，评估信息采集记录表，评估信息采集情况统计表，评估结果记录表，学校须改进的其他问题提示表，评估组成员考评意见表，不同学科、不同学段的观课表，评估日程表，评估报告模板，评估工作意见反馈表。

研究制定的学校自评工具形成了一系列"学校自评方法与工具包"，主要包括《领导管理与交流合作自评工具包》《课程与教学自评方法与工具包》

《教师发展自评方法与工具包》《学生发展自评方法与工具包》《学校整体发展自评方法》《自评报告撰写及学校整改指导方案》等。同时，还以校为本研制了一些简单实用、易于操作的自我评价小量表。

3. 规范并优化评估流程

一是在督学外评方面，课题组研究制定了评估日程表、评估报告模板、评估组预备会议及第一天、第二天、第三天评估组交流会议程、评估组与全校师生见面会议程、评估组与校方领导管理层互动交流会议程及评估意见反馈议程，形成了"三合两分五步骤"评估程序：

第一步，全体督学集合听取校长情况介绍并进行交流答问；第二步，分指标小组督学各自采集信息（听课、访谈、问卷、查阅资料等）；第三步，全体督学再集中交流各指标小组当天见闻和初步印象，明确进一步需要补充了解的问题或核实的信息；第四步，分指标组督学再各自采集信息；第五步，全体督学第三次集中讨论交流达成共识，形成集体的评估反馈报告。期间组长与校长要就学校一些全局性、深层次问题，特别是批评性意见和建议与校长进行随机性对话沟通，校长可以解释回应甚至辩论。这样的程序安排，规避了评估组长主宰下的一言堂，防止了信息采集的走过场，杜绝了不负责任的主观随意性，真正实现了制度设计"必须如此，必然如此"的刚性约束。比如，探索出了"望、问、闻、切"的评估方法，突出实证性，并对督学基本工作提出相应的量化要求：三天半评估一所学校，观课学科覆盖100%、教师覆盖率60%－100%；教师问卷覆盖100%，学生问卷200－400名、家长问卷200人以上；访谈学校领导干部、师生200人次以上，从而构成了一个较为严密、相互支持的评估质量保障系统。

二是在学校自评方面，大致分为自评组织、自评规划、自评实施和自评反思四个阶段，学校按部就班展开自评活动，构成学校自评的基本流程。

(1) 自评组织阶段。学校自评自诊过程是一个自下而上、全员参与的过程，需要建立一个有系统性和连贯性的自我评估架构和机制。学校可在现行的管理架构中，成立"学校自我评价核心小组"或其他专责小组，统筹并推行学校的自我评价。专责小组的成员应多元化，尤其应该将基层教师代表纳入其中，教师可参与制定学校的目标和工作计划，使他们更认同学校的办学宗旨和目标，加强对工作的认同，提升协作水平，最终促成学校持续发展的目的。

（2）自评规划阶段。包括环境分析、评价范围与拟定自评计划三方面内容。环境分析，即对学校所处内外环境的强处、弱点、机会和危机的分析。外在环境包括社会、政治、经济、文化、科技的发展以及他校的竞争、家长及社会人士的期望、区内学生人数的估计等，内在环境可针对人力资源、财政资源、物理资源、招生情况、学校氛围、各种教育方案等作出分析。自评的内容是在审视学校全面工作的基础上，把握学校发展的重点问题、难点问题，并寻找、发现可行发展之路。因此，评价的重点放在关系学校未来发展的重点、难点问题上，确立个体成员——团队成员——学校管理层的自评时间表与分工，以最大程度上不干扰正常的教育教学为原则，循序开展。规划阶段的重点就是拟定自评计划，在拟定评价计划的过程中，学校需要考虑如下几个方面的问题（4W3H 问题）——What：什么（要评价什么）；Why：为什么（为什么要评价某几个范围的工作）；When：何时（何时进行评价）；Who：谁（由谁负责）；How：怎么样（评价范围的优先项目次序怎样排列）；How：如何（用什么方法）；How：如何运用评价报告（运用评价报告是为了达到什么目的）。

（3）自评实施阶段。包括自评方法的选用、资料的收集与整理、结果的量化。自评方法要选择适合本校实际的评价方法，例如：调查法、访谈法、案例法、观察法、量表法等。但必须注重过程性资料的收集与整理用以佐证自评过程与结果，如反思日记、科组活动记录、图片等。同时注意对不同的评价范围进行不同来源的数据收集，选用不同的评价方法。资料的收集与整理主要针对问题、实地调查、收集信息，用各种方法和管理工具作深入分析、详细研究，揭示产生问题的根源，这是学校做出正确自评自诊的前提。

（4）自评反思阶段。主要是根据自评结果设计学校发展方案、对自评计划的再评价。学校发展方案的制定主要是将自评结果作为学校未来发展方案的基础与起点，采用年度计划分解、责任表制定、工作再设计等系列方法，对学校自我反思的重点、难点问题进行解决，对已有优良经验继承、发扬、推广。自评计划的再评价包括对自评过程与对自评结果的再评价。如：是否体现了利益相关者（家长、社区）的意愿并获得其充分认同；是否吸引了全校教职员工的参与，体现了其意志并获得其认同；证明评价过程与结果的证据是否充分、有效；学校发展中存在的经验、问题是否经得住检验；经过此自评过程与结果分享是否对学校发展的各项工作有着正向的推动工作；等等。经验与问题梳理宜采用5：5比重呈现方式，突出问题的重要性、可解决性与问题分解图表。学校自评的结果与自评报告宜由学校领导班子集体负责。

（二）建立体系化序列化的评估制度

1. 出台一系列配套制度。深圳着力于以制度设计和安排，来提升办学水平评估的实效性，通过不断加强评估的配套政策研究，努力推进评估制度的体系化、序列化，相继出台了学校自评自诊制度、评估公告制度、评估意见申诉复议制度、办学水平评估意见报告制度、督学责任区制度、市督学管理制度等配套制度，明确了教育行政部门、督导部门、学校、督学在评估中的职责，有力提升了办学水平评估的权威性和整体效能。

2. 完善责任督学制度。责任督学挂牌督导工作包括以下几个方面：（1）依法督导。先后出台《深圳市督学管理办法》《关于建立和实施教育督导责任区制度的意见》等一系列配套文件。各区健全挂牌督导管理办法。市、区教育督导室根据国家关于挂牌督导的要求，完善工作流程和标准。（2）全面覆盖。督导领域横向扩展到民办学校，纵向延伸至学前教育，强化对基础教育的整体督导。全市已建立督学责任区152个，配备责任督学255名。督导内容不仅包括国家规定的八大经常性督导事项，还对学校办学特色、办学水平、现代学校制度建设等重点工作进行督导。（3）配强队伍。成立市责任督学事务中心，配备专职管理人员，负责全市督学业务培训、挂牌督导统筹协调、责任督学年度考核、日常检查以及学生和家长投诉。督学采用专兼职的方式聘任，并建立了培训制度。（4）信息引领。开发教育督导管理平台，建立了五大工作系统，方便督学沟通。通过系统平台多层采集数据和信息，及时反馈和跟办，提高督导的效能。（5）综合保障。市区两级将挂牌督导所需经费纳入教育年度经费预算，保证日常工作和场地设施经费及责任督学待遇落实到位。将专项督导和经常性督导有机结合，加强督导结果的运用，建立责任督学的考核和奖惩制度。

3. 开发督导工作信息管理平台。深圳市南山区把教育督导与互联网进行深度整合，开展"互联网＋教育督导"探索，受教育部督导办委托开展"创建督学管理系统"项目研究，充分利用互联网优势，进行大数据背景下的责任督学挂牌督导的实践创新。基于南山区中小学责任督学挂牌督导工作的实际需求开发"责任督学挂牌督导工作信息管理平台",功能模块全国通用。通过该平台,满足责任督学挂牌督导工作中人员管理、档案管理、信息采集、信息发布、公文流转、交流互动、资源共享、量化考核等多方面的需求,实现责任督学挂牌督导工作全过程信息化、网络化及部分信息的公开化,提高责任督学的整体工作效率和效能,以推动区域教育事业均衡、优质发展。

4. 各区也因地制宜,创新机制,采取有效措施强化跟踪整改。如龙岗区每月督导室和教育局联席会议制度,各职能科室按照问题分类负责跟踪落实;罗湖区采取责任督学分片包干,监督指导学校前期的自评自诊和后续改进。各区督导室的辖区学校整改结果的年度报告上报市督导室;市督导室每年抽查各区整改情况并形成综合报告或专项报告呈市政府。对于全局性的重大问题,市政府召开专门工作会议,研究解决办法或相关政策措施,如大班额问题、教师结构失衡问题等。

(三)培养专业高水平督学队伍

伴随着督学专业成长的是政府提供的不同层次、不同类别的学习机会和平台,包括通识培训、专题培训、海外培训、高端研修等等,将评估工作实践中发现的专业问题反馈于校长、教师培训,并且把培训时间纳入教师继续教育课时,解决了继续教育与督学培训"两张皮"的问题。科研、培训、评估"三位一体"的制度设计,是不断加速督学专业化的重要保障。近年来,深圳市共组织市级督学全员培训2000余人次。市、区两级均依托高校培训基地,组织专题式、案例式、研讨式的骨干督学高端研修。开展督学论文评选,组织深港教育督导工作交流,选派督学参加海外培训和教育督导国际研讨会,开拓国际视野。

各区教育督导室不断创新督导团队建设,加强督学专业化水平。南山区适应教育国际化,引入了外籍校长、副校长担任特约督学。南山区、福田区、宝安区等中小学责任区督学培养创造了"1+1+1+6"的培养模式,采取"先锋计划"跟岗学习的方式储备督学人才梯队,即"1名专职责任督学+1名特约督学+1名返聘督学"的督学组团,再加6名"先锋计划"学员跟岗学习的组团模式。

在实践工作中,逐渐完善学校督导小组评估机制。以专职督学和近两年内即将退休或刚退休的校长为骨干,采取"固定＋机动"的方式组建若干个小组,搭配不同的组长。同时,大量选派督学参加评估实践,督学在评估中碰撞智慧、深入研讨。每所学校评估报告达1.5万字,有内容、有分析、有见地、有价值,显现了较高的专业水平,受到学校好评。全市督学积极参与课题研究,共撰写发表督导评估专题论文100余篇,其中许多在省级督导论文评选中获奖。截至2014年底,全市共计选派督学2600人次,工作时长707天,完成对204所公办义务教育阶段学校、34所民办中小学的办学水平现场评估,评估报告总计300余万字。近年来累计组织受评学校培训1600人次,广大校长、教师在评估过程中深入学习、研讨、践行评估指标,对照指标积极整改,提升了办学水平和教育教学能力。

五、教育督导实践的深圳经验

近年来,深圳市根据地区教育发展实际,借鉴国际国内先进的评价理念和模式,着力构建各类督学项目新体系,打造督导评估的"深圳标准"和"深圳质量",坚持开展全覆盖、规范化、高质量、经常性的督学工作。近十年累计动用督学超过2万人次,开展各类学校督导评估。督学工作面广量大,有力推动了深圳教育优质均衡发展和内涵、特色的精彩呈现。各项督导工作迈出了新步伐、取得了新成就、呈现出新气象。

(一)顶层设计,谋划现代教育督导新思路

深化教育督导改革是一个系统工程,需要战略思维的统筹考虑和整体设计。在深圳教育现代化发展的新起点上,市督导室审时度势,把握新时期深圳教育督导评估的任务侧重。

1. 确定工作新思路提出"三个点",即"督政是重点、督学是难点、质量监测是制高点"的认识和"解决重点、突破难点、试探制高点"的工作布局,统筹推进督政、督学和质量监测"三位一体"建设。推动"三个转变":由关注教育硬件向关注教育内涵发展转变,由侧重结果比较的鉴定式评估向侧重指导、诊断的发展性评估转变,由倾向评先择优向评好市民身边每一所学校的机制转变。另外,市督导室将办学水平评估作为重点工程系统推进,从评估理念到评估制度、评估指标、评估方法、条件保障的全链条革新,从

评估前、评估中到评估后的全过程跟进,从市、区、校三级互动到行政、督导双线联动,从学校自评自诊到师生家长多方参与,整体构建督导评估新模式,使教育督导更具开放性、科学性和建设性。

2. 以办学水平评估为抓手,实现督导评估转型升级。根据深圳市教育率先步入内涵发展、现代化发展的阶段性特征,市教育督导室加大科研创新和先行先试力度,以申报立项"全国教育科学'十二五'规划课题"为契机,同步推进理论研究、制度创新与评估实践,建立了全覆盖、周期化、强制性的全市义务教育阶段学校办学水平评估制度,研发了以学生发展为本、以学校内涵发展为核心的评估指标体系,实施了发展性、诊断性、常态化、专业化督导评估,形成了评估前、评估中、评估后全程跟进和行政、督导、学校、社会多线联动的保障体系,构建了办学水平评估新模式。2011年此项评估实施以来,全市共计完成对303所公办义务教育阶段学校、34所民办中小学的办学水平现场评估,评估报告总计500余万字。

3. 以等级学校评估为抓手,帮扶民办学校提升办学品位。基于深圳市公办学校办学水平相对较高,而民办学校发展参差不齐的情况,近年来市教育督导室将等级学校督导评估重心转向民办教育。仅近两年来,就完成了省、市一级学校评估或复评近300所。等级学校评估结果与政府对学校的扶持政策挂钩,有效地激发了举办者的创建动力,拓宽了政府对民办教育和学前教育的投入管道。民办学校创建热情高,增加投入少则几万元,多则几十万甚至上百万元,督导机制的效应显现。目前,全市各级各类学校优质比例在广东省遥遥领先。经过督导评估,共有国家级重点职业学校5所;100%的公办普通高中建成广东省一级学校,74%的公办高中通过广东省国家级示范性高中督导验收,比例全省第一。省、市一级民办学校中小学合计216所,占比87%。

(二)强力督政,推动教育发展迈出新步伐

深圳教育督政与教育发展同步共进,督政考核的"硬指标"和激励机制,犹如巨大的杠杆,撬动了各区教育互相比、追、赶、创的强大动能,有力推动了深圳教育优质均衡和教育现代化的历史进程。

1. 全力助推"广东省推进教育现代化先进市(区)督导验收"和"全国义务教育发展基本均衡县(区)"督导评估认定。2012年以来,市教育督导

室以国家、省督政项目为契机，强力推动各区达成各项督政指标，在组织各区自查申报、强化培训、数据填报、督导专访、整改提高等方面做了大量的指导工作，成效显著。2010年底，六区全部率先通过"省教育现代化先进区督导验收"。2012年底，深圳市以高分通过督导评估，成为全省"首批推进教育现代化先进市"。2014年，6个行政区（含原4个新区）全省率先全部通过"全国义务教育发展基本均衡区督导评估认定"。市教育督导室先后组织督学专家，对新设立不久的坪山、龙华区和光明、坪山新区进行了督导专访，推动这些区域加快创建进程，同时组织各区学习义务教育优质均衡发展指标体系，促进区域教育综合实力再上台阶。

2. 开展聚焦教育民生及热难点问题的大型专项督导。近年来组织开展了大班额专项调研，义务教育学位建设、学前教育三年行动计划实施、特殊教育提升计划实施情况等多项较大规模的专项督政，形成较高质量的督导报告，反馈各区政府，上报市政府，有力督促了区级政府履行教育工作责任，推动了全市教育重点工程、重点任务目标的落实。

（三）强化保障，形成责任督学挂牌督导工作新常态

2013年以来，深圳市创新督导机制，率先全面实施全市中小学幼儿园100%全覆盖的责任督学挂牌督导制度，实现五个"到位"：一是制度到位。先后颁布《关于建立和实施督导责任区制度的意见》《关于中小学和幼儿园责任督学挂牌督导制度的实施方案》，6个行政区和4个新区分别据此制定了实施细则、责任督学工作手册。二是督学到位。制定了责任挂牌督学的聘任条件，主要从德才兼备的校长、教育管理和教育科研人员中选聘。各区因地制宜，积极探索出了组团督导、AB角督学、分角色督导等多种队伍配备模式，有效解决了人员短缺问题。三是培训到位。开展责任督学省、市、区级专题培训，实行先培训后上岗。形成了责任督学培训规程，开展入职通识培训、针对项目督导的专项培训、强化素质提高的岗位研修等，不断创新培训形式，提高培训成效。四是管理到位。市、区两级均设立专门的挂牌督学管理办公室，加强规范管理。建立了投诉受理、来访接待、电子邮件回复、突发事件登记、整改通知、月度反馈等相关制度。对责任督学随机听课、查阅资料、列席会议、座谈走访、问卷调查和校园巡视等督导方式制定了详细的工作指南和量表，保障了督导工作有序开展。五是经费保障到位。挂牌督学工作经

费纳入教育经费年度预算，主要包括督管办办公经费、人员经费和培训经费等。市级责任区挂牌督学每月补助预算按 4000—8000 元的标准发放。

2014 年 11 月，全国中小学责任督学挂牌督导工作现场会在深圳南山区成功召开。责任督学挂牌督导的深圳经验走向全国，得到教育部、国家督导办的充分肯定和各地教育督导同行的广泛认可。目前，南山区成为全省首批"全国责任督学挂牌督导工作创新区"，龙岗、罗湖等 5 个区通过省级和国家验收。

（四）突破难点，探索教育质量监测新路径

面临教育质量监测这项新课题、新任务，深圳市积极应对、加强学习，在落实国家、省监测项目的同时，开展了市、区两级各类监测项目的探索，初步积累了有益经验。

1. 配合教育部基础教育质量监测工作。2014 年至 2017 年，按照国务院教育督导委员会办公室的统一部署要求，市教育督导室协调市教科院、各区教育局，做好全国统一的义务教育质量监测工作。强化宣讲、强化培训、强化巡查；依托责任督学对样本学校全覆盖、全程参与指导和监督；各区督导室在信息填报、工具保密、测试组织、条件保障等方面，落实规范，执行到位。深圳市各受测区圆满完成了各项监测数据的采集工作，监测组织工作受到省督导室好评。

2. 探索开展义务教育公众满意度测评。2014 年探索引入第三方评价，委托专业机构开展了全市义务教育满意度调查。调查采取定量评价与定性评价相结合的方式，共抽取样本学校 70 所，收回学生、家长、教师有效问卷 34117 份，形成了完整规范的调查报告，并在深圳各大主要媒体发布调查结果。调查工作促进了市民群众对教育工作的了解，产生了良好的社会反响。

3. 组织开展民办义务教育质量监测。针对部分低端民办学校教育质量较为薄弱的实际，2017 年市教育督导室会同市教科院，委托第三方专业机构，组织开展区一级及区一级以下民办学校质量监测。全市 27 所民办学校、7 所公办参照学校的四、八年级合计 8378 名学生参加测试，256 名校长和相关学科教师、8347 位家长参与问卷调查。形成了民办教育质量分析报告，为民办教育管理提供了重要的决策参考。

此外，各区督导室根据区域教育实际，探索各种形式的质量评估监测。

龙岗区建立龙岗 PISA 测试体系，动态监测龙岗义务教育阶段学生的核心素养发展状况，研发"龙岗区域教育质量绿色评价体系"；盐田区开展教育软环境发展指数在线测评；宝安区开展学生视力普查监测；罗湖区开展家长、学生教育满意度测评。

（五）提升效能，研发"互联网＋"教育督导新平台

在"互联网＋"和大数据技术快速发展的新形势下，深圳市积极推进教育督导信息化工作，以资讯化手段提高督导评估效能。

1. 研发信息管理平台。一是研发应用责任督学挂牌督导管理平台。该平台研发为国务院教育督导委员会办公室委托项目，由深圳市南山区具体承接，目前已在全国各地开始应用，建立了以快速反应为特征的督导结果处理系统、以公示公开为主要功能的信息发布系统、以真实客观为要求的督学信息管理系统、以智能高效为特色的督导问卷调查统计系统、以方便督学沟通为目的的交流系统等五大系统，并从责任督学挂牌督导工作拓展到其他督导评估项目的管理。二是研发应用办学水平评估网络问卷系统。实行师生网上问卷、家长微信问卷，实现了问卷统计自动化、数据存储长效化。累计评估学校 300 多所，统计了 3 万余名教师、6 万余名学生的问卷数据。该系统有效扩大了信息采集的数量，提高了评估实效，为建立评估数据库提供了管理平台。三是以网页、微信等为载体，做好教育督导政务公开工作。建立了教育法规、通知档、评估公示、问题解答、业务知识库、学习交流等栏目，及时更新督导工作信息，传达督导政策，利于督学听取民声，汇集民意，全方位的了解受评单位的工作，在督导部门和学校、师生、家长之间搭建了沟通的平台。

2. 加强文化建设，提升教育督导改革创新效能。在教育督导实践中逐步形成先进的督导文化是推动改革创新的强大动能。深圳市教育督导室致力于构建具有独特深圳气质和丰富精神内核的督导文化，以先进文化的感召力和凝聚力，激发深圳教育督导的创新活力。一是理念文化、制度文化。"让每一所学校都有进步"的评估理念、督导活动中要坚持的"发展性、差异性、合作性、诊断性"原则、彰显现代督导评估的"人本性、法治性、民主性、专业性"等等，都是深圳教育督导工作的价值观念与基本信念，成为督学理念的共识和行为的先导。二是仪式文化、物态文化。精心设计督导 logo、督学承诺书、履职手册、督学宣誓、工作牌等，彰显督学的庄重。研发汇编高质量的督导方案、指标体系、督导工具、督导报告、督导论文等等，折射出市督导室对督导评估专业性、规范性和严谨性的不懈追求。三是精神文化、行为文化。倡导并形成深圳教育督导人独特的精神风貌：崇尚专业、注重实证、科研先行、改革创新、平等合作，让督学深刻感受专业尊严、专业价值和专业情怀，激发其使命感、责任感和创造性。

（六）改革创新，成就深圳教育督导特色品牌

近年来，市教育督导室加大科研创新和先行示范力度，成功打造了"义务教育阶段学校办学水平评估体系""责任督学挂牌督导""教育督导信息化平台"等多个在全国领先的督导品牌项目，自主研发了《深圳市义务教育均衡发展督导办法》《深圳市规范化幼儿园督导验收方案》《深圳市学习型社区督导评估方案》《深圳市学前教育三年行动计划专项督导方案》等多个具有地方特色的评估项目，并具有较高的普适性、可复制性和推广性。

深圳教育督导工作成效与经验得到了国家、省教育督导部门的充分肯定，市教育督导室被教育部授予"全国教育督导先进集体"称号。深圳作为先进典型承办多次国家级、高水平的教育督导现场会：2012年代表我国成功举办第四届中法教育督导研讨会，2012年召开办学水平评估国家级课题开题报告会，2014年全国中小学责任督学挂牌督导工作现场会在南山区召开。省、市教育督导部门负责同志多次应邀在全国督学培训班和教育督导论坛上介绍深圳督导评估经验。

深圳教育督导工作模式得到了全国各省、市的广泛认可和高度好评。据不完全统计，2015年以来，市、区督导室共接待北京、上海、重庆、江苏、湖北等省市来访者70批次、1500人以上。近年深圳市共派出5批次督学对喀什30所学校进行办学水平评估和督导工作培训。深圳对口帮扶的汕尾、茂名等地，两次派出骨干督学队伍来深圳市"跟岗培训"，全程观摩学习督导过程。深圳教育督导彰显了先行示范、辐射引领的广泛影响和输出效应。

附　录

附录一：

深圳市义务教育阶段办学水平评估实操指引[①]

一、日程安排及信息采集原则

（一）评估日程表

评估前，评估组提前查阅学校相关申报材料，对学校办学整体情况进行初步了解，以提高实地评估的针对性和效率。评估组在一所学校实地评估时间一般为3天。主要安排如下表：

时间	工作内容
评估预告	评估前1周内在学校张贴评估公告，使全体师生知晓评估时间、内容、程序、要求及联系方式等有关事宜。
报到与准备	1. 评估组成员依时到指定地点报到、集中。 2. 召开评估组预备会，组长明确任务和要求，进行指标分工；教学组组织观课分工。

---

① 资料来源：深圳市教育督导室。

续表

第一天	上午	评估组全体人员和全体师生见面，介绍评估目的和主要工作；会后巡视校园、观课、查阅资料、现场观察、访谈。
	下午	召开评估组全体人员与校长、中层的交流互动会，组织教师、学生及家长问卷，观摩学生社团活动（适时）。
	晚上	评估组召开信息交流会，讨论后续采集信息的侧重点。
第二天	上午	组长与校长交流第一天所获信息。
	全天	1. 观课、访谈师生、现场观察。管理组组织访谈领导班子、中层干部，以及财务、安全、后勤工作人员；教学组组织观评课，访谈学科组长及备课组长；教师组组织检查作业及教案，访谈年级组长及班主任；学生组组织召开学生座谈会，观摩学生社团活动（适时）；学校组电访家长、社区人士、行政部门、高一级学校。 2. 各指标组做好问卷统计分析，并与全组共享问卷信息。
	晚上	评估组召开信息交流会，重点讨论学校发展建议。
第三天	上午	组长与校长交流前一天所获信息。
		继续补充采集信息，各指标组内部讨论，形成各指标评价意见。
	下午	评估组召开信息交流会，讨论、形成评估意见。
		召开评估意见反馈会，评估组向学校领导班子及中层干部口头反馈评估情况、成绩与优势、存在问题及改进建议。

（二）信息采集原则与方法

1. 采集信息应根据办学水平评估指标的重点，抓住影响学校发展的关键问题或核心领域，确定调查对象和调查方法。

2. 采集信息应紧紧围绕学校自我规划的发展目标和措施，以学校自主发展、持续发展能力为评价核心，以"学校主观的思想认识""文本的发展规划、年度计划、部门计划"与"现实客观的师生表现、现实客观的办学措施和办学水平"之间是否吻合、存在多大差距为采集信息的重要线索。

3. 采集信息应力戒形式主义，改变传统的以查阅资料为主的评估方式，引入深入师生、深入课堂、深入社区的多元化评估方式，关注人、关注常态、关注原始的真实的证据、关注现象背后的成因。

4. 采集信息应充分利用学校自评资料提供的线索，从而提高督导效率。

5. 采集信息应运用"信息互相印证"的线索，以便使搜集到的信息能互相验证。办学水平课题研究试图运用一致性理论，诊断学校组织中"校长（领导班子）—中层干部—教师—学生"各层面群体对关键工作的知、情、意、行的一致性，以诊断信息源与信息对象的关系（正向关系或负向关系），诊断领导与被领导、管理与被管理、教育与被教育之间的一致性与和谐性，或影响其一致性与和谐性的因素，从而提出调整的方案，使之实现一致与和谐。

6. 采集信息应尽可能多地记录第一手资料，保证信息完整而准确，要求所采集的有关文字或数据资料符合客观实际，能够反映事物的本来面貌。

7. 采集信息应采用集中与分散相结合的方式。譬如，了解学生发展情况，可以召开学生座谈会，也可以利用课间休息或者在学生就餐时，在教室、走廊或者食堂向学生了解有关情况。还有，课堂教学观察、调查问卷的时间可以安排在督导评估前单独进行，也可以结合学校自评指导进行。

8. 采集信息应注意静态与动态相结合，整体与局部相结合，要善于抓住典型的人与事。

9. 采集信息还应注意在学校常态中进行，尽量不干扰学校日常的工作日程安排，尽量不能影响师生正常的工作与学习，尽量减轻学校的迎评负担。

二、评估工作方法与要求

（一）与校方互动交流

督学到校前，应提前阅读校方的自评自诊报告，对学校概况和主要特点有大致了解。到校第一天上午，督学组全体成员可与校方领导管理层召开互动交流会。当校长向督学做出办学水平相关情况阐述后，督学可根据督导的目的和要求，围绕校长阐述的关键性内容和其陈述中的疑问进行提问。这是非常关键的一个环节。提问重点包括：办学理念与目标表述是否清晰，观点与材料是否一致，内容是否全面，对存在问题的分析是否深刻，是否抓住了影响学校发展的主要矛盾，等等。

与校方领导管理层交流时应注意：要营造一种良好和谐的氛围，与校长采用平等对话的方式；提出的问题要涉及学校全局性或整体的发展，例如，从办学理念的角度进行提问，可以促进学校对办学思路的进一步厘清；提问应简洁明了，不要转弯抹角；根据问题的敏感程度，有的提问可在自评报告会议后提出，有的问题可以建议校长在会后进一步思考，会上可以选择性的予以回答。

(二) 访谈

1. 访谈对象

须包括：领导班子全体成员；全体中层干部以及学科组长（教研组长）；骨干教师，在本校的教龄10年以上的老教师及教龄3年以下的年轻教师；各年级段学生，家长及社区代表。每位督学根据需要访问上述对象20人次以上。

2. 访谈目的

通过访谈不仅要掌握证明学校办学水平的真实、生动而鲜活的信息和证据，而且要善于抓住言谈之间校方人员所言、所为、所思的背后隐藏或折射的问题，进而深入探究一些关键现象、关键问题的发生原因，并与校方人员平等探讨改进的方法。

3. 访谈（调查）对象的选择

为了使访谈（或问卷、电话调查）有较高的效度和信度，调查对象要有较强的代表性，选择对象必须遵循随机抽样原则。同时，督导评估人员和调查对象之间必须建立相互信任的关系，调查对象才能密切配合、诚实作答。具体的抽样方法一般有：

（1）随机抽样。随机抽样就是不确定抽样规则，采用包括在校门口或走廊里随机发放问卷方法。随机抽样，要尊重受访者答卷与否的意愿。譬如：小学家长问卷可在学校门口发放，或请校方提供家长通讯录随机抽取。

（2）等距抽样。从调查对象的总体名单中，有系统地每隔若干个抽样单位，抽取一个作为样本。如按学号抽样，遇有缺号，可允许向前或向后顺延。譬如：学生座谈会的对象，常用方法是随机确定一个学号的学生作为调查对象，然后根据学号序列间隔一定距离，继续抽取后续的学生作为调查对象。

（3）**分层抽样**。把调查总体按一标准进行分类式分层，然后按照类层抽取一定数目的对象。譬如：教师问卷或座谈会，把教师按照年龄分为青年教师、中年教师和老年教师，然后根据学校中这三类教师的比重分别抽取相应的教师人数。

（4）**典型抽样**。按督导评估目的与要求抽取典型样本。譬如：要了解学校办学特色对学生发展的影响，我们可以对学校特长生群体进行抽样。

4. 访谈要求

（1）**计划性**。访谈要有明确、清晰的考虑，做足准备，事先精心设计访谈提纲和提问技巧，选好访谈对象。

（2）**灵活性**。访谈应围绕预设的核心问题展开，同时根据不同访谈对象，灵活选取访谈的具体内容和方式方法，伺机提问，针对回答而提问，避免僵化套用预设提纲的现象。

（3）**交流性**。力求消除被访谈者的心理压力和戒备，真诚、平等地交流，适度激发被访谈者潜在的态度和观点，鼓励其表达真实想法、反映深层次问题、提供更新更多的有效信息。

（4）**深度性**。访谈应注重深入交流，避免停留在浅层次的一问一答上。须重点围绕关键问题、或捕捉有价值的细节，因势利导，进行追问、深挖、细论，实现了解真实情况、挖掘背后成因、探讨改进办法这三个目的。

（5）**验证性**。对于关键问题，有时有必要从多个访谈对象、多个角度采集信息。发现未了解透彻或与其他渠道采集的信息有较大出入的问题时，必须对访谈对象进行再次访谈。访谈过程中，所问问题不一定局限于被访者所负责的工作或内容。

（三）观课

1. 观课目的

督导人员课堂观察不同于教研员听评课，除了从专业的角度去了解和评价教师的课堂教学水平之外，更需要从宏观层面去了解学校情况，须通过观察课堂教学过程、师生活动状态及与师生的访谈交流，了解学校的领导与管理，了解学校在课程与教学领域的改革与发展目标实施状况、学校的教育理念、班级的文化、教风与学风等多方面情况。

2. 观课范围

尽可能广泛观课，须覆盖100％学科及1/2以上的专任教师，并了解教师的性别、年龄、学历和职务，力争覆盖学校各个发展阶段的教师群体，覆盖不同学年段和班级。此外，在选择观课的样本中，要凸现学校近期的重点项目，如重点建设的学科或学科组的课、学校的特色课程，或相对弱势的课程，也可以部分选择学校的推荐课，力争做到课堂教学信息获取最大化。

3. 观课要求

（1）督导人员应做好观课准备，一般应提前走进课堂。一是事先了解被督导学校在领导与管理、课程与教学、教师发展、学生发展等方面具体理念、具体目标，以通过观课验证其达成度；二是了解被观课的老师、被观课班级的大致背景，如教师教龄、职称、生源状况、班级风气、学业水平等；三是在可能的前提下，了解本节课的教学内容甚至看到教案，了解本节课的教学目标及教学设计等。

观察教室环境。如宣传栏、公示栏的布局和内容，教室的整洁程度，物品（包括劳动工具）的摆放方式，学生座位的排列等，了解班级的文化建设、学校办学理念和教育教学要求在班级中的落实情况。

观察学生课间、课前行为表现。主要包括：课间休息时学生状态如何；两分钟预备铃时，学生是否赶着进教室或准备上课用具；学生课业用品的放置的规范、有序。

（2）督学应根据《观课记录与评价表》指引，认真观课。边观课边做好课堂实录，填写《观课记录与评价表》。在记录教师的教学行为与学生学习行为的同时，即时对典型的课堂教学事件完整记录，以便课后与教师交流。

（3）课后根据需要可及时与教师沟通，沟通前要向教师说明督导人员听课不是针对教师个体的教学做出评估，主要是了解学校课堂教学改革的整体情况，教师个体教学情况一般不向学校反馈，让教师消除顾虑。与教师交谈要营造平等、友好、诚恳的氛围。首先应充分听取教师的意见。对课堂教学的点评一般不宜面面俱到，主要选择比较有意义的、有典型性的方面进行点评。谈话应以鼓励为主，以恰当的方式指出教师教学中的优势、不足与改进建议。

（4）督导人员可以根据实际情况见机与学生进行交流。课前，可简单询问班级的学生情况、对教师的印象,了解学生对该学科的喜爱程度、学生与教师之间的关系等信息。课后也可通过一些简单的问题了解学生对课堂教学的掌握情况及评价,如通过本节课学到了哪些知识、有什么收获、是否还有不理解的地方、对本节课是否满意,甚至可了解学生对学校教学工作乃至学校整体工作的评价,等等。

(四) 问卷调查

1. 问卷对象

教师、学生及家长。教师问卷率100%,小学四至六年级学生问卷率50%以上,初中学生问卷率30%以上;家长问卷调查人数200人以上。

2. 问卷方式

问卷由市教育督导室提供,教师、学生、家长问卷通过"深圳市学校办学水平网上评估系统"进行作答。

根据评估过程中的既得信息,针对督学想进一步了解、诊断、验证的关键问题、疑难问题,由督学人员自行设计问卷再行调查。

3. 问卷时间

第一、二天下午进行。学生问卷调查可于放学后迅速组织,以避免干扰正常的教与学活动。

4. 问卷统计

问卷统计坚持定量与定性相结合。一般而言,选择题可根据各个选项数与问卷总数之间的比进行定量汇总;问答题主要进行定性分析,不过根据答题情况还可以进行定量分析,以说明定性分析在总体答题中的重要程度。问卷结果及分析信息应提供全组共享。

(五) 查阅资料

1. 查阅的资料对象

应针对评估要素,选取具有原始性和真实性的关键资料进行现场查阅。要求学校原则上不能因为迎接评估而制造新的资料,同时结合其它评估方式,验证资料反映的情况是否属实。不以学校提供的制度性资料和计划总结性资料为主要评价依据。

学生发展组应组织检查所有学科的学生作业,每学科至少抽取检查2个不同年班级的学生作业;教师发展组应组织检查所有学科的教师教案,每学科至少抽取检查50%以上教师的教案。

2. 查阅资料要求

（1）在确定查阅范围的基础上，督导人员要着重查阅学校的第一手材料，即学校教育教学与管理的各项工作的原始记录。

（2）根据评估要点或检测点进行必要的摘抄，尤其注意不能损害资料本身的真实性。如：学校规章制度汇编、工作计划中对各项制度的具体规定等，以便为资料整理奠定基础。

（3）当出现信息矛盾时，要具体分析，并采取收集其他相关信息进行核实。

（4）对一些重要资料，在征得学校同意后也可以采取复印的形式，并注意对相关内容进行保密。

3. 资料整理注意事项

（1）信息要分类整理，并注明出处，以便查询。如：学校管理制度可以分为依法办学、决策民主、规范实施和监督有效等方面。

（2）注意各类资料之间的联系，在资料之间建立相互印证的桥梁。如：学校规划与年度计划、学校计划与部门计划、学校计划与教师个人计划、工作总结与工作计划之间是否具有系统性与关联性；通过查阅教研组活动的记录，可以印证学校与教学部门所制订的工作计划与目标。

（六）现场观察

1. 观察对象

针对评估要素，在校园及周边各种场所进行现场观察，重点观察场所环境、师生校内活动、言行举止、精神面貌及校风、教风、学风状况；可结合对学校人员的随机提问，获得相关信息。

2. 现场观察方法

（1）要掌握观察顺序，一般是从外到内、从静态到动态、从局部到整体。同时，善于抓住有价值的、偶然的事件，对学校校园环境进行有序观察，做到准确、全面和完整；

（2）要善于从环境中了解师生的思想道德行为。督导人员要注重观察学生桌面文化、墙面文化、厕所文化、宿舍文化，从细节处了解学生的思想道德行为，了解学校的管理；同时，要到教师办公室、图书馆转转，了解教师办公情况和图书馆书籍的完好程度等,从侧面分析教师的日常工作行为和学生日常行为规范。

(3)观察记录要客观和注重典型,以便把现象与事实综合起来考虑,分析学校校园环境细节中的问题所在,表达学校校园环境的主要观点。

(七)信息汇总与分析

1. 评估信息处理的一般步骤

(1)督学个体思考加工信息。根据督前的工作分工,每个督学都担负着一定量指标的评估任务。在督导过程中,通过各种手段收集到大量的评估信息。对这些原始信息,督学运用个人的智慧和能力进行粗加工处理,然后按指标的要求归纳整理成评估分报告。

(2)讨论交换信息。为避免因分工而带来的视角偏差,评估专家组应加强信息共享与交流;每天的采集信息活动结束后,须召开组内信息交流会,每位成员均须介绍当天所获的重要信息,及时与其他成员沟通工作情况,以利于将各种渠道采集的信息进行互相补充和印证,全面了解学校办学的真实情况。例如,每个督学分头观察了不同年级不同学科的课,各自对课堂教学水平的评价也许会有较大的差异,若以偏概全,会出现严重的偏差,因此必须汇总所有观课者的评课意见,才能得出较为公正的结论。

(3)与校方互动交流。督学应与被评学校应建立相互信任、沟通和合作的伙伴关系。整个评价活动是双边互动、共同建构的过程,评价意见应是评价者和学校共同协商、讨论,争取得到学校的理解和认可。

(4)评估组汇总审议信息。各个督导小组从各个局部反映了学校的真实面貌。为了防止认识偏差,通过评估组讨论,可以从学校整体出发,更全面、更深刻、更准确地进行价值判断,消除各小组之间、评估过程前后之间出现的矛盾看法,形成督导评估团队共识。

2. 评估信息处理、分析的主要方法

(1)督导评估信息处理包括事实判断和价值判断两个方面,督学在对评估信息进行事实判断时应注意:

①在信息处理时须进行一番去粗取精的加工,去掉无价值的信息,保留有价值的信息,从而有效提高信息收集的纯度。同时在大量有效信息中,进一步选取有代表性的重要的关键信息,以便在评估报告中突出重点,如关爱

后进生的信息、开足开齐教育计划规定的课程、认真实施素质教育的信息等。如在整理过程中,发现某些方面有效信息不足,应及时补充。

②在信息处理时要对信息的品质进行审核鉴别,要去伪存真,筛选掉虚假的信息。对于一些反常现象,督学要引起警觉,不妨作进一步的深入调查研究,务必弄清事实真相。对同一评估客体,可从多方位多角度去比照、印证,以确认信息的真伪。例如:从校园环境看,是常态下一以贯之的和谐向上氛围,还是突击布置下的一时矫揉造作;从资料看,是始终规范运作,积累了大量过程性原始资料,还是临时加工修补,用以应对检查;从访谈看,被访者是坦诚以对,无所保留地发表意见,还是战战兢兢或吞吞吐吐,欲言又止;对所提的问题是统一口径,异口同声,还是不愿发表意见。

(2) 学校办学水平相关信息的分析诊断:

督学在对督导评估信息进行了去粗取精,去伪存真的处理以后,可从以下几个主要的视角,对学校办学水平进行评价与诊断:

①以国家的法理标尺来评价。看学校是否坚持依法治校的原则,若发现学校有违法乱纪行为,可视情节的严重程度,提出限期整改要求。

②以办学水平评估指标的达成度来评价。评价学校在各项指标所指向的重点工作领域的措施与成效;判断各指标要素是否达成,哪方面工作成效较为显著或创造了可资推广的先进示范经验,是否存在重大问题或急需整改的薄弱环节,并据此分析成因、提出发展建议。

③用学校自我规划的目标来评价。学校自主发展、持续发展的能力是办学水平评价和诊断的核心内容。重点要看学校领导是否按照学校全体员工的共同愿景有所作为,评价学校发展规划中目标的到达度、计划任务的完成情况,诊断学校规划实施过程存在的问题,而后对学校自评自诊的方法进行再诊断。

④从"学生、教师、学校"三位一体共同发展的视角来评价。办学水平评价应追求学校组织发展的整体性与共同价值观,实现单个目标到多个目标的集结,将师生发展水平与学校发展水平、领导管理水平与课程教学水平、文化发展水平与特色发展水平等联系为一体,分析"领导与管理""课程与教学""教师发展""学生发展""学校发展"之间的相互作用、互为因果的关系,并从中进行诊断。

⑤用服务对象的满意度标尺来评价。通过学生、家庭社区对学校的服务态度和工作质量的认可程度，可以判断学校工作的办学质量与效益。

⑥应用"校长、中层、教师、学生知情意行一致性理论"诊断学校办学水平。一致性理论是探讨与预测人在接受新信息后为保持内部一致性而调整原有态度的一种理论，这个理论认为，人对周围各种人和事物由于不同评价而有相同或相异的态度。办学水平课题研究试图运用一致性理论，诊断学校组织中一个人或一个群体知情意行的一致性，以诊断信息源与信息对象的关系（正向关系或负向关系），诊断领导与被领导、管理与被管理、教育与被教育之间的一致性与和谐性，或影响其一致性与和谐性的因素，从而提出调整的方案，使之实现一致与和谐。

（八）评估报告撰写

1. 评估报告撰写

评估组于现场评估后 10 个工作日内，形成书面评估报告，提交市教育督导室。评估报告按照如下原则撰写：

（1）导向性。督导评估报告首先必须旗帜鲜明地坚持正确导向，紧紧围绕依法办学和素质教育这两大主题，对照评估指标要求，分析学校取得的成绩和存在的不足，提出发展建议。

（2）证据性。评估报告须体现客观性，对评估意见作出充分论证，体现关注结果与关注过程相结合，做到评价与诊断成因相结合、定性评价与定量评价相结合，做到有理有据，证据充分、确凿，分析深刻、细致，令学校信服。

（3）公正性。报告人的态度须公平公正，不唯上，不唯下，只唯实。不论评估对象是一般学校，还是"王牌军"或者"老先进"，均须一视同仁，实事求是，对成绩中肯评价，对问题毫不回避。

（4）针对性。评估报告须针对被评学校的实际，体现鲜活的个性。切忌摘引学校自评说明，或泛泛而谈，套话连篇，千校一面。

（5）发展性。评估报告须对学校的发展态势作出评价，更要诊断问题，并为学校今后的发展提出有价值的操作性强的建议。让学校明白"为什么是这样"和"应该怎么样"。同时，评估报告须发挥督学与督政的双重效应，提出对政府相关主管部门支持学校发展的建议，指出学校值得进一步总结推广的优秀经验，并就此提出予以资助的建议。

2. 评估报告撰写流程

（1）各评估组成员均须按评估报告格式和要求撰写评估报告。

（2）各指标组成员按照指标组组长的分工负责相应指标的评估报告撰写，完成后交给指标组组长。

（3）各指标组组长将组员提交的报告进行整理汇总，完成后提交评估组副组长。

（4）评估组副组长将各指标组提交的报告进行汇总、统稿，完成后提交评估组组长审阅、修改。

（5）评估组组长于离校后 10 个工作日内将完成的评估报告提交市督导室。

附录二：

深圳市中小学责任督学挂牌督导实践探索

案例一：罗湖区的实践探索[①]

一、基本情况

罗湖区是深圳市最早的建成区，也是深圳市中心城区，毗邻香港特区，地理位置优越，经济发达，文化繁荣。目前辖区常住人口达 146.61 万，其中户籍人口 53.42 万。罗湖区现有中小学校 77 所，中小学教师 6125 人，中小学生总数 116887 人；有幼儿园 139 所，专任教师 2858 人，保育员 1222 人，幼儿总数 36426 人。

罗湖教育是深圳教育事业的一张名片。进入 21 世纪以来，罗湖区以均衡化、规范化、信息化推进教育现代化，经过持续的努力，取得可喜成绩。2002 年，罗湖区成为广东省首批"教育强区"；2010 年，通过创建"健康促进学校"鲜明特色，成为"全国区域教育发展特色示范区"；同年，以高分通过"广东省推进教育现代化先进区"督导验收；2014 年，顺利通过"国家义务教育发展基本均衡区"督导验收。目前，罗湖教育再出发，推出《罗湖区深化教育领域综合改革方案》，围绕教育资源配置、教育教学过程、教育体制机制和家庭教育系统四个供给侧，着力打造具有罗湖特色的"精品教育"。

党的十九大报告指出："努力让每个孩子都能享有公平而有质量的教育。"面对党和国家对教育公平与质量的要求，面对罗湖教育的中心工作，教育督导不能缺位。围绕愿景，罗湖教育督导积极构建督政、督学、质量评估监测

---

① 详见：深圳市罗湖区人民政府. 深圳市罗湖区申报"全国中小学校责任督学挂牌督导创新县（市、区）"自评报告［R］. 2017.

"三位一体"的教育督导体系，充分发挥监督、指导、评估、反馈的基本职能，保障罗湖"精品教育"的持续实施和教育质量的稳步提高。

责任督学挂牌督导一直是罗湖教育督导的重要抓手。早在 2012 年，国家未明确提出挂牌督导要求时，罗湖区便率先创建督学分片巡视制度，指导学校开展办学水平评估。2013 年，依照国家要求适时推进公办学校督学责任区建设。2014 年，责任督学挂牌督导覆盖辖区全部中小学校和幼儿园。2015 年，建立责任督学事务中心，申报中小学校责任督学挂牌督导创新区省级验收，于 2016 年正式通过省级验收。2017 年，罗湖挂牌督导探索再出发，设立中小幼专职责任督学，标志着区责任督学队伍迈入专职化、专业化的新阶段。实践证明，责任督学挂牌督导的开展，对于罗湖区及时发现和解决学校改革发展中出现的问题，推动学校端正办学思想，规范办学行为，提高教育质量，实现内涵发展，起到了十分重要的作用。经过五年来的不断摸索和实践，罗湖区形成了独具特色的教育督导新格局。

二、督导保障

罗湖区高度重视挂牌督导工作，坚持高站位，将责任督学挂牌督导工作提升到转变政府职能，实现"管、办、评"分离，提高教育治理能力，建立现代教育督导体系的高度，在人、财、物以及政策、组织上给予了大量支持，强力保障挂牌督导工作顺利进行。

（一）领导重视，组织完善

1. 成立教育督导委员会。2016 年 12 月，区委区政府成立了区教育督导委员会，主管教育的副区长担任委员会主任，两办副主任、教育局局长、教育督导室主任担任副主任，29 个职能部门和街道的分管领导为委员会成员。多部门联动从体制上保证了区挂牌督导工作的有效开展。

2. 颁布责任督学挂牌督导文件。区委区政府于 2016 年颁布《深圳市罗湖区人民政府办公室关于印发罗湖区中小学校和幼儿园责任督学挂牌督导实施意见的通知》，明确要求积极开展挂牌督导工作，从机制上保障了区责任督学工作的顺利开展。

3. 改革教育督导机构。区教育督导室属正处级单位建制，级别上与区教育局平级，共有 4 名公务员编制名额。督导室于 2016 年下设督导科，而后在区教育局大力支持下，按照教育督导职能，于 2017 年进一步划分为综合办、督政办、督学办三个内设科室。督学办下设责任督学事务管理中心，安排两名责任督学牵头人负责中小学校责任督学专业业务，从机构上保障了区责任督学工作的持续开展。

（二）制度先行，机制创新

1. 研制督导工作制度。制定一系列工作方案，如《罗湖区责任督学挂牌督导工作方案》《罗湖区责任督学挂牌督导工作规程》《罗湖区责任督学挂牌督导基本流程及相关要求》等，完善了区责任督学挂牌督导工作制度。

2. 编写督导工作手册。出台《责任督学挂牌督导工作手册》，明确责任督学权利和义务，对责任督学实施经常性督导、专项督导、综合督导和责任督学协作督导作出明确规定。

3. 制定督导工作规程。责任督学协商交流，制定责任督学工作规范与流程，对校园巡视、推门听课、查阅资料、问卷调查、座谈走访等形成了完整的工作规程，提升了工作效率。

4. 建立工作会议制度。实施责任督学定期会议制度，部署工作、通报情况、交流总结，不定期召开督学座谈会、咨询会、教育督导重大问题征求意见会，保障区责任督学督导工作有的放矢地开展。

5. 实施督学公示制度。在责任区学校正门醒目位置公示牌上公布责任督学的名字、职务、照片、邮箱、电话以及八项督导事项等，确保责任督学密切联系群众，接受社会监督。

（三）准入严格，队伍精干

1. 选聘专职责任督学。坚持高标准的原则，在部分中小学在职校长和优秀副校长中选聘了 8 名年富力强、能力突出的担任专职责任督学；从全市公开招聘遴选 4 名学前教育专业人才，从公办园选聘 6 名优秀业务骨干，担任学前教育专职责任督学。专职责任督学是区挂牌督导的主力军。

2. 精心配备责任区督学。从市区兼职督学队伍中选聘 132 名纳入至中小学责任区中。每位责任督学配备 16 名左右的责任区兼职督学。责任区督学队伍结构合理，教育经验丰富，专业素养高，是区挂牌督导的中坚力量。

3. 全面配置学校视导员。每所学校和幼儿园配备一名视导员，由学校

（园）中层以上行政干部担任。目前，罗湖区共有视导员 211 名，其中，中小学视导员 72 名，幼儿园视导员 139 名。视导员是区挂牌督导的枢纽。

（四）经费充分，配备有力

1. 保障督导工作经费。区财政每年核拨 39 万元教育督导业务经费，用于教育督导日常业务。另外，单独为责任督学挂牌督导工作设立专项工作经费。2017 年及以前每年为每个责任区提供 5 万元督导经费，合计 75 万元；为聘用 4 名退休专职督学，共提供 24 万元人员经费。2017 年起为社会公开招聘的 4 名学前教育责任督学提供每人每年 15 万元的人员经费，合计 60 万元。2018 年开始每年为每个中小学督学责任区增加督导经费至 10 万元，为幼儿园督学责任区共提供 20 万元督导经费，合计 100 万元。

2. 配备两级办公场地。为便于责任督学开展业务，区成立了责任督学事务中心，在红桂中学设置事务中心办公室和会议室，责任督学集中办公。除此之外，各学校都为责任督学设立了办公室，配备了督导办公用品，保障挂牌督导工作。

三、主要工作

在开展责任督学挂牌督导的几年探索实践中，罗湖区秉承教育督导时代使命，铭记挂牌督导五项职责八项内容，抓准目标，夯实基础，凸显内容，创新方法，使罗湖责任督学挂牌督导工作扎实迈进。

（一）抓好责任督学管理

区教育督导室先后制定各类制度，对责任督学的任务布置、开展评价考核等提供指引。责任督学实施负责人制度，中小学和幼儿园各有一名责任督学负责牵头，制订学期统一工作计划，报教育督导部门备案，商定每月督导任务。要求对每所学校每月至少督导 1 次，每次至少半天，每半天督导 1—2 个事项，每次督导至少听课评课 1 节，充分保证督导数量与质量。责任督学填写周工作安排表，每天通过督导微信群报告去向，通过微信平台分享工作场景。区教育督导室每学期对专职责任督学工作开展情况与网络平台记录上传情况进行一次梳理和审核。

（二）抓稳挂牌督导过程

责任督学严格按照责任督学挂牌督导规程，完成"事前、事中、事后"相关工作。督导活动前做好详实计划，确定到校时间、督导小组人员、督导事项等，做好进校准备。督导过程中采用多种督导方式，如随机听课、查阅资料、列席会议、座谈走访、问卷调查、校园巡视等进行督导。督导结束后及时向学校反馈督导情况，在督导信息平台上填写督导记录，供区教育督导室查阅。做到月初有安排，督前有通知，督时有量表，督后有反馈，月底有报告。

（三）抓实督导工作内容

1. 扎实开展经常性督导。责任督学结合各责任区学校的工作特点，积极开展经常性督导，充分保证督导数量与质量。中小学阶段，主要对校园及周边安全、师德师风、招生收费、课程开设、课业负担等八项任务进行经常性督导。学前教育阶段，则将办园条件、安全卫生、保育教育、教职工队伍、内部管理五个指标分解为每月督导重点，对责任区内的幼儿园进行实地督导评估。

2. 大力开展专项督导。针对各类专项督导，责任督学积极与区教育局相关部门沟通做到精准督导，反馈结果。近年来，中小学责任督学在开学保障、校园欺凌、师德师风、校园安全等专项督导工作中全面督察，持续跟进，为区教育发展做出了重要贡献。学前教育责任督学则结合"幼儿园托底改薄专项行动"，对参与园的改造建设情况展开专项督导检查，帮助参与园不断改善办园条件，规范内部管理，通过规范化验收，实现低端园规范发展。

3. 积极开展综合督导。责任督学主抓罗湖教育重难点，在教育督导内容上不断开拓，积极开展综合督导。中小学方面，以深圳市义务教育阶段办学水平评估为抓手，发挥责任区督学团队优势，指导公办义务教育阶段学校提升办学水平。截至日前，罗湖区已有42所公办义务教育阶段学校顺利通过办学水平评估。学前教育方面，实施过程性教育质量监测。重点从学习环境、一日生活安排、学习活动及管理文化等方面加强过程性督导，构建覆盖全区的学前教育品牌示范辐射圈，引领全区幼儿园内涵发展。

（四）抓出督导方式新意

有的评估组注重督导研究。2017年9月，责任督学熊荣在对责任区所有学校进行调研后，针对每所学校写一篇调研报告，以期详细地掌握责任区学校的特色，并供所有责任区督学参考，极大地帮助了新聘责任区督学快速掌握相关学校情况。

有的评估组注重发挥家长作用。为充分发挥家长监督作用，也让家长更加了解学校办学情况，第六责任区尝试引进家委会成员参与督导工作。家长与督学一起听课、评课、巡视、座谈、反馈，围绕"为孩子提供公平而有质量的教育"目标而共同探讨，办人民真正满意的教育。

（五）抓准督导亮点问题

1. 抓学校亮点树典型。2017年10月，责任督学程晓勇发现凤光小学在安全管理工作中引入了信息化的安全管理平台，很有特色，与智慧校园建设理念十分吻合，便立刻撰写了督导报告，并在责任督学沙龙上宣讲，向全区推广。2017年9月，责任督学向苏龙下校调研时发现，滨河小学充分利用社区资源，牵手深圳少儿图书馆的做法很好。为推广滨河小学"大阅读"做法，向苏龙督学邀请滨河小学校长李国平在责任区校长及督学联席会议上分享做法，淘金山小学、百仕达小学等学校对此表现出浓厚兴趣，目前两所学校均已与深圳少儿图书馆达成了合作协议。

2. 抓学校问题促整改。2017年10月，第二责任区责任督学李远岱，在督导文德学校时发现该校操场旁的居民楼阳台、窗户处于操场上方，存在高空坠物的危险，于是立刻向学校下达整改通知书，要求学校在靠居民楼侧加装防护网，同时上报区督导室与区教育局安全办，限期整改。

四、探索创新

在不断探索、实践责任督学挂牌督导过程中，罗湖区立足于建构整体教育督导体系，充分发挥责任督学与责任区督学的效能，坚持中小学、幼儿园全覆盖，责任督学队伍专职化，创新督导模式，畅通督导信息，以点面结合为突破，以互促帮扶为主旨，以团队作战为方式，开展了一系列独具特色的挂牌督导活动，形成了四个鲜明且有特色的责任督学挂牌督导系统。

（一）建构立体督导架构系统

架构决定功能，适宜、高效的架构能够最大限度地释放成员的能量，使组织更好发挥协同效应。自开展责任督学挂牌督导以来，罗湖区一直注重挂牌督导架构系统的探索，通过几年实践，初步形成了纵横网络全覆盖的立体督导架构系统，既能保证责任督学管理体系的集中统一，又能充分发挥各责任督学的专业作用，同时还能确保责任督学之间的协作和配合。

1. 督导三级纵向网络。责任督学是沟通政府与学校的桥梁。为顺利架桥，实现责任督学意见及时上传下达，罗湖区建构了"督导室—责任督学—学校视导员"三级纵向网络。区教育督导室每月召开一次责任督学工作会议，了解动态，研究工作，解决问题；各责任督学每两个月召开一次本责任区内校长及督学联席会议，点评各学校工作，听取各校长意见，开展专题研讨与经验分享；区督导室每学期初召开一次全区视导员会议，部署挂牌督导工作，明确视导员工作职责与要求。

2. 督学两翼横向网络。责任督学挂牌督导与督学责任区建设是督学工作的主要抓手，如同一双翅膀，引动整体督学工作稳步发展。罗湖区坚持挂牌督导与督学责任区两手抓：一是大力进行督学责任区的团队建设。一名中小学专职责任督学配备 16 名左右的责任区督学，督学搭档，互帮共勉，合理分工，积极探索适合自己的督导新办法。二是责任督学整体作战。区中小幼责任督学全部在督学事务中心集中办公，每周各召开一次例会，共同研讨督导的重点和每个月的工作内容，一起研发各种量表，针对督导中发现的亮点，相互交流经验，及时研判和解决问题，极大地提升了督导的针对性和有效性。

3. 中小幼一体化的督导覆盖网络。罗湖区将罗湖教育整体纳入挂牌督导工作范畴。2013 年 3 月，罗湖区明确出台《罗湖区督学责任区建设方案》，把公办高中、民办学校、幼儿园纳入督学责任区范围。2014 年 3 月，罗湖区又制定《罗湖区中小学、幼儿园责任督学挂牌督导制度实施细则》，将民办学校与幼儿园全部纳入到责任督学挂牌督导范围中，明确责任督学"监督"和"扶持"的双重管理职责。实践证明，实施中小幼、公民办责任督学挂牌督导覆盖一体化，对规范罗湖整体办学行为，提升罗湖区综合教育水平，起到了重要的作用。

（二）打造督学队伍成长系统

罗湖区始终坚持高起点、重发展，促生长，以督学队伍系统成长为思考点，将督学队伍成长与校（园）长队伍培养紧密结合起来。

1. 责任督学专职化。由于罗湖区原责任督学多为兼职督学，且都是校长，事务繁多，难以保证督导时间。为解决这个难题，罗湖区启动专职责任督学制度，既落实了挂牌督导工作，又培养后备校（园）长队伍，一举两得。全区划分成18个责任区，共选聘18名中小幼专职责任督学，脱产到督导室下属机构责任督学事务中心工作，负责全区所有学校幼儿园的督导工作。实践证明，旨在培养责任督学为后备校（园）长的专职化用人方式，充分调动了责任督学的积极性，对罗湖区挂牌督导工作深入、持续开展意义重大。

2. 责任区督学多元化。为配合责任督学工作，罗湖区选取148名兼职督学划分到18个责任区，由专职责任督学统一调配。责任区兼职督学由区人大和政协代表、校级领导、教研员、优秀教师代表等人员担任，彼此相互学习，共同成长。

3. 督学顾问专业化。由于罗湖区新晋专职责任督学上任时间短，为促进其尽快成长，罗湖区聘请了4位已退休的往届责任督学担任专职督学顾问，指导中小学责任督学及责任区督学开展督导工作。督学顾问制度的实施，极大地提升了专职责任督学的信心和专业水平。

4. 视导员岗位化。视导员是联系责任督学与学校的纽带，既能及时对接责任督学到校（园）开展督导，也能及时反馈责任督学意见给校领导。罗湖区正在研究政策，将视导员定位为学校督导处主任，履行学校内部督导的职能，纳入绩效考核，在选聘下一届市区督学时优先推荐。

（三）构建特色督导文化系统

制度留人，文化留魂。要将挂牌督导效能最大化，首先需将责任督学文化涵养最大化。罗湖区一贯注重责任督学的文化建设，提倡"督学为主，服务为先"的督导理念，开创了"督、导、研、修、评"五种要素于一体的督导文化系统，以期丰满督学的物态、行为、制度和精神文化，激活督学队伍的内驱力。

1. 督——塑督学权威。责任督学首先是一个监督者，对学校（园）履行监督功能，这就需要督学具备权威性，"公生明，廉生威"，督导本身就是一种权威的体现。罗湖区多次下文明确责任督学职能，要求学校必须接受责任督学的监督，必须悬挂公示牌，配办公室与相关设备。同时，区督导室制定督学工作手册，明文要求督学廉洁自律，坚持原则，持证上岗，运用督导量表工具，客观评价，定期向区督导室汇报工作。罗湖区注重督学的反馈意见，对督学发现的问题及时研究，及时整改，让责任督学充分享有话语权，形成一种以督学为荣的精神文化。

2. 导——树服务意识。除了监督，责任督学另一个重要职责是指导。罗湖区责任督学施行"三导原则"，即开导、引导、指导。开导学校主动参与督导，自我发现问题；引导学校就问题进行分析，找出解决途径；指导学校制定整改计划，开展探索实践。通过"三导原则"将学校从督评对象转变为主动参与的督评主体，使责任督学与学校成为息息相关的共同体。这种平等交流的方式深受学校欢迎，不少学校主动邀请责任督学率团队来交流帮扶，共谋学校发展路子。

3. 研——造学术氛围。督学不但是督导者，也是研究者。只有不断研习督导政策，掌握督导理论，研发督导工具，研讨督导方式，才能让自己成为教育行政部门和学校共同信赖的伙伴。罗湖区责任督学牵头人带领各责任督学通过集体督导备课，研究共性问题，开发评估量表，开展督导小课题研究等，营造了罗湖区良好的督学学术氛围，形成了独特的罗湖区督导团队文化。这一督导文化能够把督学团结在这面精神的旗帜下，能使督导团队的每个成员从潜意识里产生认同感和归属感、义务感和责任感，感到自己与团队、与学校息息相关。据统计，罗湖区新晋责任督学已开发修订《师德师风调查问卷》《责任督学挂牌督导单项工作评估表》等信息采集与评估工具表22个。

4. 修——成行家里手。督学的另一重身份是专业者。这就要求督学尤其是责任督学不断学习，提升自身专业素养，成为行家里手。为培养责任督学成为教育专家，罗湖区采取了一系列方式加强责任督学培训，出台《罗湖区责任督学培训规程》，开展入职通识培训、专题培训、外出考察学习，先后组织督学人员到陕西师范大学、华东师范大学、东北师范大学、湖南师范大学等学校培训学习，还有网络在线研修等。要求督学必修《责任督学挂牌督导的实践探索》一书，提高督学督导意识，提升督学专业水平，拓展督学教育视野。加强责任督学岗位修行，每学期同读一本书——"学进去"，每月举办一次督学沙龙——"讲出来"，每年出一本《督学报告集》——"写下来"，让责任督学的学习成为常态，让学习成为责任督学的文化。

5. 评——促规范发展。教育督导本身也是规范性很强的制度文化。这种制度文化要求督学在督导实践活动中必须遵守各种督导规范，始终怀持着一颗对教育事业的敬畏之心。为了科学评价责任督学的工作，发挥正确的激励与约束作用，罗湖区制定了《罗湖区责任督学考核办法》，设计了《责任督学考核量表》，每学年考评一次，考评结果与年度奖励、推荐任用等挂钩。

（四）探究多元督导信息系统

罗湖区向来注重责任督学挂牌督导工作的信息化建设，建立了以网络为基础的区域内责任督学挂牌督导信息系统，对责任督学挂牌督导工作实现信息化管理，启动了四个信息平台。

1. 对上：以公文系统为途径向督导室汇报督导报告

责任督学充分运用罗湖教育信息网上的公文及短信平台，与罗湖区教育督导室信息共享。一方面及时接收罗湖区督导室的会议通知、公文公告等信息，另一方面定期向罗湖区督导室上报督导报告、工作计划、督导案例、意见反馈等。该平台本身具备网络存储功能，这极大地便利了督导资料的保存与提取，实现了督导室与责任督学的"互动督导"。

2. 对内：以社交软件为媒介加强责任督学相互交流

责任督学之间与各责任区督学之间均建立了微信群或QQ群，用于及时发送督导信息，共享督导记录，传送督导相片等资料，极大地提升了督导的时效性，实现了责任督学与督学责任区的"即时督导"。

3. 对下：以督导网站为平台针对学校进行记录反馈

罗湖区以市督导室提供的信息平台为模版，结合罗湖区的教育督导实际，与开发公司及时沟通，确立了符合罗湖区督导特点的信息平台，满足责任督学挂牌督导工作。每所学校网站均链接了罗湖教育信息网，可以随时查看责任督学网站。责任督学可以对学校发出督导讯息，将学校督导记录真实的上传到信息平台，并对学校发出整改通知书。信息平台的建立极大地方便了督导活动，实现了督导网络信息化的"智慧督导"。

4. 对外：以邮箱电话为渠道接受家长、社会咨询投诉

每所学校门口均悬挂责任督学公示牌，并公布了责任督学电话号码和邮箱。责任督学随时可以接收针对学校的投诉与建议。督学们积极运用电话或邮件与家长、社区代表进行沟通反馈，得到了大家认可，提升了责任督学的影响力，实现了不受时间地点限制的"无线督导"。

五、结果运用

实践证明，实施责任督学挂牌督导以来，罗湖区教育督导工作开展得如火如荼。督导工作平台显示，自 2015 年 10 月罗湖区申报全国中小学责任督学挂牌督导创新区以来，共产生督导记录 2528 篇，督导快报 664 篇，图片新闻 122 则，听课记录 370 篇，工作计划 1938 个，学期报告 89 篇，整改通知 13 个，问题月报 1389 篇。数据反映出责任督学挂牌督导工作取得显著成效。具体而言，主要体现在以下几个方面：

（一）力度上：规范了学校办学行为

罗湖区责任督学带领责任区督学坚持"两走一贴近"，即走进学校，走进课堂，贴近师生，对学校教育教学工作开展经常性督导，对学校工作进行全方位监督，对于规范学校办学行为，强化办学规范意识起到了重要的指导作用。2017 年 9 月 13 日，责任督学王静带队在帮扶莱恩幼儿园申报深圳市一级幼儿园时发现，该园现有的办学条件距市一级标准还有差距，于是立刻邀请各责任督学组队督导，群策群力，指导该园规范办园，准确把脉其特色、亮点与不足，有计划地跟踪检查整改情况，督促莱恩幼儿园整改。经过短短一个多月时间，莱恩幼儿园在办园条件和管理方面都发生了翻天覆地的变化，于 2017 年 11 月顺利通过了市一级评估专访。

（二）深度上：助推了学校优质发展

罗湖区责任督学挂牌督导以督促效，以评促改，指导和帮扶学校提升办学水平，注重挖掘、推广片区典型经验，加强责任区学校校际互通、交流和共享，推动了区域教育均衡发展。比如，在华丽小学办学水平评估迎检工作中，专职责任督学李民勋多次带队到校进行指导，从梳理办学理念到听课评课，从修订自评报告到改进校园建设等，提出了很多好的意见，为学校优质发展把脉问诊。2017 年 11 月学校顺利通过评估，获得专家一致高度好评。

（三）效度上：为教育行政部门提供了反馈

罗湖区十分注重责任督学就学校问题对教育行政部门的反馈，采用多种方式，吸纳责任督学的意见。

1. 定期汇报，落实整改。罗湖区教育督导室定期对责任督学发现的问题、提出的意见和建议进行汇总整理,及时向局领导班子报告。局领导班子会对提出的问题、意见和建议进行分析研究,落实责任,责成有关科室、有关学校(园)认真整改。如2016年6月,在开展广东省义务教育标准化学校建设复核工作和整改督导工作的专项督导中,所有责任督学带队对辖区全部学校标准化建设情况——核实,及时反馈问题,为相关科室提供了整改依据。

2. 年度考核,参与评价。教育行政部门重视督导结果和责任督学建议,并将其作为对学校(园)综合评价考核问责的重要依据,每年度将教育督导情况分别以一定的权重列入学校(园)和校(园)长考核与评价方案。如2016年罗湖区小学教育综合质量奖评比中,责任督学负责评价学校的课程建设,评分占总分的比重为15%。

3. 人事审议,参考意见。教育行政部门和学校评优评先、干部任免、教师考核或校长考核等,积极听取责任督学的意见。如2017年区教育局人事科在组织对学校校长进行评价时,充分参考了责任督学对学校的评分。

近年来,责任督学为罗湖区创建全国中小学校责任督学挂牌督导创新区、迎接国家义务教育均衡化检查及复评、完成义务教育质量监测测试工作、迎接广东省教育现代化先进区检查及复评等重要工作全面履行督导职责,形成了罗湖区教育行政与教育督导良好的互助互促新局面。

(四)信度上:提升了家长、社会对教育满意度

为保证罗湖区挂牌督导更客观、更有科学性,罗湖区整合社会资源,引进第三方机构定期对罗湖区学校开展"家长和学生满意度"评估,评估结果及时反馈给责任督学,让督学在督导工作中更有针对性。责任督学依照测评结果,与学校及时沟通,帮助学校找到不足,为办让人民满意的优质学校而努力。经过3年多的持续测评,罗湖区公民办中小学"家长与学生教育满意度"评估基本完成,撰写了全区各学校的调查报告和罗湖区"家长与学生教育满意度"评估总报告。在责任督学与责任区督学的努力指导下,罗湖教育的满意度逐年提升,位居全国前列。

(五)广度上:树立了罗湖区教育挂牌督导口碑

及时总结责任督学的工作经验,加强挂牌督导的工作宣传,一直都是罗湖区教育督导部门的重要使命。为此,罗湖区建立了专门的教育督导网站,及时发布责任督学们下学校督导的新闻。为了总结全区督学们的督导经验,

区督导室汇集了各责任督学的工作案例，汇编成册，供兄弟市区交流使用。据不完全统计，2015年以来，罗湖区督导室共接待江西、甘肃、佛山、汕尾、龙岗区、宝安区、光明新区等省、市、区来访者20余批次，总人数200人以上。

六、未来展望

建立督学责任区，实行挂牌督导制，是最近几年我国教育督导方面项重要的制度创新。由于推行时间不长，全国各地都在积极探索中，罗湖区也不例外。在建设完善的责任督学挂牌督导制度与机制基础上，罗湖区还有很多需要攻坚的难题和许多意识不到的问题，也有不少需要进一步尝试的领域，这都是罗湖区教育督导努力前行的动力。从目前来看，罗湖区最需要在以下方面进行探索，以期实现更大的突破：

（一）以课题科研为抓手深化责任督学工作内涵

责任督学有着多重身份，不但是学校办学行为的监督者，也是素质教育的推动者，教育质量的评价者，现状问题的诊断者，典型经验的发现者，社会各界的联系者，行政部门的协调者，教情民意的反馈者。多重身份就要求责任督学要有过硬的专业水平和丰富的整合能力。课题科研是促进督学专业发展，提升信息整合能力的有效途径。挂牌督导实践中，罗湖区注重督学的科研能力，也开展了部分小课题研究，但尚未整合形成一个完整的向国家省市申报的督导课题，这是罗湖区下一步要努力实现的一个愿景。

（二）以教育综合改革为推手建构学校内部督导体系

为实现罗湖区委区政府提出的"精品教育"的目标，区教育局制订了《罗湖区深化教育领域综合改革方案》，对教育督导提出了更高的要求，也指出了教育督导新的突破口，即建构学校内部督导体系。学校内部督导，是实现学校办学自觉的重要途径，其意义不言而喻。目前，罗湖区部分学校如锦田小学已经做了初步尝试，设立了学校督导处，配备了学校督导主任。但对于进一步完善学校内部督导，仍有不少探索和发展的空间。以全国教育界经验而言，目前可供借鉴的学校内部督导实例并不多，罗湖区需要继续从学校治理结构方面进行深度研究，大胆尝试，形成相对成熟的罗湖经验。

(三) 以创新区验收为契机擦亮教育挂牌督导品牌

迎接责任督学挂牌督导创新区的过程，也是罗湖区责任督学工作进一步丰富和提升的过程。对照评估指标，发现自身问题；依照评估要求，梳理督导经历。罗湖区在开展责任督学挂牌督导方面有一些较独特的做法，近年来多次接待各省市区的交流访问，也在帮扶部分地区如陆丰市就加强责任督学培训等方面做出了一定成绩。然而，督导宣传工作力度还需进一步加强。目前，罗湖区教育督导宣传阵地仍以传统网站为主，微信公众号尚未建立，仍然依托于罗湖教育公众号，整体的教育督导影响力相比罗湖对于全国的知名度而言，还需要加大宣传力度。

实践证明，罗湖区实施责任督学挂牌督导以来，各学校（幼儿园）办学行为明显规范，办学水平显著提升，督导部门督导力量不断强化，教育行政部门业务部署更加精准，整个罗湖区教育事业欣欣向荣，蒸蒸日上。对照"全国中小学校责任督学挂牌督导创新区"的指标体系，罗湖区的责任督学挂牌督导工作均达到各项要求，并在体制机制、督学队伍、结果应用等方面大胆创新，成果显著。

"路漫漫其修远兮，吾将上下而求索。"在责任督学挂牌督导之路上，罗湖区还需"百尺竿头，更进一步"，继续擦亮罗湖区教育督导品牌，助推罗湖"精品教育"扬帆起航，努力让每个孩子都能享有公平而有质量的教育。

案例二：南山区的实践探索[①]

一、基本情况

深圳市南山区成立于 1990 年，地处深圳经济特区西南部，陆地面积 185 平方公里，下辖 8 个街道办事处和 105 个社区工作站，中国（广东）自由贸易试验区深圳前海蛇口片区位于区域内。全区常住人口 129.12 万，户籍人口 75.6 万，实际管理和服务人口 204.72 万。目前，南山共有中小学 84 所（其中民办 12 所），幼儿园 195 所（其中公办 5 所），中小学、幼儿园学生 16.8 万人，专任教师 1.26 万人。

近年来，南山区全面落实"稳增长、促改革、调结构、惠民生、防风险"政策措施，各项工作成效明显，成为深圳的"经济大区"和"创新强区"。2015 年，实现本地生产总值 3715 亿元，增长 9.3%，总量位居全省各区（县）首位、全国各县（市、区）第三位，作为全省唯一一区（县），受到国务院通报表扬。目前，南山区正在全力打造深圳的经济中心、科技创新中心、文化中心和国际交往中心，向世界级创新型滨海中心城区迈进。

南山区历届区委、区政府坚持教育优先发展战略，不断加大教育经费投入，改善办学条件，2008 年 11 月成为广东省第一个推进教育现代化先进区。2014 年以来，南山坚持"让每一所学校都优质，让每一位教师都精彩，让每一个孩子都幸福"的教育理想，全力推进教育综合改革，打造教育的"南山质量"，努力实现南山教育的均衡化、国际化、信息化、素质化和个性化。2008 年以来，先后被评为广东省首个推进教育现代化先进区、全国推进义务教育均衡发展先进区、全国阳光体育先进区、全民环境教育实验区、全国教育综合改革实验区、全国社区教育示范区、全国教育信息化改革综合试点区、全国推进义务教育均衡发展基本均衡区、深圳市首个教育国际化试验区、深圳市推进中小学责任督学挂牌督导工作示范区、广东省推进中小学责任督学

[①] 详见：深圳市南山区人民政府. 深圳市南山区申报"全国中小学校责任督学挂牌督导创新县（市、区）"自评报告 [R]. 2017.

挂牌督导创新区等。

早在 1992 年，南山区就成立区人民政府教育督导室，挂靠区教育局，1998 年成为正处级单位。责任督学挂牌督导制度一经推出，南山区就非常重视，把责任督学对学校（幼儿园，以下同）开展经常性督导，作为提升教育的"南山质量"，助推学校内涵发展、特色发展、品牌发展的重要举措。全区 84 所中小学校和 192 所幼儿园划为 7 个中小学督学责任区和 24 个幼儿园督学责任区，每个中小学责任区配备专职责任督学、特约督学、退休返聘督学各 1 名，再辅以 6 名区兼职督学，每个幼儿园责任区覆盖 8 所幼儿园，各配备了 1 名兼职责任督学和 1 名兼职责任区督学，实现了中、小、幼、公民办全覆盖。责任督学挂牌督导工作在义务教育阶段中小学、幼儿园、职业技校、民办学校全面铺开，教育督导已成为提升南山教育质量，打造南山教育品牌，创建幸福南山的一支不可或缺的力量。

2015 年 10 月，南山区高分通过了"广东省中小学责任督学挂牌督导创新县（市、区）"督导验收。今年 7 月，根据国务院教育督导委员会办公室印发的《中小学校责任督学挂牌督导创新县（市、区）工作方案》精神，完成了"全国中小学校责任督学挂牌督导创新县（市、区）"网上申报工作。

二、工作特色与亮点

2014 年 11 月 27—28 日，南山区承办了全国中小学责任督学挂牌督导工作现场会，来自全国各省市自治区的 400 名代表分享了全国责任督学挂牌督导工作经验，会议取得圆满成功，南山区的经验受到广泛重视。

南山区构建了以"责任督学挂牌督导"为抓手的教育督导工作新机制，形成了以经常性督导为核心，辐射综合督导和专项督导，实现保规范、提质量、促发展的责任督学挂牌督导运行机制，被媒体誉为责任督学挂牌督导的"南山模式"。2015 年 3 月 17 日，南山区副区长应邀在教育部中小学校责任督学挂牌督导工作新闻发布会上做经验介绍，把责任督学挂牌督导工作的"南山模式"用"六化"进行了概括：政府授权制度化、挂牌督导常态化、督学发展专业化、管理服务精细化、工作手段现代化、宣传交流社会化。总结了四大工作成效：一是提高了教育督导的知晓度和社会公信力，二是促进了中小学校的规范办学和特色办学，三是助推了南山教育的优质发展和快速发展，四是建立了教育督导的新常态和新模式。南山责任督学挂牌督导逐步形成了三大特色：一是责任督学挂牌督导信息化，二是优化督学组团模式，三是坚持专题督导与常规督导相结合。2015 年，南山区荣获深圳市唯一的"责任督学挂牌督导工作示范区"称号，区教育局（区教育督导室）荣获区政府嘉奖令。从 2014 年 12 月至今，南山区已接待了各省市 38 个考察团共计 701 人的学习交流。南山区的专职责任督学也应邀赴四川、甘肃、江西、大连、海南、陕西等地介绍南山责任督学挂牌督导工作经验，广泛分享南山经验。

现场会后，南山区承担了教育部创建"全国中小学校责任督学挂牌督导创新县（市、区）体系"项目中的两个研究任务；出版了工作专著《责任督学挂牌督导实践研究——基于深圳南山的探索》，召开了责任督学挂牌督导工作经验交流会，在各级报刊杂志上发表新闻报道 70 余篇，印发《南山区责任督学挂牌督导工作简报》46 期，及时宣传了责任督学挂牌督导动态，传递了教育督导工作信息每年编印《南山教育督导绿皮书》，全面反映当年的教育督导情况。

为加大责任督学挂牌督导的工作力度，从 2015 年起，南山区每年按照各级各类督学总数的 5%评选出优秀督学，该评选列为教师节的常规表彰项目，两年共表彰了 26 名优秀督学，推荐两名市级优秀督学。

南山区责任督学挂牌督导工作经验主要体现在以下六个方面：

（一）创新理念设计，科学规划统领

1. 全面统整

根据国家、省、市和上级教育督导部门的要求，责任督学挂牌督导将成为教育督导的主要工作机制和重要抓手，因此在责任督学挂牌督导的顶层设计上，南山区提出了统整理念，用责任督学挂牌督导统领教育督导工作。结合南山区的工作实际，编制了《南山区教育督导工作结构图》，把督导室开展的"经常性督导""综合督导""专项督导"等工作统整到责任督学挂牌督导工作中来，同时，将责任督学挂牌督导工作归之于保规范、提质量、促发展。这一先进的顶层设计，得到了教育部督导办领导的高度赞扬。

2. 服务为先

作为区县级政府教育督导室，主要以督学为主，通过督导评估，帮助学校发现问题，推进学校发展。在实践中，南山区把"督学为主，服务为先"作为工作理念，明确了责任督学挂牌督导的48字工作指导方针：以指导迎评为抓手，以教学改进为核心，以专项督导为常态，以问题整改为重点，以挖掘亮点为取向，以推动发展为目的。责任督学进校督导，心中必须装着工作方针，为学校做好服务工作。

3. 关注细节

南山区对责任督学挂牌督导工作提出了"责任、细节、创新"三点要求，这也是指导南山区督导工作深入开展好责任督学挂牌督导工作的基本理念：一是要游走在管理服务上精细化，为责任督学提供细致周到的服务；二是要求责任督学在工作中做到精细化，关注细节，从工作细节看管理品质，用专业精神指导学校发展。

（二）创新督学组团，提供支撑保障

1. 探寻最佳遴选标准

教育部下发《关于加强督学责任区建设的意见》《中小学校责任督学挂牌督导办法》等相关文件后，南山区于2013年12月迅速启动了中小学校和幼儿园督学责任区建设和责任督学挂牌督导工作。经过调研与思考，将全区中小学校和幼儿园划为15个中小学督学责任区和23个幼儿园督学责任区，实施中小学"1＋4"、幼儿园"1＋1"责任督学的组团模式。

对责任督学的挑选，坚持高标准，从教育局机关科长和教科研中心教研员中挑选了15名业务素质高和管理能力强的在职人员作为中小学责任督学，全区中小学校、幼儿园一共配备了38名兼职责任督学，103名兼职责任区督学，一年一聘。但是，这个组团模式也存在着兼职责任督学本职工作繁忙而无暇顾及挂牌督导工作、政策限制而无法发放在编人员津贴等问题，成为困扰并影响责任督学挂牌督导工作深入开展的瓶颈。

当年，南山区又进一步优化督学队伍，返聘一批退休校长和专家，邀请部分人大代表、政协委员、大学教授、外籍专家作为特约督学，从学校遴选一批校长、中层和后备干部作为兼职督学，聘期为三年，保持了队伍的稳定性，保证了督学的履职率。目前这支责任督学队伍业务能力强、工作积极性高、具有一定的权威，在专项督导和日常经常性督导中发挥了重要作用。

2. 寻求科学务实模式

经过多方走访与充分调研，南山区从责任督学的积极性、专业性、权威性、操作性、有效性等方面进行深入分析。为了便于更有针对性地督导，2015年9月，南山区中小学开始实施"1＋1＋1督学组团＋6跟岗学习"的组团模式。南山区将高中从原有责任区抽离，单独划分为一个责任区。每个中小学责任区配备1名专职责任督学、1名特约督学、1名退休返聘督学，再辅以6名"先锋计划"学员跟岗学习。幼儿园责任（区）督学则不再聘用公办园园长，改聘民办园园长。这样，既解决了每次确保两人进校督导的实效，充分发挥退休返聘校长和教研员的余热和权威，以及为教育局培养后备管理人才的作用，同时，也较好地解决了责任督学挂牌督导专项经费的发放问题。

3. 优化督学组团模式

责任督学挂牌督导工作没有现成的模式可供学习与借鉴，必须依靠在实践中不断地丰富与完善，努力探索出最佳的、科学的、务实的责任督学组团模式，方能为责任督学挂牌督导工作提供强有力的支撑与保障。南山区不断探索寻求科学的、最符合南山实际的责任督学组团模式，又创造性地提出了南山责任督学专职为主、专兼结合的"3＋X"组团模式。

目前，全区84所中小学校按校区调整为7个责任区，每个责任区12所学校，配备1名专职责任督学、1名特约督学、1至2名返聘督学和10名区督学。幼儿园责任区划分和责任督学组团模式不变。其中，7名中小学校专职责任督学均为公办学校的正副校长、学校教育教学骨干，7名特约督学来自政协委员、人大代表、民办学校外籍校长、高校教授及媒体从业人员，7名返聘督学为教育局、学校退休领导或专家，70名区督学为各校中层以上干部或教学骨干。

南山区责任督学"3＋X"组团分别覆盖学校管理、课程教学、综合视角、社会角度，能够多角度全方位地对学校工作进行监督和指导，把挂牌督导工作推向了新的高度。

（三）创新制度建设，向管理要绩效

根据责任督学工作内容和要求，南山区出台了20个责任督学工作制度，汇集成《南山区责任督学挂牌督导文件制度汇编》，使责任督学工作与学习有章可循，规范有序。

1. 工作制度，明晰指引。

（1）工作运行制度。指引和规范责任督学工作过程，如《南山区责任督学挂牌督导工作指引》《南山区中小学责任督学配合市办学水平评估工作指引》等文件，能够有效促进责任督学工作的规范运行。

（2）工作管理制度。对责任督学的聘任、会议、培训、工作要求、考核和奖励等提出具体要求和明确规定，实现量化管理，对责任督学的每项工作，由督管员一周一统计，一月一结清，每月公布量化管理情况。

（3）综合考核制度。建立并健全了责任督学挂牌督导考核激励机制。既考核责任督学和责任区督学，又考核责任区校（园）长。督导室开发了《责任督学考核量表》《责任区督学考核量表》《学校（园）考核量表》，出台了《南山区责任督学挂牌督导工作奖励方案》。每学年考核一次，考核结果作为校（园）长年度奖励、评优评先、交流任用的重要依据。

（4）结果运用机制。建立了责任区督导结果运用机制，责任督学可以直接向学校下达《整改通知书》，向有关部门、科室下达《问题协商意见书》，并要求解决整改。责任督学对全区公办中小学校校（园）长进行年度工作考核，参与全区中小学校党支部书记的换届选举工作，责任督学为教育局党委当好参谋。授予责任督学对责任区学校表彰奖励、干部任用、教职工职称评聘等方面的建议权和对责任区校（园）长年度综合考核的赋分权。新的机制极大地促进了责任督学挂牌督导工作的深入开展。

2. 会议机制，协调助推

责任督学在挂牌督导工作中，发现学校存在一些自身难以处理的问题，需要依靠教育行政部门或是政府有关部门来协调解决。为此，建立了四个层次的会议机制，有效地解决挂牌督导工作中的棘手问题。

（1）区政府教育督导委员会会议，每年至少一次。各街道办、各相关部委办局的负责人参加会议，研究审议全区教育督导工作中的重大事项，协调解决各种困难与问题。

（2）行政、督学联席会议，每半年一次。区教育局、区教育督导室每半年至少组织召开一次教育局全体班子成员、机关（中心）各科室负责人、全体责任督学参加的联席会议，听取责任督学挂牌督导专题工作汇报，总结经验，解决问题。

（3）责任督学工作会议，每月一次。区教育督导室每月召开一次责任督学工作会议，了解工作动态，梳理相关情况，总结成绩，推介经验，及时研究和解决工作中存在的问题，提出改进工作的意见。

（4）责任区校（园）长会议，每两个月一次。各责任督学每两个月召开一次本责任区校（园）长会议，责任区督学全员到会，点评各学校工作，听取各校（园）长意见，开展专题研讨与经验分享。

（四）创新条件保障，竭诚优质服务

1. 政府高度重视，单列专项经费

南山历届区委、区政府高度重视教育督导工作，在全市率先成立了南山区人民政府教育督导委员会，由分管教育的副区长任主任，单位成员由区发改局等有关部门和各街道办一名分管教育工作的领导出任。区政府教育督导委员会负责统筹规划全区教育督导工作。自成立以来，区政府教育督导委员会印发了《关于全面推进责任督学挂牌督导工作的意见》《南山区责任督学挂牌督导工作规程》，对南山区责任督学挂牌督导工作的全面开展和深入推进提供了政策依据和条件保障。

南山区对教育督导工作的经费投入充足。一是将各类评估的创建奖励经费、办公经费列入教育经费年度预算。2015 年，市奖补南山区义务教育均衡评估专项经费 1140 万元，并全额用于创建奖励。南山区安排民办学校创建省义务教育标准化学校专项经费 1000 万元，等级幼儿园、民办中小学评估奖励经费 660 万元，督导室办公经费 22 万元。2016 年安排 922 万元，用于等级评估奖励。二是设立了责任督学挂牌督导专项经费，列入区政府财政预算，用于责任（区）督学的工作津贴、培训学习、日常办公、表彰奖励等，确保责任督学挂牌督导的有序运行。经区督导委研究决定，南山区责任督学挂牌督导工作经费每年不少于 220 万元，2016 年已增加至 330 万元。

2. 改善办公条件，创设文化氛围

南山区在教育局设立了两间专职责任督学工作室，将 1 个会议室辟为督学沙龙，为专职责任督学配备了办公桌椅、沙发、电脑、固定电话、打印机等现代化办公设备，并积极开展办公室文化建设，创设了浓郁的责任督学挂牌督导文化氛围。

全区每所学校都设立了督学工作室，作为责任（区）督学日常办公的场所，并配有电脑、写字台和书柜等必备办公设备。各学校均按要求配备了 1

名中层干部任学校督学（视导员），负责对接责任督学，确保了责任督学挂牌督导工作的顺利开展。

3. 研发信息平台，顺畅沟通渠道

2013年底，督导室着手研发"南山区责任督学挂牌督导工作平台"，进行"互联网＋教育督导"实践创新。在全国现场会上，南山区研发的责任督学挂牌督导信息管理平台受到多方关注和高度评价。会后，南山区承接了教育部"全国中小学校责任督学挂牌督导创新县（市、区）工作平台"的研发任务。在原有信息平台的基础上，会同信息中心及研发公司，再次攻坚克难，充分发挥南山区信息技术教育的优势，在规定时间内保质保量研发出供全国区县级教育督导部门使用的信息管理平台，有效实现了三大功能：一是公共监督服务层面，实现信息资源交流分享；二是数据应用管理层面，实现过程数据碎片化采集，大数据集中统计、分析与处理；三是用户权限设置层面，实现了责任督学网格化管理、考核与评价、激励，帮助责任督学较好地完成工作职责和岗位任务，实现无纸化、信息化办公。2015年10月，平台通过教育部督导办组织的认定。2015年12月，在上海召开的全国教育督导改革创新工作会议上，南山区介绍了研发"全国中小学责任督学挂牌督导信息管理工作平台"的经验并向全国推广。

督导室主任洪其华上任以来，提出了"用互联网改革创新评估工作，减轻评估单位负担，提升评估工作效率"的工作要求。督导室为责任督学开通了专用的400号码和专用工作邮箱，方便责任督学听取民声，汇集民意，全方位地了解学校的工作，在学校和家长之间搭建了沟通的平台。建立了南山教育督导公众号、督学责任区短信平台、QQ群和微信群，增进责任（区）督学的工作交流和信息传递。各责任督学还建立了本督学责任区QQ群、短信平台和微信群，促进责任区内各督学、校（园）长和视导员的沟通与交流。

截至2016年11月17日，南山区信息管理平台已上传督导记录4396条，听课记录1141条，新闻稿483条，下发整改报告26条，受理投诉11起。全方位、多层次的信息化交流手段，大大提高了责任督学挂牌督导的工作效率，为民意互通、沟通交流、信息传递、工作管理带来了极大的便利。

4. 开发工作量表，规范督导工作

为规范责任督学挂牌督导工作，南山区对责任督学的日常工作进行了流程化设计，开发了 37 个工作量表和工作指引，编印了《南山区责任督学挂牌督导工作手册》，明确工作职责，明晰工作任务，细化工作环节，优化工作管理，使责任（区）督学一册在手，了然于胸，为责任督学开展好挂牌督导工作提供了规范的操作流程和精细化的管理服务。

（五）创新督导方法，工作追求卓越

1. 高调亮相接受监督

每年 9 月新学期开学第一天，南山区新任的中小学专职责任督学带领责任区督学深入本责任区学校，参加学校的升旗仪式，高调亮相，为学校颁授教育督导公示牌，并进行国旗下讲话。督导室将责任督学的照片、姓名、联系方式制作成教育督导督学公示牌，悬挂在学校校门口显著位置，主动接受监督，方便受理投诉。

2. 常规工作分项推进

责任督学每次进校督导 1-2 个项目，每月开展八大督导项目中的一个专项督导。每个学年，八大事项都要逐项落实。学期初，责任督学做好本学期工作计划，细化督导八大事项；熟悉责任区内每所学校的情况，做到整体情况了如指掌，特色亮点如数家珍，问题弊端心中有数。督导前，针对每次的重点项目，查阅相关资料，做好进校准备；督导中，采用多种方式进行督导，做好监督、指导、总结、诊断工作，填写《中小学责任（区）督学观课记录与评价表》等工作用表；督导后，即时整理上传工作量表，撰写督导快报，做好总结与评价工作。

3. 综合督导全面切入

南山区充分发挥责任督学的专业性与权威性，让责任督学参与到综合督导工作中，全面把握学校的整体情况。责任督学在全国义务教育发展基本均衡区督导验收、广东省义务教育标准化学校督导验收、深圳市办学水平评估、幼儿园和民办学校等级评估中都发挥了积极重要的作用。

4. 专项督导全员参与

南山区坚持常规督导与专题督导相结合，开展每月一主题的专项督导，针对南山区教育的热点难点问题、区内教育短板和学校发展中存在的阶段性问题或不足，如特殊教育、师德师风建设、义务教育质量监测、学生体质健康、体育与艺术工作、校园欺凌、安全治理工作等，确定专项督导主题，联合相关部门制定督导量规，由专职责任督学牵头组织和实施各项专项督导工作。

2015年11月，以7位中小学专职责任督学为核心、退休返聘督学、特约督学、先锋计划后备干部组成的督导检查组深入区内各中小学，通过学校汇报、查看资料、访谈教师、与学生座谈的方式，对师德建设工作进行专项督导。2016年4月，检查组又对全区中小学校的校园安全进行一次专项督查，采用校园巡视、听取汇报、访谈师生、查阅资料和问卷调查等方式，重点督查校园安全、校园暴力以及非教育教学时间管理、心理专职辅导教师的配置等方面。全区有10824名初一、初二学生，16215名五、六年级小学生参与了校园安全问卷调查。2016年5月26日，南山区南海小学、育才二中、松坪学校中学部、南山中英文学校等20所公民办中小学参加了2016年国家义务教育质量监测（俗称"国测"），20名中小学责任督学也全程参与了筹备组织工作。

5. 信息平台整合直报

为了促进责任督学挂牌督导工作经常化、规范化、制度化、信息化，南山区通过信息管理平台，有效实现了督导信息的即时上传、整合与处理，使教育行政管理部门、教育督导部门、校园长、学校视导员和学生家长可及时浏览平台资料，督管员能随时了解责任督学工作开展和学校现状，对责任督学实施动态管理和工作指导，有效提高了工作效率，增强了挂牌督导工作的透明度。

6. 科研课题引领导向

2014年，在承办了全国中小学责任督学挂牌督导工作现场会后，南山区又承担了教育部"创建全国中小学校责任督学挂牌督导创新县（市、区）体系"的研究项目。该项目有两个子课题，一是创建全国区级教育督导管理信息平台，二是研制全国督学培训大纲。南山区依托中国教育科学研究院驻南山专家组，开展课题攻关，华东师范大学文新华教授亲临指导。目前，已经完成了这两个课题的研究工作，教育督导管理信息平台项目已于2015年4月通过教育部专家组的现场验收。全国督学培训大纲也已提交教育部督导办。

（六）创新培训形式，提高督学素养

南山区出台了《南山区责任督学培训规程》《南山区责任督学培训大纲》，

创新培训形式，提高培训成效。截至目前，南山区先后组织了12次培训考察活动，另有小型多样的专题培训、岗位研修和督学沙龙，进一步提高了责任督学的理论水平和专业素养。

1. 帮助新入职的督学完成通识培训

南山区要求新任责任（区）督学必须先经过入职通识培训后方可上岗履职。通过学习教育督导的基本理论和信息平台操作方法，帮助责任督学了解实施细则、工作要求、工作流程和工作方式，使他们尽快进入工作角色。

2. 针对项目督导的专项培训

针对中小学责任督学参与指导办学水平评估和幼儿园等级评估进行系统培训。对评估的各项指标、注意事项、数据填报、文本规范、资料准备等予以具体的指导，使责任督学能够尽快介入迎评创建工作，更好地指导学校和幼儿园的评估工作。

3. 提升业务素养的专题培训

为了帮助责任督学成为课堂教学的行家里手，善于观测学生的学习活动，掌握开发信息采集与评估工具的方法，做好沟通、协调、跟进与反馈工作，对责任（区）督学组织开展了相应的专题培训，提升其专业素养。

4. 强化素质提高的岗位研修

通过开展每月同读一本书，让责任督学"学进去""讲出来""写下来"，编印《责任督学挂牌督导年度工作报告》，举办督学沙龙，征集教育督导论文，提升督学理论素养。南山区两位督学撰写的论文荣获"广东省教育督导论文评选"二等奖。

5. 拓宽知识视野的考察学习

组织责任督学积极参加市里的培训，并与北京大学、华东师范大学等全国知名高校联合举办督学高级研修班，如2015年7月18日，在洪其华主任的带领下，由区专职督学、责任督学、特约督学、市督学共55名督学学员组成的南山区"责任督学高级研修班"在华东师范大学接受为期8天的学习。2016年6月12日至16日，国家督学、深圳市人民政府教育督导室副主任金依俚率深圳市各区督导室主任一行赴喀什市进行督导评估交流，南山区人民政府教育督导室主任洪其华作了题为《先行先试，南山教育督导的实践与探索》的专题讲座，并帮助喀什市建立了"全国中小学责任督学挂牌教育督导工作平台",利用教育信息化促进教育督导工作。同时,还组织骨干责任督学到湖南郴州桂阳县、株洲醴陵市和大连市参观考察学习,拓宽了视野,促进了工作。

三、努力方向

南山区先行先试,取得了一些好的效果,也遇到了一些困惑,提出了新的挑战与课题。南山区将进一步进行中小学责任督学挂牌督导的制度创新和实践探索。

1. 进一步提高社会公众的知晓度

责任督学挂牌督导工作,是国家意志、政府行为,对推进教育治理体系与治理能力现代化,实现现代学校"管、办、评"分离,创建人民满意的教育具有重要的意义。但是由于时间短,所以需要加大宣传力度,提高社会公众对挂牌督导工作的知晓度,增加社会公众的理解度,从而提升学校、家长、社区对挂牌督导工作的参与度,增强社会公众对这项工作的满意度。

2. 进一步理顺挂牌督导工作的运行机制

责任督学挂牌督导工作责任重大,工作繁重,又是一项长期的日常工作,应该做到教育督导机构专设,人员专职专编,经费专户专用,要有完善的管理体制和激励机制,以促进责任督学挂牌督导工作的持续开展。

3. 进一步提升责任督学队伍的专业素养

不管从哪个层面去遴选责任督学,都要保证新上岗责任督学都能很快进入角色,精彩演绎。这就要求督导室必须进一步重视责任督学的能力建设,制定出台责任督学选拔标准,严格选择程序,组织相应的学习和培训,迅速建立起一支数量充足、结构合理、素质优良的专业化责任(区)督学队伍。

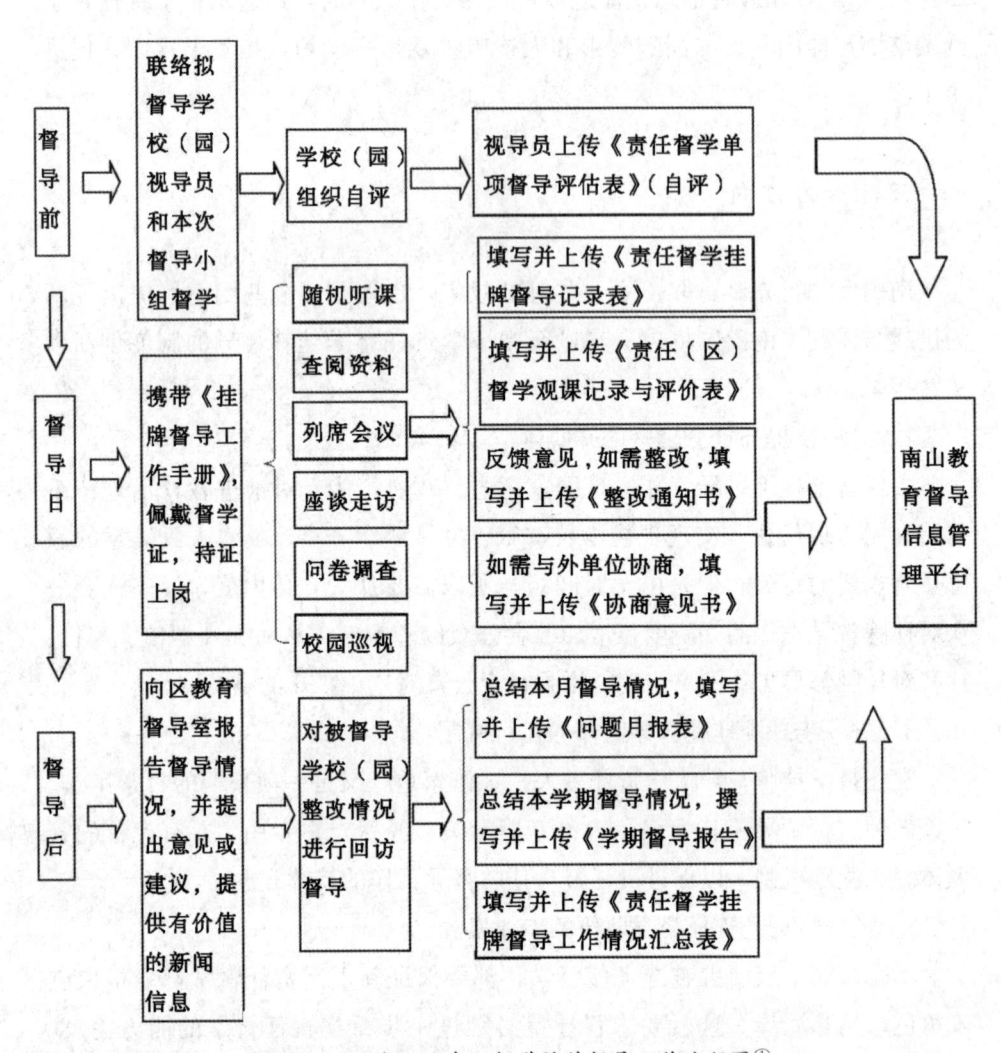

246 | 反思与创新：基础教育督导的实践探索

附图 2—1 南山区责任督学挂牌督导工作流程图①

---

① 王水发，王艾燕. 责任督学挂牌督导实践研究 [M]. 南昌：江西教育出版社，2015：60.

合相关部门制定督导量规，由专职责任督学牵头组织和实施各项专项督导工作。

2015年11月，以7位中小学专职责任督学为核心、退休返聘督学、特约督学、先锋计划后备干部组成的督导检查组深入区内各中小学，通过学校汇报、查看资料、访谈教师、与学生座谈的方式，对师德建设工作进行专项督导。2016年4月，检查组又对全区中小学校的校园安全进行一次专项督查，采用校园巡视、听取汇报、访谈师生、查阅资料和问卷调查等方式，重点督查校园安全、校园暴力以及非教育教学时间管理、心理专职辅导教师的配置等方面。全区有10824名初一、初二学生，16215名五、六年级小学生参与了校园安全问卷调查。2016年5月26日，南山区南海小学、育才二中、松坪学校中学部、南山中英文学校等20所公民办中小学参加了2016年国家义务教育质量监测（俗称"国测"），20名中小学责任督学也全程参与了筹备组织工作。

5. 信息平台整合直报

为了促进责任督学挂牌督导工作经常化、规范化、制度化、信息化，南山区通过信息管理平台，有效实现了督导信息的即时上传、整合与处理，使教育行政管理部门、教育督导部门、校园长、学校视导员和学生家长可及时浏览平台资料，督管员能随时了解责任督学工作开展和学校现状，对责任督学实施动态管理和工作指导，有效提高了工作效率，增强了挂牌督导工作的透明度。

6. 科研课题引领导向

2014年，在承办了全国中小学责任督学挂牌督导工作现场会后，南山区又承担了教育部"创建全国中小学校责任督学挂牌督导创新县（市、区）体系"的研究项目。该项目有两个子课题，一是创建全国区级教育督导管理信息平台，二是研制全国督学培训大纲。南山区依托中国教育科学研究院驻南山专家组，开展课题攻关，华东师范大学文新华教授亲临指导。目前，已经完成了这两个课题的研究工作，教育督导管理信息平台项目已于2015年4月通过教育部专家组的现场验收。全国督学培训大纲也已提交教育部督导办。

（六）创新培训形式，提高督学素养

南山区出台了《南山区责任督学培训规程》《南山区责任督学培训大纲》，

创新培训形式，提高培训成效。截至目前，南山区先后组织了12次培训考察活动，另有小型多样的专题培训、岗位研修和督学沙龙，进一步提高了责任督学的理论水平和专业素养。

1. 帮助新入职的督学完成通识培训

南山区要求新任责任（区）督学必须先经过入职通识培训后方可上岗履职。通过学习教育督导的基本理论和信息平台操作方法，帮助责任督学了解实施细则、工作要求、工作流程和工作方式，使他们尽快进入工作角色。

2. 针对项目督导的专项培训

针对中小学责任督学参与指导办学水平评估和幼儿园等级评估进行系统培训。对评估的各项指标、注意事项、数据填报、文本规范、资料准备等予以具体的指导，使责任督学能够尽快介入迎评创建工作，更好地指导学校和幼儿园的评估工作。

3. 提升业务素养的专题培训

为了帮助责任督学成为课堂教学的行家里手，善于观测学生的学习活动，掌握开发信息采集与评估工具的方法，做好沟通、协调、跟进与反馈工作，对责任（区）督学组织开展了相应的专题培训，提升其专业素养。

4. 强化素质提高的岗位研修

通过开展每月同读一本书，让责任督学"学进去""讲出来""写下来"，编印《责任督学挂牌督导年度工作报告》，举办督学沙龙，征集教育督导论文，提升督学理论素养。南山区两位督学撰写的论文荣获"广东省教育督导论文评选"二等奖。

5. 拓宽知识视野的考察学习

组织责任督学积极参加市里的培训，并与北京大学、华东师范大学等全国知名高校联合举办督学高级研修班，如2015年7月18日，在洪其华主任的带领下，由区专职督学、责任督学、特约督学、市督学共55名督学学员组成的南山区"责任督学高级研修班"在华东师范大学接受为期8天的学习。2016年6月12日至16日，国家督学、深圳市人民政府教育督导室副主任金依俚率深圳市各区督导室主任一行赴喀什市进行督导评估交流，南山区人民政府教育督导室主任洪其华作了题为《先行先试，南山教育督导的实践与探索》的专题讲座，并帮助喀什市建立了"全国中小学责任督学挂牌教育督导工作平台"，利用教育信息化促进教育督导工作。同时，还组织骨干责任督学到湖南郴州桂阳县、株洲醴陵市和大连市参观考察学习，拓宽了视野，促进了工作。

三、努力方向

南山区先行先试，取得了一些好的效果，也遇到了一些困惑，提出了新的挑战与课题。南山区将进一步进行中小学责任督学挂牌督导的制度创新和实践探索。

1. 进一步提高社会公众的知晓度

责任督学挂牌督导工作，是国家意志、政府行为，对推进教育治理体系与治理能力现代化，实现现代学校"管、办、评"分离，创建人民满意的教育具有重要的意义。但是由于时间短，所以需要加大宣传力度，提高社会公众对挂牌督导工作的知晓度，增加社会公众的理解度，从而提升学校、家长、社区对挂牌督导工作的参与度，增强社会公众对这项工作的满意度。

2. 进一步理顺挂牌督导工作的运行机制

责任督学挂牌督导工作责任重大，工作繁重，又是一项长期的日常工作，应该做到教育督导机构专设，人员专职专编，经费专户专用，要有完善的管理体制和激励机制，以促进责任督学挂牌督导工作的持续开展。

3. 进一步提升责任督学队伍的专业素养

不管从哪个层面去遴选责任督学，都要保证新上岗责任督学都能很快进入角色，精彩演绎。这就要求督导室必须进一步重视责任督学的能力建设，制定出台责任督学选拔标准，严格选择程序，组织相应的学习和培训，迅速建立起一支数量充足、结构合理、素质优良的专业化责任（区）督学队伍。

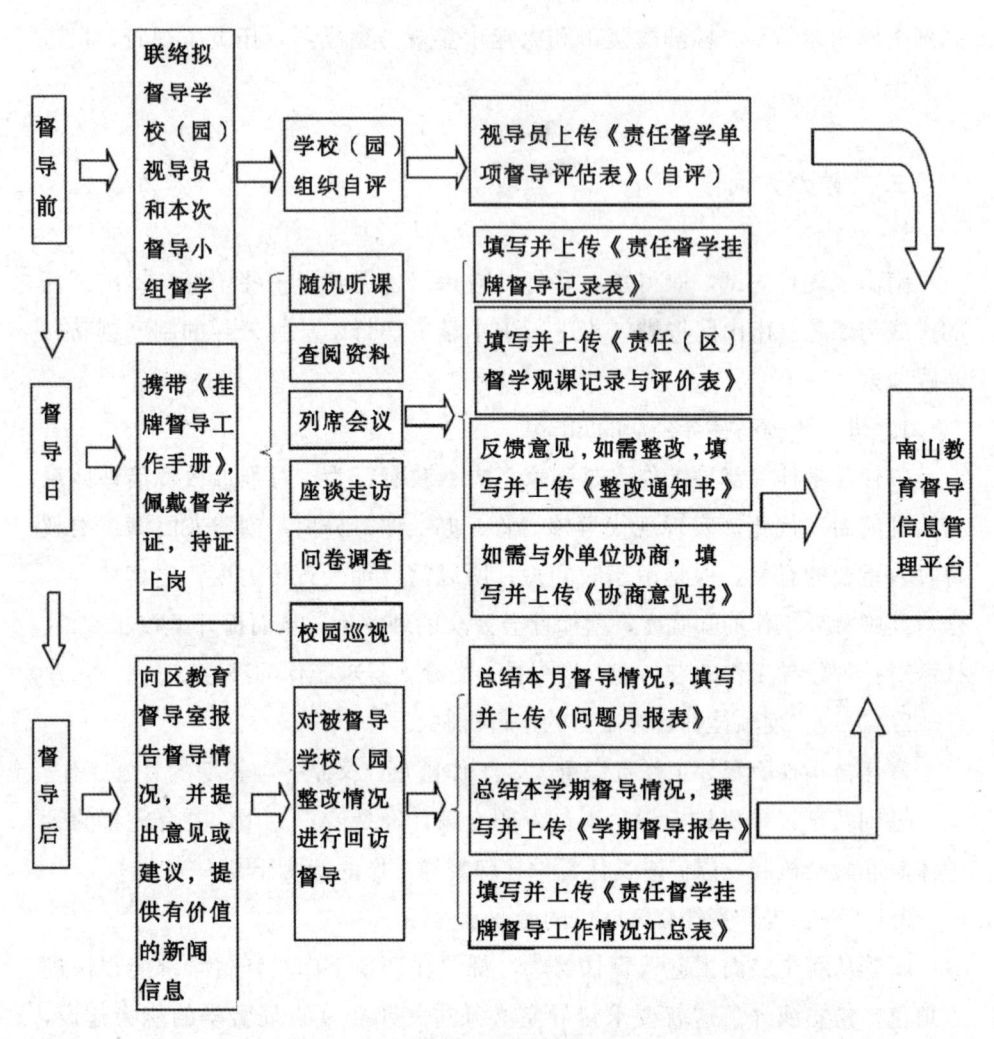

附图 2—1 南山区责任督学挂牌督导工作流程图[①]

---

① 王水发,王艾燕. 责任督学挂牌督导实践研究 [M]. 南昌:江西教育出版社,2015:60.

附表2 南山区责任督学考核表

督学责任区		督学		考核时间	
考核指标	考核说明		评分细则	自评得分	考核得分
敬业精神 20分	热爱教育督导事业，积极参与教育督导部门开展的各项活动和布置的各项工作，具有强烈的责任感和使命感，坚持"督学为主，服务为先"的理念，工作勤奋务实，任劳任怨，竭尽全力做好督导工作，以帮助责任区内学校更好地发展。		查看督导部门开展的活动记录、召开的会议记录，少1次扣1分；查看督导部门布置的工作完成情况，少1次扣1分。		
能力水平 20分	熟悉教育政策与法律法规，具有一定的教育理论水平和学校管理经验，沟通与协调能力强；善于学习与行动研究，具有较强的课堂教学诊断与指导能力；善于开发和使用评估工具，能够熟练地使用教育督导信息管理平台。		查看督学沙龙及各种学习培训记录，少1次扣1分；不能熟练地使用教育督导信息管理平台扣2分；开发有价值的评估工具，1项加1分；在报刊上发表获奖的教育督导文章，区、市、省、国家级分别加1、2、3、4分。		
履职情况 30分	能够提前做好学期工作安排，并安排计划与要求做好经常性督导、检查、记录、分析、沟通与反馈；能够根据规定发出整改通知书，并及时做好问题月报；能够耐心受理各种投诉，努力做好各方协调并敦促问题整改；学期末能高质量完成督导工作报告。		按照工作安排与流程要求，少1次扣2分；配合责任督学工作获得"非常满意""满意""一般"或"不满意"，分别加3、2、0、−2分；责任督学年度考核为优秀、称职或不称职，分别加1、0、−1分。		

续表

工作纪律 10分	严格遵守《中小学校责任督学挂牌督导规程》和《中小学校责任督学工作守则》，坚持依法督导、科学督导、廉洁督导，不接受被督到单位的宴请和各种礼品、礼金等，不影响被督到单位的正常工作秩序，工作守时守则。	廉洁督导、不影响被督到单位正常工作秩序及工作守时守则等方面，被投诉1次扣2分。		
督导效果 20分	有效地促进了学校规范办学行为、推进素质教育、保障教育公平、提高教育质量，责任区内学校没有重大的责任事故发生，办学水平得到逐步提高，挂牌督导工作获得学校校长、家长及教育局各科室（中心）的一致好评。	责任区内学校发生重大责任事故，1次扣2分；责任区内学校获得突出成绩，1次加1分；每学年校长、家长满意度调查90分以上加1分，80分以下扣2分。		
备注	"年度考核"最后以等级呈现，110分以上为优秀，100—109分为称职，90—99分为基本称职，90分以下为不称职。			

附录三：

上海市教育督导改革发展历程[①]

上海市作为国内教育发达城市，其教育督导工作经验值得借鉴。上海市从 1987 年上海市建立教育督导机构起，教育督导至今已有 30 余年的发展历程。

（一）基础教育督导发展历程

改革开放以来，上海基础教育督导工作不断创新发展，大体可分为初创探索期、规范督导期和创新发展期三个阶段。这三个阶段，在时间上相互交义，在逻辑上又一脉相承，各个阶段有重点、有主线，又有伏线或辅线，为下一阶段的重点做铺垫。

1. 初创探索期（1987—1997 年）：教育督导机构建立、完善

1987 年 9 月，上海正式成立教育督导机构，是全国所有省市中的第一批，标志着上海教育在法制化、科学化、现代化发展进程中迈出了重要一步。经过历时将近 10 年的探索和实践，在 1995 年上海市教委成立后，经上海市政府批准，市教育督导室更名为市政府教育督导室。名称的改变反映了教育督导制度的不断深化和逐步完善，反映了教育督导职能不断强化与拓展的必然结果。伴随着上海市教育督导机构的成熟，教育督导工作实践也在积极推进中。在此期间，启动了以确保教育经费增长为主要内容的"五项督导"（落实教育经费增长及教师待遇、改造校舍危房、制止中小学流失、纠正乱收费以及加强中小学德育），出台了《上海市教育督导评估标准体系》，推进了教育督导工作的规范化，从而保证了上海市基础教育在全国的应有地位。

2. 规范督导期（1998—2015 年）：规范建设、完善督导体制

1999 年 12 月《上海市教育督导规定》出台，规定了教育督导的机构建

---

① 参见：改革开放以来上海基础教育督导的创新与发展 [EB/OL]. https://www.shbsq.gov.cn/shbs/jydddt/20190320/159491.html.

设、人员配备、督导程序、督学职责和法律责任。这不仅体现了上海教育督导制度建设进入了规范化、法制化阶段，而且体现了教育督导工作务必坚持公平、公正、公开和增强透明度的要求。之后又相继出台了《上海市督学聘任实施办法（暂行）》（2007年3月），成立了上海市教育督导事务中心（2008年3月18日）。2010年8月，上海市教育督导委员会成立。2011年起，上海市政府对所有区县逐一开展了"推进教育现代化暨义务教育均衡发展"综合督政，在2014年经过教育部督导认定，成为全国首个整体通过"义务教育基本均衡发展督导认定"的省份。

3. 创新发展期（2015年至今）：督政、督学与评估监测三位一体发展

经过各方的共同努力，上海市十四届人大常委会第十九次会议于2015年2月11日通过了《上海教育督导条例》，并自2015年5月1日起施行。这是自20世纪80年代上海市实施教育督导工作以来，首次以地方法规形式对教育督导工作进行全面系统规范，为推进各级政府依法履行教育责任，确保各级各类学校依法规范办学提供了法律依据。同时，确立了教育督导在推进"政府依法管理、学校依法自主办学、社会各界依法参与和监督"的教育治理体系建设中的重要地位，不断推进"督政、督学与评估监测三位一体"的督导格局的完善形成。

（二）主要改革举措

上海基础教育督导工作发展的过程是一个观念创新、方法创新、制度创新的过程。在这个过程中，教育综合督政、学校发展性督导、督学资格制度和中小学校责任督学挂牌督导四个关键改革举措与事件，在督导实践探索中不断得到深化和发展。

1. 区县政府落实教育法定责任

上海积极探索区县政府履行教育职责的教育综合督政制度，在全国率先将各区县政府履行教育责任的执行情况向社会公开，确保上海市率先基本实现教育现代化的目标，成为上海教育优质均衡和内涵发展的一大特色。2005年1月，上海市政府办公厅转发市教委、市政府教育督导室《关于本市建立对区县政府教育工作进行督导评估制度实施意见的通知》，明确建立了对区县政府教育工作进行督导制度的总体要求，涉及到领导职责、教育改革与发展、经费投入与管理、办学条件、教师队伍建设、教育管理和城乡教育一体化七

个方面。自 2007 年起至今，上海已启动了两轮综合督政，教育督导在建立区政府依法履行教育职责的自评机制、推动义务教育均衡发展、确保教育优先发展、推动重大教育政策项目扎实落地、督促破解教育热点难点问题等方面发挥了重要的保障作用。

2. 学校发展性、特色化督导评价

上海督学工作的特点是开展"学校发展性督导评价"，进一步促进了各级各类学校实施素质教育和依法自主办学积极性、创造性的发挥。上海市教委、市政府教育督导室于 2005 年印发了《上海市关于深化与完善"学校发展性督导评价"工作的若干意见》的通知，要求发挥督导功能，不断完善与创新"学校发展性督导评价"工作，提高教育督导评估效能，指导与服务学校发展，积极构建具有时代特征、上海特点、区域特色的"学校发展性督导评价"体系。这一学校发展性督导评价指标体系，由基础性指标和发展性指南两部分组成。在评估内容上，采用共性规范要求和个性发展需求相结合，既要有学校必须共同遵循的法定规范和基本质量，又要体现各校发展中具有个性发展需求的改革实践，为学校自主发展创设空间；在评估标准上，采用统一标准与学校的自订标准相结合，既要有每所学校履行法定规范的统一标准，又要依据学校自主发展目标达成度的自订标准，以利于更有效地调动学校办学的积极性、主动性和创造性。

3. 发挥"蓄水池"作用：督学资格制度

上海市为推行和试点督学资格制度，教委、市政府教育督导室先后下发了《关于开展督学资格制度试点工作的通知》《关于成立上海市督学资格认定工作领导小组和专家工作组的通知》《上海市开展督学资格认定工作的实施细则（试行）》《上海市教育委员会上海市人民政府教育督导室关于在浦东新区等 4 区试行督学资格考试工作的意见》和《关于在本市教育系统开展督学资格注册管理工作的实施意见》等规范性文件，明确了督学资格制度的制度保障和组织保障，规范了教育督导工作管理制度，完善督学队伍建设机制，吸引鼓励优秀学校管理人员充实加强督学队伍，推动区县督导部门成为培育学校管理人才的"蓄水池"功能，实现督学整体专业素养的提升，促进督学管理科学化、规范化、专业化，提高教育督导工作质量和水平，确立了教育督导在推动基础教育均衡发展中的应有地位。

4. 延伸督导触角：中小学校责任督学挂牌督导

上海在全面实施中小学校责任督学挂牌督导制度以来，各级政府高度重视，教育督导部门在教育行政和学校的大力支持下，结合区域实际，在制度建设、人员配备、工作规范、经费保障、方式改进、结果运用等方面进行了积极探索与实践，取得了明显的成效，在转变政府管理职能、促进区域教育和教育督导的改革发展中发挥了重要作用。2013年12月，市教委、市政府教育督导室下发了《关于贯彻〈中小学校责任督学挂牌督导办法〉的实施意见》，从组织管理与保障、责任督学资格履职与培训、责任督学的督导方式和组织领导与分类指导四方面提出具体的实施意见。在此基础上，2015年，又下发了《上海市中小学校责任督学挂牌督导工作管理办法》《上海市中小学校责任督学挂牌督导创新区县评估工作实施方案》，采取"分步推进、全面提升"工作策略，标志着上海市中小学责任督学挂牌督导工作进入规范化管理阶段，责任督学挂牌督导工作机制逐步完善并向纵深发展。

（三）实施学校发展性督导评价

2003年上海市教育督导室发布颁布实施了《上海市积极推进中小学"学校发展性督导评价"的实施意见》，从学校办学基础指标及学校发展指标两个层面对学校进行发展性评估。基础性指标所依据的是教育法律、法规和政策，凡法定性的要求，原则上都列为督导评估指标，包括办学方向、学校管理、队伍建设、德育工作、教学工作、体（育）卫（生）艺（术）科（学）工作、教育科研工作、语言文字和档案工作、后勤保障等。发展性指标是依据学校自主制定的"发展规划"编制的，其最大特点是：一校一指标，并体现学校发展规划中不同执行阶段的要求，不用同一套指标及标准做划一的督导评估标尺。涵盖学校发展目标、教学改革与学生学习、学校课程建设、学校德育、校园文化建设、教育科研、学生发展、师资队伍建设、学校社区共建等9个发展领域，每个发展领域下设若干个评价要素。

经过多年的研究和实践，各实验区在督导评估指标指导纲要的基础上，初步形成了以"基础性指标＋发展性目标"（如附表3—1）为基本框架的，具有本区县特点的发展性督导评估指标体系。各区县初步形成了"学校制订发展规划—学校实施—学校自评—阶段性督导评估—修正规划—学校再实施"的运行机制。学校发展性督导评价指标的实施，促进了学校依法自主发展机制的形成，提升了学校的整体办学水平；促进了教育行政部门职能转变，增强了基础教育的宏观管理能力；加快了校长队伍和教育督导队伍专业化进程，更新了办学理念与督导理念。

附表 3－1　上海市学校发展指南

发展领域	评价要素
学校发展目标	○办学目标：贯彻教育方针和素质教育要求，体现现代教育思想，体现地区社会、经济发展与学校自身发展规律的整合，体现阶段性、递进性和办学特色，重点突出、可操作、可检测。 ○培养目标：符合教育方针，面向全体学生，有预期的育人质量要求，注重创新精神和实践能力的培养，促进学生主动发展与个性特长发展，体现递进性和个性。 ○管理目标：依法办学、规范管理，建立科学、民主、有效的决策机制，强化服务意识，关注人的发展，注重学科育人建设，开发与利用各种资源，促进教师专业成长与学生个性发展。
学校课程建设	○课程开发：执行市二期课改课程方案，积极开发和利用校内外各种课程资源，提供多样的、能基本满足学生需要和选择、充分体现学校特色的各类选修课程，注重德育校本教材开发，逐步形成学校的特色课程群。 ○课程内容：体现时代性和学科整合的特点，体现学生创新精神和实践能力的培养，体现学生个性发展的需求。 ○课程管理：有与二期课改要求相一致的教学管理制度和学生学习指导制度。 ○课程评价：逐步完善学校课程评价体系，建立发展性课程评价制度。
教学改革与学生学习	○课堂教学：改革主攻目标清晰，注重学生学习的知识与技能、过程与方法、情感态度与价值观的养成，体现教师学科德育渗透能力，形成民主、平等、和谐、互动的师生关系和教学环境，注重教学反思，优化教与学。 ○教学方式：积极进行教学方式和学习方式的改革，引导学生自主探究、独立思考、合作交流和实践操作，整合现代信息技术，提高教与学的效果；尊重学生差异，实施分层教育，开发学生学习潜能，满足特殊学生的需求。 ○学习动力：学生有学习的动力和乐趣，有学习热情、自信心和进取心。

续表

	○学习能力：学生能通过团队合作、探究活动、社会实践等多种方式，运用计算机网络等各种学习资源与工具进行学习；提高基础性、发展性、创造性学力。 ○评价制度：建立与完善发展性教师评价和学生评价制度，促进教师专业发展，培育学生个性特长，提高综合素质。
学校德育	○工作目标：有分学段的德育工作目标，注重主体性、层次性和递进性。 ○工作途径：充分发挥德育课程自身的功能及学科教学育人主渠道的作用；利用校内外各种教育资源，加强德育基地建设，发挥团队组织的主体作用，形成以学校为主体，学校、家庭、社区融合互动的育人网络。 ○机制建立：建立健全学校"全员、全程、全方位"的德育工作机制。 ○队伍建设：注重班主任、团队干部为骨干的德育队伍建设，不断完善培训、考核、激励等行之有效的管理制度。
校园文化建设	○文化环境：校园的物质和精神环境，体现学校的办学理念、富于教育性。形成良好的管理作风、教风、学风，师生关系平等、和谐、民主，校风体现学校文化的内涵。 ○文化活动：校园文化活动丰富，师生参与面广，有利于师生自主发展和合作精神的培养，注重学习型组织的建设，努力创建班组和班级主体文化。
教育科研	○研究方向：课题研究立足于解决学校教改实际问题，起引领作用。 ○课题管理：规范、有序；教师参与面广，形成科研骨干队伍。 ○成果应用：课题研究成果及时应用于学校教育教学实践，能切实推动学校发展。
师资队伍建设	○校本培训：落实教师培训措施，有效开展以校为本的教研和科研活动；积极鼓励、支持教师参加专业进修和学术交流活动。 ○校本培养：根据不同层次教师专业发展需求，创设开放式的校本培养新格局，促进教师主动学习、研究和反思，促进教师职业道德和专业水平提高，形成名师和各层次骨干教师梯队建设的培养机制。 ○校本管理：建立教师聘任制度，合理配置人力资源，形成人才流动和优化机制；建立教师发展性评价制度，形成教师自评、同行评议、管理者评价、学生及家长多方参与的多元评价方式，形成促进教师专业发展的激励与保障机制。

续表

学生发展	○培养举措：学校落实学生培养的措施，为每一个学生主动发展创造条件，开展富有特色的育人活动，有促进学生成长发展的综合评价制度。 ○学生素质：学生公民素养、科学与人文素养、身体与卫生素养以及自治能力、合作能力、学习与探究能力、个性品质有较大发展与提高。 ○学生成长：学校有全面反映学生成长的实证材料（学生学业成绩变化状况、毕业率及学生在校表现等），学生对学校学习生活的满意度提高，家长、社区、高一级学校对学生有较高的评价。
学校、社区共建	○互动参与：不断健全学校参与社区精神文明建设，社区、学生家长参与学校发展的管理和评价的互动机制。 ○资源共享：加强与社会的沟通、交流与合作，学校与社区教育资源的相互利用、相互开发。

上海市"学校发展性督导评价"指标特点：

1. 将对学校的共性要求和个性要求有机结合。"学校发展性督导评价"指标既有基础性指标，也有发展性指标，前者强调依法办学的要求，侧重横向比较。后者指依据学校自身所确定的发展目标对学校进行评价，注重学校的发展水平、发展速度和发展趋势，侧重学校自身的纵向比较。体现了共性要求与个性发展有机结合，根本上改变"一把尺子量所有学校"的状况。

2. 充分凸现学校发展的主体地位。"督导评估发展性指标"是依据学校自主制定的"发展规划"编制的，其最大特点就是"一校一指标"。

3. 指标体系具有开放性和发展性。办学基础性指标是根据相关教育法律法规和地方规定的要求来设计，当要求发生变化时，相应的指标也随之更改。另外，在实践中各区县以及各学校可根据实践需要，对上述发展领域所列出的评价要素基础上补充自定的评价要素。

4. 关注学校个体及社会发展需求。关注学校内在的发展需求转变，反映并关注家长、社会等各类主体对学校的满意度。

（四）教育督导工作展望

1. 完善对各级政府依法履职的督政制度

根据《上海市教育督导条例》，上海对各级政府依法履职主要体现在教育工作政府年度自评制度、教育工作年度公示公报制度和综合督政制度三个方面。为此，有必要紧紧围绕教育督导机构对人民政府相关职能部门和下级人民政府实施的教育督导事项，进一步优化制度设计，真正将各级政府依法履职落实到位。

2. 完善学校发展性督导评价

努力构建以学校发展规划为基础、学校自评和外部督导评价相结合、学校自主发展与监督指导相统一的"学校发展性督导"评价模式，进一步发挥诊断、导向、指导、激励的功能，既要加强对学校各类违背教育方针的办学行为的督导评估，又要为提高学校的教育质量和办学水平提供有效的专业支持与服务。

3. 完善教育质量评估监测委托制度

依据《上海市教育督导条例》第二十六条、第二十七条相关规定，教育行政部门要整合教育协会、学会、教研室以及其他具有教育评估监测职能的机构和资源，实现教育督导部门的归口管理，为系统开展各级各类教育质量评估监测奠定组织基础。

4. 完善督学队伍建设

严格实行督学资格制度，按督导人员的任职条件严格遴选督学，拓宽督学选聘范围，建立优秀校长、骨干教师充实督学队伍的选聘机制，充实骨干力量，保持督导队伍的相对稳定性和权威性。同时，以教育督导信息平台建设为基础，逐步建立上海市教育督导与评估统计数据库、状态信息库、社会评价资源库等督导评估管理系统，提升教育督导信息化水平。

案例：

浦东新区发展性教育督导实践探索[①]

当下，浦东教育正进入"十三五"时期的教育强区建设的新发展阶段。同时，新区的学校发展性教育督导已完成了415所学校的第三轮督导评估工作，其中：中学124所、小学119所和幼儿园172所。为此，探讨面向教育强区建设的浦东学校发展性教育督导显得非常关键且有必要。

一、教育强区建设对浦东学校发展性教育督导提出的挑战

浦东基础教育伴随着改革开放走过20多年，已开始迈向公平、质量满足的强区建设阶段。这一阶段的浦东教育追求教育资源的进一步优化，追求教育的均衡发展、内涵发展，不断提高教育质量，使更多的百姓能够享受到优质的教育资源。

（一）重视学校教育质量

党的十八届五中全会在"十三五"时期我国发展指导思想中明确提出"以提高发展质量和效益为中心"，具体到教育，特别强调的也是要"提高教育质量"，并提出了"完善教育督导"的重点任务以保障目标的实现。这是教育改革和学校发展的永恒战略主题，也是学校督导的核心任务。浦东的教育强区建设提出了着力打造"均衡优质"的内涵要求，实质上就是明确了新区教育质量的时代目标，在保证浦东教育尤其是义务教育均衡发展水平的前提下，强化学校教育服务的个性化与特色化能力建设，扎实推进素质教育，满足所有群体对教育的个性化、多元化需求。为此，浦东的学校发展性教育督导必须对学校教育质量给予充分关注，为新区学校教育质量的提高提供专业支持和服务，最终为浦东教育强区建设保驾护航。

（二）推进学校制度创新

---

① 参见：浦东新区人民政府教育督导室. 面向教育强区建设的浦东学校发展性教育督导 [R]. 2018；汤赤，刘朋. 基于学校常态下的问题关注式督导探索—以上海市浦东新区为例 [J]. 教育测量与评价，2011（12）：15—19；刘朋. 实践与展望：与学校共谋发展的问题导向性教育督导 [J]. 2019（5）：17—24.

党的十八届四中全会在"坚持走中国特色社会主义法治道路,建设中国特色社会主义法治体系"中强调要"依法治国,是坚持和发展中国特色社会主义的本质要求和重要保障,是实现国家治理体系和治理能力现代化的必然要求"。对于教育而言,就是要坚持依法治教,在"放、管、服"思想的指导下,进一步增强教育服务意识,增强学校校长的办学自主权,实现教育治理体系和治理能力现代化。"十三五"期间,浦东教育加强以开放融合为价值取向的制度设计,促进基本公共教育服务向社会力量开放,基础教育向家庭社区开放,职业教育向市场企业开放。基于上述背景,教育督导部门必须要立足于为学校校长办学提供更多的专业支持为出发点,着眼于校长在办学实践中面临的专业要求,为学校实现开放融合提供评价保障。

(三)深化学校教育改革

党的十八届三中全会指出:"当前,我国发展进入新阶段,改革进入攻坚期和深水区。必须以强烈的历史使命感,最大限度集中全党全社会智慧,最大限度调动一切积极因素,敢于啃硬骨头,敢于涉险滩,以更大决心冲破思想观念的束缚、突破利益固化的藩篱,推动中国特色社会主义制度自我完善和发展。"学校教育改革也是如此,伴随着国家高考改革、中考改革政策以及上海市小学等级制评价制度的出台,浦东的学校教育面临着越来越多的改革压力,需要立足浦东实际、社区特色和生源特点,努力解决改革实践中面临的问题。因此,浦东教育督导部门要坚持和善于运用问题导向的督导理念与方法,关注学校教育教学改革实践中的主要矛盾和矛盾的主要方面,用问题导向开创督导工作局面、推动学校内涵发展,这是必然更是必由之路。

二、基于质量管理的问题导向性督导成为发展性教育督导的必然选择

面对教育强区建设的需要,浦东新区学校发展性教育督导后续发展的主题应该是基于质量管理的问题导向性督导。

(一)质量管理

质量的内涵非常丰富,是一个伴随着社会经济和科学技术的发展不断充实、完善和丰富的概念,究其本质是一种客观事物具有某种能力的属性。而质量管理是一种实现质量目标而进行的管理性质活动,通常包括制定质量方针和质量目标以及质量策划、质量控制、质量保证和质量改进。这反映在学校教育方面,就是要学校根据社会对人才培养的要求,通过对教育活动全过

程有关因素的有效控制，使整个教育活动向预定的方向发展，确保教育教学活动实现预期的培养目标。它以学生为载体，形成于具体的学校教育活动过程中。

当下，教育发展进入到一个新质量时代。它倡导一种全面质量观，追求"有质量的教育"，强调把促进人的全面发展、适应未来社会需要作为衡量教育质量的根本标准；强调面向全体学生，着力提高学生服务国家和人民的社会责任感、勇于探索的创新精神和善于解决问题的实际能力。《中国学生发展核心素养》明确了我国学生应具备的能够适应终身发展和社会发展需要的必要品格和关键能力，包括文化基础、自主发展、社会参与三个方面，综合表现为人文底蕴、科学精神、学会学习、健康生活、责任担当、实践创新六大素养，具体细化为人文积淀、人文情怀、审美情趣、理性思维、批判质疑、勇于探究、乐学善学、勤于反思、信息意识、珍爱生命、健全人格、自我管理、社会责任、国家认同、国际理解、劳动意识、问题解决和技术应用等十八个基本要点。《上海市中小学生学业质量绿色指标（试行）》秉承学生学业质量是教育质量的重要基础，构建了包括学生学业水平指数、学生学习动力指数、学生学业负担指数、师生关系指数、教师教学方式指数、校长课程领导力指数、学生社会经济背景对学业成绩的影响指数、品德行为指数、身心健康指数和进步指数为核心内容的绿色指标，关注学生健康成长。为此，我们要关注通过课程改革、教学实践和教育评价等环节，借助督导来推动学校教育各环节的变革，最终形成以学生发展为核心的完整育人体系。

（二）问题导向

这既是对第三轮需求督导的一种继承，也是对督导需求理念的一种发展。学校在发展过程中必然要产生的一些问题，每所学校总有属于它自身发展过程所遇到的特殊问题，只有树立强烈的问题意识，才能实事求是地对待这些问题，尤其是那些牵动性强的深层次问题，最终才能找到引领学校发展的路标，指导学校工作并促进学校发展。应该说，学校发展中面临的各种问题纷繁复杂，教育督导部门要在帮助学校提炼总结学校已有工作经验的基础上，坚持用科学的方法分析和研究面临的问题，既要关注学校发展面临问题的表现形式，更为关键的是要透彻分析学校发展面临问题的实质内容，帮助学校增强自主发展的自信，找到问题并明确后续发展任务。如一些学校发展中面临的硬件困难，究竟是由于配置有困难，还是因为学校内部管理不到位，需要有针对性地进行剖析。只有这样，教育督导部门才能在指导学校自主发展的过程中实现对学校发展的有效监督，真正体现监督与指导并重。

（三）学校发展

浦东教育强区建设的关键是创新驱动，重在追求均衡优质发展，在提高质量、促进公平的过程中提高浦东教育的整体实力和示范辐射能力。为此，我们认为：学校发展是一种追求学校卓越发展的模式，使学校成为能够依法自主办学、具有自我发展机制且充满活力的办学实体。它是在正确的办学方向统领下，通过发展规划、教师队伍、课程实施、学校文化、内部管理及其开放办学等途径，提升学校的教育质量、提升学生的生命质量，关注学生的文化生存环境，关注教育活动的方式，实现学生全面而有个性的发展，是真实、真正的发展。教育督导部门要注重激发学校发展的内在动力，引导学校内涵发展、优质发展。

三、实施基于质量管理的问题导向性督导的关键性问题

浦东基于质量管理的问题导向性督导要继续坚持以促进学校主动发展为出发点，着力解决好研制区域督导评估指标体系、发挥学校发展规划在督导中的作用、深化发展性教育督导运行机制、优化督导评估技术与方法、优化督导评估流程等五方面关键性问题。

（一）研制具有导向性的学校发展性教育督导评估指标体系

发展性学校评价指标体系受社会需求与学校自身发展需求两方面因素制约。确定发展性学校评价指标体系的目的，一是检验学校教育活动是否真正反映了社会的客观需要，是否有利于素质教育的推进；二是促进教育活动主体的主观能动性、创造性得到最大限度的发挥，两者体现了教育评价的合目的性与合规律性相统一的要求。为此，基于质量管理的问题导向性督导着眼于为校长自主办学服务，以教育部颁布的《普通高中校长专业标准》《义务教育学校校长专业标准》《中等职业学校校长专业标准》和《幼儿园园长专业标准》为依据，分中学、小学和幼儿园三个学段（其中，中学可以分为高中、职校和初中）分别研制指标体系。该指标体系的一级指标涉及发展规划、校园文化、课程教学、教师成长、学校管理和开放办学六个领域（可根据实际情况做适当合并），二级指标及其评估要点按照学段特点和相应的政策要求进

行设计，注重凸出相应的关键性指标及其政策依据，确保能够在强调学校依法办学的基础上，根据《上海市推进特色普通高中建设实施方案（试行）》、《上海市义务教育阶段学校办学基本标准》和《上海市托幼园所办学等级标准（试行）》等办学标准对学校的发展目标进行评价，注重学校的发展水平、发展速度和发展趋势，并预留根据政策变化调整相关关键性指标及其要求，确保发挥指标体系的导向作用。

（二）继续深化基于发展规划的督导评估制度

学校发展性教育督导评估是伴随着学校发展规划的制定、实施、总结而加以实施的。为此，基于质量管理的问题导向性督导要继续把学校发展规划作为督导的重要参照，引导和促进学校自主设计规划、自主推进发展、自主总结反思，增强学校自主发展意识，明确学校自主发展责任，强化学校自主发展行为，优化学校自主发展机制和能力，使学校在自主发展过程中不断积淀，成为优质学校，成为浦东百姓心中的好学校。

（三）继续深化发展性教育督导运行机制

在前三轮的学校发展性教育督导实践中，浦东已形成了社区、家长和学校参与督导评估的一种运行机制，引导学校相关的教育行政人员、社区人士、学生及其家长、教师分别参与到学校督导评估的各个环节，形成了全员参与督导评估的有效经验。这在基于质量管理的问题导向性督导中要继续坚持。同时，伴随着中小学校责任督学挂牌督导工作的深入推进，经常性督导已成为学校督导的一种常态。为此，有必要在督导实践中实现中小学校的综合督导与经常性督导的有机融合，这是一种新探索，也是一种新要求。

（四）继续优化督导评估技术与方法

浦东立足于督导信息的采集与运用，对指标研读法、问卷调查法、资料查阅法、校园观察法、个别访谈法、课堂观察法、集体座谈法、网络见证法、信息报告法和结果处理法等进行了系统研究。今后，伴随着基于质量管理的问题导向性督导的深入推进，浦东教育督导部门需要对这些技术与方法进行进一步的探索，更为重要的是将信息化技术应用到督导实践中去，实现"信息技术＋督导技术与方法"的有机融合，最终实现督导效能的提升。

（五）继续优化督导评估流程

从督导流程来看，学校发展性教育督导一般包括准备、实施和结果处理三个阶段。其中，准备阶段包括制订学校督导评价计划、下达督导评价通知书、组织与培训督导评价队伍等工作。实施阶段主要是在学校自评基础上开展的督导评估。结果处理阶段包括撰写督导评价报告、督导评价结果（主要是督导评价报告）的处理与利用三个环节。各个阶段不同环节之间的顺序在实践过程中会有灵活交叉和调整。考虑到浦东教育体量大，要在5年内完成一轮学校综合督导工作，浦东教育督导部门必须根据不同学段、不同校区数量的学校以及发展态势不同的学校等维度进行合理化设计，确保基于质量管理的问题导向性督导在实践中顺利推进。

附录四：

义务教育质量监测结果应用的福田经验[①]

福田教育又以先行示范者的昂扬奋进姿态，走在全国前列。国家义务教育质量监测结果应用现场会初次绽放，便把"绣球"抛给了深圳福田区。

"过去没有开过现场会，怕开得不好，导向不对，就不如不开。我们专门组织专家，反复研究、了解福田经验。"北京师范大学校长、国家教育行政部门基础教育质量监测中心主任董奇认为，"国家义务教育质量监测结果应用福田经验确实具有基础性、引领性、创新性、系统性、可行性、可复制性等一系列特征。"

近日，国家义务教育质量监测结果应用福田现场会在深圳会堂举行，群贤毕至。大家以懂宝、寻宝、探宝为重点，就如何更好地应用监测结果明主张、寻问题、探路径。与会专家、校长都表示，当今教育改革步入"深水区"，教育机制呼唤新模式、新形态，国家义务教育质量监测结果应用福田经验值得关注借鉴。

近15年来，福田区以质量为核心，探寻出了"测以致用，助力发展"的义务教育质量监测工作理念。福田充分用好教育质量监测"体检仪"，以数据应用为驱动，进行大盘点、大体检、大推动，将"本真、适才、普惠"的福田教育"金字招牌"越擦越亮。

"数据哨兵"助力教育绘制决胜未来的"行军图"

数学测试从试卷变为迎面速算接力等趣味游戏后，数学课在福田区教科院附小学生袁景瑞眼中，也从望而生畏变得喜闻乐见。

教育的标尺不只有中高考等学业考试，在基础教育从"知识本位"转轨"核心素养"的新时代，全国教育大会举旗定向指新路，吹响了"破五唯"的

[①] 本文作者系深圳市福田区基础教育质量监测中心的肖萍与颜慧敏，原文于2019年12月20日刊登于《中国教育报》。

冲锋号。

如何扎根中国大地，把准教育发展的"定盘星"，创设基础教育质量监测的中国标准？国家教育行政部门基础教育质量监测中心依托北师大，应运而生。该中心在中国教育先进实践经验中，提炼中国特色、世界水平的基础教育质量监测标准。

自2004年，福田就在教育质量与评价工作方面先行先试，从"感性比对"到"理性测评"，从"关注结果"到"兼顾过程"，成为国家义务教育质量监测结果应用实验区中的"排头兵"。"没有测量就没有管理。监测数据不是终点，而是应用数据推动教育策略、战略调整的新起点。"福田区领导历来关注"有学上、上好学"的质量标准，高度重视教育质量监测工作，带头强化数据思维。

原来相关方对待监测报告，存在"看不到、瞧不起、说不懂、讲不透"等问题。福田直面痛点，教育行政部门相关负责人身先示范，多次要求教育系统各部门负责人、校长、教研员、督学带头应用数据，"心中有数据的校长才是合格校长，好校长、合格教研员要善用数据"。

一分监测、九分运用的福田实践，生动而富有成效。前两年，监测结果显示，福田部分小学差异系数较大。福田打响"城中村"学校精准扶贫"攻坚战"，积极探索"联合体＋""联盟＋"等集团化办学新模式，营造美美与共的教育生态。

近年来，福田基于质量监测数据，厘清了区域教育存在的问题。该区教育行政部门协同相关职能部门，根据问题清单，分别推出了学业负担专项调研行动等专项行动计划，促进问题解决。

福田充分利用客观科学的数据，认清形势，用前瞻眼光助力行政科学决策；做对趋势，设计面向未来的教育行动路径，聚智聚力，推动教育内涵式发展。

从数据中解码出未来教育的空间革命趋势后，福田便高效投入，在红岭实验小学等学校构造设计感十足的学习空间。福田还顺势而为，打造"全息未来教育云＋端"项目，成为AI赋能教育的"弄潮儿"。

近年来，福田以建设国家义务教育质量监测结果应用示范区为强引擎，发挥其基础性、先导性、前瞻性作用，推动建设AI赋能教育发展示范区、区域义务教育优质均衡发展示范区、区域教育治理现代化示范区。四区同频共振，共同推动福田教育从局部高质量迈向整体高质量。

"体检仪"推动政府部门成为提升治理效能"火车头"

2016年，监测数据显示，全区中小学教师年龄偏大，福田区教育行政部门人事等部门协同施策，打出招引高学历新教师等"组合拳"。今年，福田中小学教师平均年龄已降至37岁。

福田抓住提升质量监测结果应用效能的关键，运用更丰富、更先进的现代治理手段，构建系统集成、协同高效的教育质量监测管理治理体系。区域监测结果应用助力政府部门从"简单决策"升级为"系统架构"，学校教改课改从"经验判断"转变为"科学实证"。

为让政府部门更好地发挥"火车头"的牵引作用，2018年，基础教育质量监测中心的"娘家"，从福田区教育行政部门升格为福田区政府部门。分管教育的区领导出任该中心掌门，牵头建设上下沟通、左右协同、齐抓共管、全面合作的监测结果应用体制。升级后，该中心获得更多人、财、物的支持，在唤醒社会的数据、质量、标准意识，引导社会关注、支持教育等方面，作为更大。

2018年9月，福田区教育、文化广电旅游体育、卫生健康、科技创新行政部门一把手齐聚一堂，签订文教、体教、卫教、科教协同协议。在福田区基础教育质量监测中心推动下，部门之间、部门内部、校际之间、校内校外协同共赢。如今福田监测指引、调研定位、行政决策、诊断改进、督导跟踪的结果应用工作机制迅捷有效，形成"一个中心、统一指挥、多方联动、协同推进"之势。

让专业的人做专业的事，福田选优配强监测结果应用的核心、主力、服务团队。核心团队主攻监测结果应用的决策、专业指导和思想引领等。主力团队主要由校长、责任督学和教研员组成，在学校做好数据应用的推进、落实工作。服务团队由协同指导、学校监测、数据玩家团队组成，辅助学校看懂用好数据等工作。

学校是监测结果应用"最后一公里"，更是"主战场"。福田想方设法，让监测结果应用成为学校防范风险的预警机、内涵发展的导航仪。

福田某名校学生综合素养、家长满意度均居全区前列，而学校监测报告显示，盛名之下有隐忧，学生睡眠、作业指数不佳。该校联动家长，实施多元评价，减少书面作业、考试。近两年该校学生幸福指数明显提升。

福田扩大监测样本量，为每所参测学校出具学校监测报告。福田还将区域问题清单发放到学校，校长带队借助"一核多辅"的方式，厘清"个性问题清单"。该区更按照研读数据、精准诊断、合理归因、科学寻策、靶向改进、后测验证的"行军图"，依托3个团队，助力学校及时解决问题，创新优质发展。

福田各参测学校根据共性、互补问题，组建同质或异质的"问题解决联盟"。该区还组建了16所实验基地学校和19所问题解决研究所。自2017年起，福田连续开展监测结果应用优秀学校评选活动，推广优秀做法。

五育并举助力学生走上全面发展的"星光大道"

近水楼台先得月，福田区教科院附中每学期都组织学生，到何香凝美术馆等周边红色育人基地开展研学活动，学生们在知行合一中坚定了理想信念。

监测结果显示，福田区小学四年级学生在诚实守信、遵守公德等方面，表现远优于全市、全国平均水平；而原来在勤劳节约、团结友善两方面，表现欠佳。

"数据给了我们一双明亮的眼睛，我们对症下药。"福田教育部门负责人介绍说，福田坚持德育为先，设计志愿实践、社团活动等多彩活动。学生在月月有活动、人人都参与的德育生态中，打好勤劳节约、团结友善的人生底色。

近年来，福田对标检视关键数据找差距，将监测结果应用作为精准施教的校准器，让五育并举、因材施教更好地开花结果，培养德智体美劳全面发展的社会主义建设者和接班人。

2016年，监测结果显示，福田部分学校图书馆使用率不高。原来部分学校图书馆所处位置较高、较偏，书目难以查找，缺乏阅读激励机制。福田奔着问题去，着力抓好"阅读进行曲"的硬件、软件建设。福田区教科院附小等学校把图书馆搬到低楼层，创建开放式书吧，开展寓教于乐的阅读活动。现在，全区学校图书馆使用率大幅提高。

中小学生近视率曾居高不下，福田以卫教协同为抓手，建立家、校、卫三方联动机制，多管齐下，在中小学打响视力不良防控"阻击战"。良好的视力需要健康的身体作后盾,福田通过体教协同,组织奥运明星进校园等活动,引导学生强身健体。今年该区学生近视率和新发病率、肥胖率均呈下降趋势。

每周五下午,福田莲花小学都到社区开展"环保村"活动。学生及其家长小手牵大手,积极参加垃圾分类、环保酵素制作等。

原来福田区小学四年级学生参与劳动的积极性不太高,福田有针对性地构建课堂教学、主题活动、基地教育三位一体推进机制,用劳动育人磨炼学生意志,引导学生在创造性劳动中提升实践能力、追逐梦想。

五育并举硕果累累,学生实现全面、个性、持续发展。福田小学原来是所"城中村"小学,大多学生是外来务工人员子女。如今,该校近百门特色课程阳光普照,每个学生都能在创意纸艺、管弦乐等兴趣社团中选择所爱。

如今在福田教育系统,"不忘初心、牢记使命"主题教育与监测结果应用相映成辉。福田教育系统把牢主题教育正确航向,汇聚数据应用强大合力,对国家关心、社会关注、群众关切的热点难点问题即知即改。在粤港澳大湾区和先行示范区"双区驱动"的时代机遇里,福田教育系统不忘素质教育初心,牢记立德树人使命,奋发有为向前进。

部分参考文献

一、著作类

[1] 王璐. 英国教育督导与评价：制度、理念与发展 [M]. 北京：高等教育出版社，2010.

[2] [英] 雷诺兹，等. 世界顶尖级学校——学校效能国际风景线 [M]. 孙河川，译. 北京：高等教育出版社，2005.

[3] 冯大鸣. 英、美、澳教育管理前沿图景 [M]. 北京：教育科学出版社，2004.

[4] 顾明远. 外国教育督导 [M]. 2版. 北京：人民教育出版社，2002.

[5] 黄崴. 教育督导学 [M]. 北京：中国人民大学出版社，2011.

[6] 姜凤华. 现代教育评价：理论、技术、实践 [M]. 广州：广东人民出版社，2001.

[7] 罗黎辉，高翔. 教育测量与评价 [M]. 昆明：云南教育出版社，1996.

[8] [美] 路易斯·斯托尔，[加] 迪安·芬克. 未来的学校：变革的目标与路径 [M]. 柳国辉，译. 北京：北京大学出版社，2010.

[9] 瞿葆奎. 教育学文集：教育评价 [M]. 北京：人民教育出版社，1989.

[10] 钱一呈. 外国教育督导与评价制度研究 [M]. 北京：中央广播电视大学出版社，2006.

[11] 孙河川. 教师评价指标体系的国际比较研究 [M]. 北京：商务印书馆，2011.

[12] 苏君阳. 教育督导学 [M]. 北京：北京师范大学出版社，2012.

[13] 孙绵涛. 教育效能论 [M]. 北京：人民教育出版社，2007.

[14] [美] 斯塔克. 强调响应式的方案评估 [M]. 北京：北京大学出版

社，2007.

［15］［美］斯塔弗尔比姆，等. 评估模型［M］. 北京：北京大学出版社，2007.

［16］沈玉顺. 现代教育评价［M］. 上海：华东师范大学出版社，2002.

［17］［美］罗西瑙. 没有政府的治理——世界政治中的秩序与变革［M］. 张胜军，等译. 南昌：江西人民出版社，2001.

［18］［美］托马斯·瑟吉奥万尼，罗伯特·斯特兰特. 教育督导：重新界定［M］. 王明洲，等译. 南京：江苏教育出版社，2009.

［19］［美］Thomas R. Guskey. 教师专业发展评价［M］. 方乐，张英等译. 北京：中国轻工业出版社，2005.

［20］陶西平. 教育评价辞典［M］. 北京：北京师范大学出版社，1998.

［21］郑燕祥. 学校效能与校本管理：一种发展的机制［M］. 上海：上海教育出版社，2002.

［22］丁汉澜. 教育评价学［M］. 开封：河南大学出社出版，2002.

［23］陈孝彬. 教育管理学［M］. 北京：北京师范大学出版社，1999.

［24］袁振国. 中国教育政策评论［M］. 北京：教育科学出版社，2003.

［25］洪煜亮. 教育督导及教育督导评估［M］. 北京：北京师范学院出版社，1993.

［26］王桂. 当代外国教育——教育改革的浪潮与趋势［M］. 北京：人民教育出版社，1995.

［27］凌飞飞. 当代中国教育督导历史研究［M］. 北京：中国社会科学出版社，2016.

［28］张民生. 上海市发展性督导评价探究［M］. 上海：上海教育出版社，2004.

［29］张崴，杨国顺. 学校发展性督导评估80问［M］. 上海：百家出版社，2007.

［30］朱琦，杨辛，蔡文卿. 问题与探析：当代教育督导研究［M］. 天津：天津教育出版社，2006.

［31］［美］亚当·斯密. 国富论［M］. 富强，译. 北京：北京联合出版公司，2014.

[32] 李春生. 比较教育管理 [M]. 南京：江苏教育出版社，2008.

二、论文类

[1] 王庆如. 国际比较视野下我国督学队伍建设策略探析 [J]. 教学与管理，2018（9）.

[2] 王庆如. 治理理论视角下教育督导现代化的困境与路向 [J]. 现代教育管理，2016（12）.

[3] 王庆如. 中英督学权威性的比较与借鉴 [J]. 深圳信息职业技术学院学报，2014（2）.

[4] 俞可平. 治理和善治：一种新的政治分析框架 [J]. 南京社会科学，2001（9）.

[5] 刘华蓉. 中法国家督学对话教育督导 [N]. 中国教育报，2010－11－23（3）.

[6] 张建. 教育治理体系的现代化：标准、困境及路径 [J]. 教育发展研究，2014（5）.

[7] 姜美玲. 教育公共治理：内涵、特征与模式 [J]. 全球教育展望，2009（5）.

[8] 孟凤英. 制约教育督导职能发挥的成因与对策 [J]. 教育评论，2009（7）.

[9] 唐一鹏. 法国教育督导制度现状与特点研究 [J]. 比较教育研究，2013（10）.

[10] 吴声远. 简析法国教育督导制度的主要特点 [J]. 外国中小学教育，2004（8）.

[11] 褚宏启. 教育治理与教育善治 [J]. 中国教育学刊，2014（12）.

[12] 褚宏启. 关于教育公平的几个基本理论问题 [J]. 中国教育学刊，2006（12）.

[13] 汪恒，唐一鹏. 现代日本教育督导制度研究及启示——以东京都为例 [J]. 教育测量与评价，2013（9）.

[14] 丁瑞常，刘强. 芬兰为何没有教育督导制度 [J]. 辽宁教育，2015（9）.

[15] 曹珊，程晋宽. 嬗变与特征：英国教育督导制度的职能转变 [J].

外国中小学教育，2013（6）.

［16］王璐，王雪双. 国际视野下督学责任区制度发展与模式研究——基于对湖南省的调研［J］. 比较教育研究，2015（11）.

［17］谢琴. 美国教育督导制度及其本土化启示［J］. 当代教育科学，2013（7）.

［18］赵风波. 加拿大的教育督导及相关评价研究［J］. 上海教育研究，2011（4）.

［19］李文婧. 德国的教育督导制度探析［J］. 郑州师范教育，2013（5）.

［20］王黎. 荷兰教育督导制度及其督导模式最新发展［J］. 比较教育研究，2013（10）.

［21］周海涛，朱玉成. 教育督导的国际共性特征和吴国变革动向［J］. 社会科学战线，2018（6）.

［22］朱坚，张苏. 监督与保障：英国教育法律对教育督导制度的影响［J］. 教育科学研究，2010（11）.

［23］陈世瑶. 中美教育督导制度的比较研究［J］. 教育观察，2012（7）.

［24］孙河川. 教育效能与学校改进研究的引领者和推动者—国际学校效能与学校改进学会［J］. 比较教育研究，2009（3）.

［25］方芳. 我国教育督导机构改革的现实诉求与发展趋向［J］. 基础教育，2012（2）.

［26］刘华蓉. 中法国家督学对话教育督导［N］. 中国教育报，2010－11－23（3）.

［27］赵风波. 加拿大的教育督导及相关评价研究［J］. 上海教育研究，2011（4）：34－35.

［28］王庆如. 督导的功夫更要用在平时［N］. 中国教育报，2014－06－29（2）.

三、外文参考文献

［1］Kavitha Mediratta. Schools Must Abandon Zero－ToleranceDiscipline［EB/OL］. Education Week，July 24，2014 http：//www.edweek.org/ew/articles/2014/07/24/37mediratta. h33. html/intc= mrs，2014 — 08 — 25/2015 — 08 — 22.

[2] Tony Fabelo. Breaking Schools'Rules: A Statewide Study of How School Discipline Relates to Students' Success and Juvenile Justice Involvement [EB/OL] . www. justicecenter. csg. org. 2014—08—25/2015—08—22.

[3] Morgan, E. , Salomon, N. , Plotkin, M. , and Co — hen, R. , The School Discipline Consensus Report: Strategiesfrom the Feld to Keep Students Engaged in School and out of the Juvenile Justice System [R]. New York: the Governments Justice Center.

[4] Sun, H. Accountability and Successful School Improvement in the United Kingdom [M]. Liaoning People's Publishing House, 2004.

[5] Stoll, L. , & Fink, D. . Changing Our Schools: Linking School Effectiveness and School Improvement [M]. Buckingham, UK: Open University Press, 1996.

[6] Springer, M. G, Ballou, D. , Hamilton, L. , et al. Teacher Pay for Performance: Experimental Evidencefrom the Project on Incentives in Teaching (POINT) [R]. Society for Research on Educational Effectiveness, 2011.

[7] Glazerman, S. & Seifullah, A. An Evaluation of the Chicago Teacher Advancement Program (ChicagoTAP) after Four Years. Final Report [R]. Mathematica Policy Research, Inc. , 2012.

[8] Harris, D. N. Teacher Value—added: Don't End the Search before it Starts [J]. Journal of Policy Analysis and Management, 2009, 28 (4).

[9] Chetty, R. , Friedman, J. N. & Rockoff, J. E. The Long—term Impacts of Teachers: Teacher Value—added and Student Outcomes in Adulthood [R]. National Bureau of Economic Research, 2011.

[10] Report to UNECE and UNESCO on Indicators of Education for Sustainable Development Report for Canada [EB/OL]. http://www. cmec. ca/Publications/Lists/Publications/Attachments/104/Canada — Report — ESD —2007—10. en. pdf, 2010—3—15.

[11] EFA Global Monitoring Report 2005: Education for All the Quality Imperative [M]. Paris: UNESCO Publishing, 2004.

[12] PISA 2003 Technical Report [M]. Paris: OECD publishing, 2005.

[13] Learning for Tomorrow's World: First Results from PISA 2003 [M]. Paris: OECD Publications, 2004.

[14] Kosmoski, G. J. Supervision [M]. WI: Stylex Publishing Co., Inc., 1997.

[15] Bloom, B. S. All Our Children Learning [M]. NY: McGraw—Hill Book Company, 1982.

[16] Frase, L. E. and W. Streshly. Top 10 Myths in Education [M]. Lanham. MD: Scarecrow Press, Inc., 2000.

[17] Levine, D. U. Update on Effective Schools: Findings and Implications from Researchand Practice [J]. Journal of Negro Education, Howard University, 1990 (4).

[18] Worthen, B. R. Whither Evaluation? That All Depends [J]. American Journal of Evaluation, American Evaluation Association, 2001 (3).

[19] EFA Mid—Decade Assessment Planning Meeting Report [M]. Bangkok: UNESCO, 2006.

[20] Reportof the Ministerial Round Table on the Quality of Education [R]. Paris: UNESCO, 2003.

[21] Country Reports of the Sixth Ministerial Review Meeting [M]. Monterrey. Mexico, 2006.

[22] Practitioners'Manual on Monitoring and Evaluation of Literacy and Continuing Education Programmes [M]. APPEAL, 1998.

[23] Lewis, J. Reflections on Evaluation in Pratice [J]. Evaluation. 2001 (3).

[24] Morabito, S. M. Evaluator Roles and Strategies for Expanding Evaluation Process Influence [J]. American Journal of Evalution, 2002 (3).

后　记

　　撰写一本关于教育督导的专著，是我累积了很长时间的心愿。2012年5月博士毕业后，我就来到深圳"闯荡"。很幸运，经过层层选拔，我最终成为深圳市教育科学研究院的一名研究人员，从此开始全身心地投入中国最具创新活力的一线城市——深圳的教育改革发展研究工作。

　　2012年，正值深圳市作为国家教育体制改革试点城市，落实"深化基础教育课程、教材和教学方法改革"任务的攻坚阶段，深圳市教育督导以此为契机，提出教育督导现代化这一具有前瞻性、开拓性、创新性的发展目标。为了更好地实现这一目标，专门组建了由6个子课题构成的教育督导课题研究团队，将科研引领与实践探索紧密结合起来。因此，我就有了与教育督导结缘的机会，从此开启了我的教育督导研究与实践之路。

　　都说如果能将研究兴趣与工作结合起来是一件无比幸福的事，我恰恰就成为那个幸福的人。接触教育督导研究之后，我对其产生了浓厚的兴趣。我抓紧一切时间"恶补"相关的基础知识和基本理论，很快就从对教育督导基本不了解，到参与督导课题研究、修订市督导条例、发表相关论文、主持相关课题、参加督导评估工作等等。随着时间的推移和研究的积累，我逐步成长为"深圳市教育督导评估专家库"的一名成员。

　　在研究实践过程中，我发现有关教育督导的专著并不多，因而萌生了撰写一部源于实践反思和创新的教育督导方面专著的想法。有了这个想法以后，我就变成了"一块行走的大海绵"，时刻都记得"吸纳"和"采集"研究所需的素材。无论在课题研究，还是在督导评估实践过程中，我都细心观察，注重资料的收集和整理，并且随时记录反思，抓住一切机会向身边的、有经验的督学请教和学习。

　　资料收集起来虽然得心应手，但真正下笔撰写当然不是一帆风顺。首先就是时间问题，由于平时工作任务比较繁重，没有完整的时间聚焦写作，所以只能利用自己的业余时间写。因为不能集中精力，所以就反反复复地写，停停歇歇地写，导致成稿时间一直拖拖拉拉。好在还有短暂的假期可以集中写作，那也是我最快乐的时光。虽有思路"枯竭"的苦闷，但也有灵光乍现的欣喜，每每这时都会恍惚回到攻读博士的难忘时光。我还拿出自己的博士毕业论文放在手边，彷佛它就是来自导师的鼓励和鞭策。其次，就是大量的资料梳理和分析。梳理分析资料的前提是要阅读和熟悉，于是它们就成了我业余时间最好的朋友。虽说资料很多，但并不能涵盖所要研究的问题，还需要不断地四处请教和搜集相关资料。最后，就是要克服时常出来作祟的"惰性"。

终于，在经历了4年时间之后，本书初稿成形了。但我此时却没有感到轻松，心里却多了些许忐忑。由于我的愚钝，书中难免存在不尽如人意的地方，还请各位不吝赐教。也希望这本书能为教育督导研究添砖加瓦，为教育督导实践提供参考。

本书能够完成和出版，离不开我的亲朋好友的无私帮助。在此，我要感谢深圳市教科院领导的支持，同事们与我并肩战斗、研讨课题；感谢深圳市督导室给我提供学习、实践和研究的平台；感谢远方恩师司晓宏教授的关心和教导，师兄杨令平教授的帮助；感谢谦逊、富有才华的赵云才子，在我研究遇到瓶颈时的鼎力相助；感谢深圳市梅仕华督学工作室——深圳市唯一一个小学督学工作室，梅仕华校长给予我精神引领和实践指导，曾昭曙督学则不吝赐教；感谢我的责任编辑江荣老师，对我这个"重度拖延症患者"，付出了极大的耐心，做了最细致的工作；感谢所有与我一同参加办学水平评估工作的督学同仁们；最后，感谢我的家人，给予我最深沉的爱与包容。

庆如
二〇二〇年七月十六日　于深